下一站,社会企业?

创造共享价值的实践者

卢永彬　魏培晔 / 著

 本书由微笑明天慈善基金会资助出版

序

社会企业是商业与公益融汇促进而产生的一种新的组织形态。尽管时至今日，不同国家和地区的社会企业具体存在形式不尽相同，但社会企业这一组织形式已然在上下求索中发展起来，逐渐生长。《下一站，社会企业？——创造共享价值的实践者》通过15个社会企业的故事，让读者思考本土化背景下社会企业的定义。这15个社会企业故事讲述了它们如何解决社会问题，又如何通过市场经济、商业手段经营发展，在维持团队和项目长久运营的同时也助力社会福利。

徐永光老师曾表示，公益与商业合流于社会企业，这将有效、可持续地解决我们当前面临的许多复杂社会问题。最近几年，微笑明天慈善基金会也在关注社会企业和影响力投资等重要领域助力发展，希望更多的商业机构和社会组织尝试探索出公益和商业的互动与结合的中国路径。截至目前，中国社会企业发展已取得了一些成果，拥有了一些成功案例，但仍然面临着多维度挑战。创建一个社会企业，应立足于去准备解决什么样的社会问题或以实现某种社会使命为核心，然后确定目标客户（市场）和商业运作模式。社会企业的目标是用商业的模式参与社会改造，促进社会均衡与稳定发展。文化作为事业发展的永恒动力，社会企业也要积累形成自己的组织文化，要把自身的文化内涵提炼和创造出来。可以说，社会企业应对所面临的挑战，需要在管理上、思想上、文化上做好全面的梳理和准备。

下一站，社会企业？
——创造共享价值的实践者

  在《下一站，社会企业？——创造共享价值的实践者》中，我们看到了越来越多的社会企业家从各行各业投身进来，他们遇到了许多挫折，但仍然坚持努力探索、创新与前行。有些社会企业已经能够做到有效解决社会问题的同时实现组织可持续发展。希望广大关注中国公益慈善事业发展的伙伴和对社会企业发展充满兴趣的读者们，都能在这些生动的案例中找到自己在社会创新创业发展方向的一些启发。

吴 伟

微笑明天慈善基金会创办人、理事长

前　言

从 2007 年开始，"社会企业"正式进入中国社会已经有十多个年头，在公益慈善事业伙伴们的助力下，它逐步在自己的土地上实践、改良与落地，然而，"社会企业"或称"社企"一词对绝大多数中国人而言依然较为陌生。从字面上理解"社会企业"往往容易让人产生疑惑、分歧或误解：社会企业是有别于商业企业的企业吗？社会企业的社会属性与传统的企业社会责任、公益慈善组织（社会组织）又有什么区别？社会企业的属性又如何在商业性（营利性）与社会性（公益性）之间定位？

为此，人们开始研究"社会企业"，试图从理论分析与实证研究中探索出答案。Dees（2006）认为社会企业是"在纯慈善的社会组织与纯营利的私人企业之间的混合组织"，刚好位于纯慈善与纯营利"天平"的正中间线上，其组织运作同时需要兼顾营利与慈善功能。Alter（2007）则有不同看法，他认为社会企业并非在"天平"的正中央，而是偏向传统非营利组织，与偏向传统营利组织的"社会责任型企业"组织刚好在这"天平"正中央线的两旁。Alter 还强调"天平"的中间线在区分营利与非营利偏向属性的同时，也在社会使命动机与商业逐利动机（强调所有利益相关者权益与纯股东权益、利润再投资于社会问题解决需求与股东利润优先分配需求）有明确的区分。

通过大量相关文献梳理后发现，学者为人们提供的"社会企业"的相关知识，帮助社会更好地鉴别出"社会企业"与其他类型组织的同与异。然

下一站，社会企业？
——创造共享价值的实践者

而，面对社会企业实践发展道路上所面临的种种挑战与困惑，目前的相关知识储备仍无法完全满足许多社会企业家的实际需求，这造成许多朝着社会企业发展方向前进的组织或团队需要经常就组织的社会与商业功能定位不断地进行解释与复盘工作，进而影响到自身业务发展和社会工作的推进。例如社会企业是否必须设定一定比例的年净利润回投到组织的社会使命目标中？这个比例应该设定为多高才能有别于传统的企业社会责任？投资社会企业的股东利润分配时间节点应该如何设置才"恰当"？这些提问的答案不仅牵动着社会企业实践者的心，也同样联系着所有利益相关方（政府相关单位、投资者、受益者、消费者、捐赠者、志愿者和社会大众）的看法与态度。

一旦这些提问的答案被人们认为有所偏向（无论是偏商业一方或公益慈善一方），都会引起连锁反应，被人们质疑该社会企业团队的"社会使命真心程度"或"组织可持续发展能力"，而这样的挑战不仅发生在组织外部的环境中，有时还会出现在团队内部成员之间。多年来，人们争论与纠结这些概念上的问题已经有无数个来回，至今为止也没能争出足以说服所有质疑的完美答案。也因此，面对这种无法在短时间内找到"好答案"的中国社会企业发展现状，有一部分人开始选择"放弃"或"拒绝"，他们认为社会企业发展是个伪命题，没有政策和法律上的正式身份，根本不可能在中国生根、发芽和茁壮发展的，是个不可能的任务，他们认为在中国，公益与商业双结合的组织发展逻辑只能停留在梦中。

然而在我们看来，社会创新创业本身就会面临着许多严酷的挑战，无论是善意的质疑、提醒与议论，还是严厉的批评，这都是社会企业在任何一个国家发展过程中必须也一定需要面对的挑战。但是，面对这些不可逃避的挑战时，人们若只在社会企业的身份和功能定位上"打口水仗"而忽视社会企业发展能为更多利益相关方创造更多的共享价值，社会企业将沦落为一个"吸眼球"或"玩概念"的一时兴起的议题。此外，当社会企业能够进一步通过社会创新创业的方式为那些过往被大家认为是棘手而不可能做到的社会问题与需求提供另一种解决方案的时候，我们是否应该给予这些社会创新创业家和其团队更多的尊重与鼓励呢？毕竟他们愿意选择也勇敢地走在许多人不曾想过的社会创新创业发展的道路上。庆幸的是，面对国家经济结构改革转型升级、社会治理持续精细化推进以及我国公益慈善事业发展步入"深水区"之际，在中国社会企业发展道路上，仍然有许多社会企业家和团队坚持以行动代替争论，实打实地探寻出兼顾自身社会使命与组织可持续发展双向目标的成长路径，希望通过这样的务实精神，能逐步实践出属于中国特色社会主义发展道路上的中国社会企业发展模式。

通过多年来的持续探访、调查、观察、追踪、陪伴、咨询与辅导，我们发现许多社会企业家及其团队的社会创业创新道路并不是在一开始就明确清晰社会企业的概念，他们更多只是秉持着各自对于社会问题（需求和议题）的用心，以解决社会问题（需求和议题）为使命，基于自身过往积累与既有资源的条件下，结合商业管理的科学化经营方式，"用力"地摸索出一条创新且可持续的社会问题（需求和议题）解决路径。也有许多社会企业家在自己选定的社会问题（需求和议题）上与一群志同道合的伙伴在"社会企业事业"中默默耕耘，持续且坚定地努力向前行，虽然目前组织发展状态并不"完美"，但大家都很努力地在这条道路上以社会企业发展理念为信念持续前行。

为此，我们认为有必要将他们的发展经历、故事与方法分享给更多人，希望通过更多实践者的经验分享，帮助更多人找到另一种领悟社会企业发展的途径，体会社会企业所带来的共享价值，进而从社会企业定位（身份）争论中回到探索可持续解决社会问题的实践根本与力量，帮助更多有志于实践或已经投身在中国社会创新创业的社会企业家和伙伴在自身的社会企业发展道路上能走得更稳与更远。

早期国内的社会创新和社会企业发展多始于国外案例借鉴，但国外模式无法完全适应中国情境，中国的社会企业家也常常只能"摸着石头过河"。而且当前许多社会企业相关文献也多以介绍社会企业概念、国际发展经验、理论探索、行业调查分析报告为主，这对于社会企业家和实践团队而言较难产生实践性参考或指导意义，而这些专业性的内容也较难吸引社会大众的关注与参与。

为了进一步推进中国社会公众对社会企业的认知、分享中国人自己的本土社会企业实践案例、促进更多具备社会企业家精神的社会创新创业者和伙伴们的参与，五年前我们编撰了中国第一本社会企业案例集，从50多个中国社会企业案例中筛选出30个本土社会企业案例，以通俗的写作方式，为国内带来

下一站，社会企业？
——创造共享价值的实践者

首本普及社会企业理念的中国社会企业案例集。于是《下一站，社企？——公益与商业的 30 次相遇》便在 2018 年初由上海交通大学出版社正式出版。

《下一站，社企？》是一本以非学术性文风为读者们讲述 30 个中国社会企业、创始人和团队发展的故事。整本书从上篇的"过去与传承"到下篇的"现在与融入"，根据不同社会议题区分为不同章节，各章的开头从社会问题（议题与需求）的讲解拉开序幕，各节以创始人故事作为开头，随后引入该社会企业创新创立过程与创始团队一路走过的经历，内容还讲解该团队当前的运作逻辑、所提供的服务与产品等。这是中国第一本面向社会公众的社会企业案例集，也是至今为止单本书中本土案例数量最多的中国社会企业案例集。它的出版是希望通过多个鲜活的案例帮助读者们逐步地自我构建对社会企业概念的理解。至于读者最终是否认同和支持中国社会企业发展和每一个案例，我们希望把这个最终答案留给读者自己决定，就像书名中的问号一样。

在第一本案例集出版后的几年里，中国社会企业发展持续向前。虽不能说有多大的飞跃式发展，但也有许多进步与突破。每年参与社会企业认证及最终获得认证的组织数量也持续增长，社会企业个案也逐渐获得国内外"社会影响力投资"者的关注。与此同时，中国社会企业发展的思路也在国内许多地区和城市，分别以不同形式、特别"路径"、多元"思路"等方式，努力创建符合当地环境和社会需求的社会企业，共同为中国社会企业发展出力。

这几年，随着社会企业发展越来越聚焦于社会企业认证申请时，一些社会企业家和团队伙伴在如何更快速地获得认证以及获得认证后又该如何拿到投资等现实面前逐渐迷失原本的社会使命与社会创新创业价值。此外，在社会企业发展的道路上，团队需要面对相比传统商业营利企业与传统公益慈善组织更大且更多元的风险，例如政府各部门对社会企业法人定位的态度和新解释、各类法人资格申请的相关政策及资源支持、跨部门沟通的公共关系投入、社会与经济规模效益较小且量化评估难等挑战。这些迷失与挑战常使得社会企业团队疲于应对，也容易忽略自己的"主业"。因此，社会企业家和团队伙伴们应该把专注力放在自身事业的发展上，把相关资源投入在持续追踪对标社会问题的变化，评估自身介入社会问题后所带来的成效，提升企业服务与产品的市场竞争力，强化运营模式的可持续闭环逻辑构建，持续创新与升级其业务操作流程、水平及质量,这样才能更有效地实现自身社会企业的社会使命与可持续发展。

通过相关研究后发现,社会企业家和团队伙伴在社会创新创业的道路上经常会面对一些与商业创新创业者相似却截然不同的困境。虽然当前商业创新创业的案例资源十分丰富,但适应社会企业的资源却非常稀少。此外,目前国内所探讨的社会企业相关文献又多以"正向"的视角描述案例本身的现状,较缺乏对案例的困境、解决方案、创始人自身成长经历与团队逐步构建过程的深入讨论;在描述创新创业过程与组织发展的不同阶段时,也常忽视对社会企业家所经历过的挑战与找寻克服困难思路的过程进行描述与探讨,而这些内容恰恰是许多社会企业家和团队伙伴所想要了解与借鉴参考的。因此,为了更好地为社会企业家、团队伙伴甚至是未来可能加入中国社会企业发展的"新鲜血液"提供支持,我们再次组建起团队,筹备第二本《下一站,社企?》。

与第一本内容从社会问题展开、结合人们生活衣食住行的内容规划逻辑不同,第二本案例集的内容强调创新创业的历程与克服挑战的细节,希望以更深入描绘社会企业创业家的个人价值观构建过程与在创业道路上团队所面对且发生过的关键性故事内容,为已经在社会企业创新创业道路上的社会企业家、从事社会企业事业工作的伙伴、有志于投身这份事业发展的新人以及想更多学习了解社会企业案例发展历程的一般读者提供更多思考。此外,本书同时也能作为社会创新创业、公益慈善发展、社会组织管理等相关教学课程的学习内容与参考书籍。

本书的案例共有 15 个。虽然在案例总量上比第一本少,但第二本案例集的每个案例内容更加丰富。为了能更有效地帮助读者掌握这些社会企业案例的内涵,我们采用了有别于第一本的写作方式,新加入理论性视角的分析,希望借此能增强读者对于每一个案例学习后的思考。在研究与借鉴相关文献与多个理论视角后,我们决定从共享价值理论(Theory of Shared Value)的视角出发来分析所有案例。根据既有的共享价值理论模型,结合其他相关研究发现与对接我国社会企业发展情况,我们构建了"新"的共享价值理论模型框架,并对这 15 个案例进行深入分析后在最后一部分进行总体性梳理。

下一站，社会企业？
——创造共享价值的实践者

我们由衷地希望，第二本案例集不仅仅是第一本的延伸，同时能为读者带来不同于以往的社会企业案例学习体验。

从第一本案例集到第二本案例集，我们始终非常感谢这么多的社会企业家和团队伙伴的支持与参与，没有你们的支持和许许多多伙伴的引荐，社会企业案例集是不可能如愿出版的。虽然第二本的案例比第一本少，但整个项目的工作量却更多。为此，我也要特别感谢第二本案例集的合作作者魏培晔的大量付出与努力，我们共同经历了无数访谈、汇整、写作与修改。大量时间的投入，就是希望能更好地把最终成果展现出来，为推进我国社会创新创业和社会企业发展提供自己力所能及的努力。

每当与第一本案例集的作者相遇并意犹未尽地谈论起每个案例的发展近况时，每当逢年过节接到许多社会企业家的祝福、感谢与分享组织发展近况时，每当越来越多社会企业家和团队伙伴前来与我们分享自己的创新创业故事和讨论当前的发展困惑时，每当收到许多读者给予我们工作"点赞"和反馈时，我们都能发现，中国社会企业事业正持续勇敢地向前迈进着，更多的社会企业成功案例将会启发更多志同道合的新伙伴加入。因此，我们希望继续从第三方学术研究的立场，持续为中国各领域的社会企业提供观察、陪伴、辅导、研究、咨询、评估与培训服务，希望在社会创新创业的实践与研究道路上与所有的社会企业家一同成长，共同走出属于中国特色社会企业发展的进步道路。

我还要感谢许多人，首先要感谢上海交通大学国际与公共事务学院、中国公益发展研究院、中国城市治理研究院的所有领导和同事的长期支持；感谢微笑明天慈善基金会对于本书出版的支持；感谢 BottleDream、NPI、千禾等伙伴的推荐。我还要感谢自己的父母和亲友，因为有你们的无限付出与支持，第二本案例集才能顺利出版。最后，与所有为社会创新创业和社会企业发展努力付出的伙伴共同勉励："不负青春、不负韶华、不负梦想、不负未来、不负我们的中国梦"，让我们一起继续向前行。

卢永彬
2022 年 2 月 5 日于上海交通大学徐汇校区

目 录

绪　论 / 001

上篇　生活中的社会企业

第一章　坤元社工：家门口的养老院 / 023

　　志愿服务让我更快地成长 / 023

　　用两年的时间当上了院长 / 025

　　创办居家社区养老服务机构 / 027

　　开启枢纽培养的连锁发展模式 / 029

　　培养更多的基层社会服务人才 / 030

　　组织现状及未来规划 / 031

　　与社会企业家的七问七答 / 033

　　坤元社工的共享价值分析表 / 034

第二章　奥北环保：定义垃圾分类新时尚 / 035

　　当程序员开始思考收"破烂"这事时 / 036

　　让想做垃圾分类回收的人先行动起来 / 038

　　"做你认定的正确的事，而不是容易的事" / 042

下一站，社会企业？
——创造共享价值的实践者

帮助所有人行动起来 / 046

与社会企业家的七问七答 / 048

奥北环保的共享价值分析表 / 050

第三章　好瓶：让塑料再活一次 / 051

海洋女孩与塑料瓶 / 052

从零开始拯救塑料瓶行动 / 054

打造零售化品牌 / 058

让自己开心，让地球也开心 / 060

与社会企业家的七问七答 / 062

好瓶共享价值分析表 / 063

第四章　klee klee：从土地中长出的衣服 / 064

从产品系列到独立品牌 / 064

时尚也可以"慢下来" / 066

与独龙族"共舞" / 069

耐心等待"naze naze"的果实 / 074

可持续时尚＋生产的慢哲学 / 076

与社会企业家的七问七答 / 079

klee klee 共享价值分析表 / 080

第五章　赋启青年：助力青年撬动世界 / 082

重回校园，扎根上海 / 082

一次支教让他选择了教育创业 / 083

毕业起航，创办复启 / 085

重新出发，成立赋启 / 087

赋启青年的"掘""匠" / 089

直面挑战，各个击破 / 093
与社会企业家的七问七答 / 095
赋启青年共享价值分析表 / 097

第六章　一出学社：让困境学生爱上学习 / 098

蓦然回首的教育梦想 / 099
从"一初教育"到"一出学社" / 101
"困境学生"的成长乐园 / 105
教育创业要先慢后快 / 111
与社会企业家的七问七答 / 113
一出学社共享价值分析表 / 114

第七章　倾音：让每个人都能好好说话 / 115

原来并不是每一个人都能好好说话 / 115
脑洞大开：她想培训言语矫正志愿者 / 116
训练三天后，小男孩第一次喊出了"爸爸" / 117
让说话变得不再为难 / 118
坚定从事公益事业的信心 / 120
从西安到上海，从公益组织到社会企业 / 123
转型中的变与不变 / 124
与社会企业家的七问七答 / 128
倾音共享价值分析表 / 129

中篇　社区中的社会企业

第八章　蓝续：守护白族古法扎染 / 133

云游四海，回归故里 / 133

拜师学艺，传承家乡白族文化 / 135

心系蓝染，白手起家 / 137

从一家小作坊到四家连锁门店 / 139

轻装上阵，不紧不慢 / 146

与社会企业家的七问七答 / 149

蓝续共享价值分析表 / 150

第九章　水酷生态村：未来乡村实验区 / 151

因水而生的"水酷生态村" / 151

Jill 和教育的不解之缘 / 154

"水酷"的三年成长史 / 157

成为乡村里的弄潮儿 / 160

乡村生活也很精彩 / 162

与社会企业家的七问七答 / 165

水酷生态村共享价值分析表 / 166

第十章　滋农游学：共建乡村美好 / 168

困境中的生机 / 168

暂时的挫败 / 171

回到乡村，重新出发 / 173

获得新身份——乡村集体资产运营商 / 175

乡村拥有无限可能 / 178

与社会企业家的七问七答 / 180

滋农游学共享价值分析表 / 182

第十一章　大鱼营造：助力社区可持续发展 / 183

五人结盟，大鱼诞生 / 184

大鱼的成长轨迹 / 187

它是一个"青色"组织 / 190

那些年改造过的社区 / 192

组织进化与未来规划 / 199

与社会企业家的七问七答 / 200

大鱼营造共享价值分析表 / 201

下篇　行业中的社会企业

第十二章　联谛：让每个人平等享受科技 / 205

联合社会力量 / 206

成立社会企业 / 208

平等对待残障人群 / 210

团队是最重要的基石 / 212

社会价值与商业价值并存 / 213

坚持社会企业初心不动摇 / 216

与社会企业家的七问七答 / 216

联谛共享价值分析表 / 218

第十三章　灵析：数据与公益的邂逅 / 219

三个技术宅的公益梦 / 219

从公益门外汉到公益先行者 / 224

开启智慧公益 / 226

支持每一个公益理想的实现 / 228

探索信息技术带给公益的无限可能 / 230

下一站，社会企业？
——创造共享价值的实践者

　　　　与社会企业家的七问七答 / 231

　　　　灵析共享价值分析表 / 232

第十四章　益加益学院：站上公益与商业的讲台 / 233

　　　　一边做商业一边做公益 / 233

　　　　培养公益讲师，助力公益伙伴 / 235

　　　　走社会企业道路 / 238

　　　　公益四重奏 / 240

　　　　三个组织相辅相成 / 243

　　　　转型后的未来 / 246

　　　　与社会企业家的七问七答 / 249

　　　　益加益学院共享价值分析表 / 250

第十五章　MSC：跨越鸿沟的创变者 / 252

　　　　与 CSR 结缘 / 252

　　　　做可持续发展咨询行业的探索者 / 255

　　　　帮助企业变得更可持续 / 258

　　　　建立一个更可持续的世界 / 261

　　　　与社会企业家的七问七答 / 264

　　　　MSC 共享价值分析表 / 265

案例分析与总结 / 266

参考文献 / 299

后　记 / 304

绪 论

一、研究背景

根据目前文献记载，中国的现代化"社会企业"发展最早起始于2007年。为何加入了"现代化"这个限定词呢？主要原因是有学者认为应该把中国福利工厂、农村合作社，甚至是民办非企业的发展历史也归纳计算在中国社会企业的发展历史中。然而这些类的社会企业的组织发展路径、发展背景和运营机制与当前现代化社会企业有一定程度上的差异。为了能够更清晰地帮助读者理解与学习现代化社会企业的发展情况，同时聚焦本案例集出版的重点与初心，本书所探讨的社会企业都是2007年前后在国内发展起来的以现代化社会企业发展理念为核心的中国社会企业。

尽管2007年至今已有十多年的历史了，但"社会企业"一词对于广大百姓而言依然陌生。若人们单纯地从字面上理解它，往往容易疑惑和误解：社会企业是指社会的企业吗？所有类型的企业不都是社会的企业吗？社会企业与一般（商业）企业又有什么不同呢？又为何这类型的企业需要冠上"社会"一词来定义呢？为了向大众科普"社会企业"是什么，三年前我们出版了国内第一本科普性质的社会企业案例集《下一站，社企？》。该书分享了30个中国社会企业案例，希望通过梳理与分享这些社会企业家的社会创新创业故事，帮助更多国人对社会企业有个初步的认识，同时也为读者描绘出

下一站，社会企业？
——创造共享价值的实践者

中国本土社会企业发展的基本轮廓。

在出版第一本科普案例集后，我们仍然持续观察、追踪、研究、辅导、陪伴与助力中国社会企业发展。在和许多社会企业家交流互动的过程中，我们逐渐发现，有很多社会企业家及其团队伙伴在他们自己选择的社会创新创业道路上走得特别艰辛，当然，一旦社会企业团队能够突破困境、做出好成绩时，那种能够同时兼顾组织可持续发展与解决社会问题的成就感是非常巨大的。

然而，不可否认的一个事实是，愿意选择并走上社会创新创业这条道路的人，都应该做好面对比从事纯公益慈善或纯商业经营更加困难与更多挑战的准备，因为在社会创新创业的道路上，不被认同或理解的阻力会更大，造成很多社会创新创业家和团队成员必须承受比其他创业类型更复杂的"不被认可"的压力，再加上愿意走上社会创新创业道路的社会企业家的人数也较少，可借鉴的成功案例、相关研究与方法论积累也有限，因此社会企业家在创业过程中必须面对更强的创业"孤独感"。为了给予社会创新创业家和投身社会企业事业伙伴提供帮助，我们希望通过提供优秀社会创新创业的案例，解开每个案例的发展密码，为"后学"的社会创新创业家和想要投身这个事业发展的伙伴提供学习参考，进一步为中国社会创新创业与社会企业发展助力。

本书为读者带来了15个不同于第一本案例集的中国社会企业成长故事，从中可以了解社会创新创业家是如何面对不同发展阶段的挑战的，是如何在面对挑战时找出创新的解决方案的，又是如何形成突破自我的发展思路的。本书同时通过"共享价值范式（概念/理论）"模型为读者阐释与分析各个案例发展中的独到之处。每一个社会企业案例在"共享价值范式"的分析框架下，读者能够更清晰地盘点出为何该社会企业能够创造如此多的可持续社会影响力。

共享价值的构建与社会企业自身的使命与运营逻辑密不可分，以下便是我们为读者带来"共享价值范式"下的15个社会企业案例故事分享与分析讨论，看看这些社会企业是如何真正"满足""平衡"并同时实践出社会企业自身使命的社会价值和经济作用。

绪　论

（一）社会企业发展简史

社会企业伴随着社会矛盾与困境的激化而诞生。18世纪60年代第一次工业革命后英国发生了大量手工业者流离失所等社会问题，洛奇代尔市（Rochdale）出现了世界上最早的社会企业，它是一家由28个纺织工人筹集28英镑建立的合作社，工人们反对工厂主所提供的不合理场内消费价格，因此选择自己建立合作社为所有工人提供消费得起的食物供应机制。自此以后，英国以及欧洲其他国家迸发出大量合作社类型的组织（李健，2018）。

早期的社会企业发展历史曾经随着福利国家的兴盛而衰落，直到20世纪80年代，社会企业又逐渐在部分欧洲国家和美国重新发展起来，而再次发展的动力仍然源于这些国家内部出现的大量社会矛盾与困境。面对日益增长的社会需求和日趋严重的社会问题，一旦当地政府、市场与非营利非政府组织（公益慈善组织）都无能为力的情况下，人们只能尝试寻求另一种有别于过往的社会创新创业方法以应对这些不断恶化的社会需求与问题。在此过程中，兼具经济发展和社会公益慈善的社会企业逐渐脱颖而出，虽然成长缓慢但也逐步成为西方社会治理中的主要潮流之一。

以美国为例，自19世纪70年代末开始，美国联邦政府大量削减在扶贫、教育、卫生保健等领域的财政投入，导致大量的公益慈善组织（社会组织）的资金匮乏，也迫使许多公益慈善组织开始思考如何依靠自身力量来谋求生存和发展。许多公益慈善组织尝试以从事商业服务赚取收入来提供公共服务。与此同时，还有一些商业企业家也关注到商人无法与社会问题进行切割，商业企业也是社会的一分子，因此也必须承担起企业社会责任。除了捐出自身利润回馈社会以外，部分企业家甚至还开始利用企业管理及运营模式来应对环境保护、就业与教育等社会问题，这些愿意更进一步投入社会公益事业的企业家被称为社会企业家（金锦萍，2009）。由此可见，传统政府、商业企业和非营利非政府组织无力或不愿意解决的社会问题一下子转变为社会企业乃至社会创新创业的发展契机。总而言之，由于福利国家的社会发展革新、公共服务民办化以及公益慈善组织转型等因素影响，共同推动了社会企业、社会企业家、社会创新创业的全球蓬勃发展。

下一站，社会企业？
——创造共享价值的实践者

随着我国政治、经济与社会持续快速发展，社会需求的多元化、社会矛盾的复杂化也导致了社会问题（议题）挑战难度越来越大。中国社会企业起步于21世纪初，目前能够找到的最早公开文献来自2003年的《社会组织运行机制的转变与社会性企业的公益效率》一文，其中首次出现了对"社会性企业"概念的描述。2004年，北京大学刘继同教授翻译的英文文献《社会企业》发表。2006年随着三本有关社会企业的翻译书籍《如何改变世界：社会企业家与新思想的威力》《穷人的银行家》及《社会企业家的崛起》正式出版，"社会企业"开始被人们所了解。

2008年汶川大地震爆发，这一年也被人们普遍称为"中国公益元年"，民间各类公益机构自此有了更多为国家社会服务的机会，由此中国公益机构数量逐年攀升，这也间接促进了人们探寻社会企业的可能性，第一批优秀社会企业也多在这个时期开始萌芽。这一时期出现的社会企业如"阿坝州羌绣帮扶计划"和"阿坝松潘格莱珉小额贷款公司"等已经成了灾后重建的标志性案例。

2009年，英国文化教育协会（British Council）文化教育处（以下简称"BC"）推出了社会企业家技能培训项目。在项目运作的八年时间里，BC提供了对社会企业感兴趣的伙伴进一步了解社会企业的许多机会，这对往后中国公益慈善事业的可持续发展与中国社会企业发展的持续推广起到了人才培养的作用。

2010年，希望工程发起人、南都基金会理事长徐永光参加由中国香港政策研究基金会创立的社会企业民间高峰会，并发表了《中国内地社会企业发展模式选择之困》的演讲，这场演说也让更多人开始关注中国内地的社会企业发展近况。徐永光本人也是内地长期投身中国社会企业事业发展的重要推动者之一，2017年他出版的《公益向右，商业向左》一书并受到了广泛关注与讨论，这些社会效应也为我国社会企业的进一步发展与传播产生了许多关键性作用。

如今社会企业逐渐成为中国公益慈善事业中长期关注的议题，越来越多的青年愿意投身于社会企业发展的事业中。在政策方面，成都市和佛山市政府先后在区一级别的创新试点制定了地方性社会企业认证与实施相关政策，同时还出台了相关促进发展方案；北京市、上海市与深圳市也先后对社会企业的地方性创新试点召开多场讨论研究会议。在深圳市举办的中国公益慈善项目交流展示会（以下简称"慈展会"）平台上，由民间推动的中国社会企业认证机制，自2015年开始发展至今，随着认证评估体系的持续迭代完善，认证的要求也不断地增加，每年提出申请认证的组织数量逐年翻倍，获得最终认证的社会企业数量也在稳健增加。此外，也有越来越多的众创空间、双创中心、公益基金会、民办非企业等各类组织纷纷加入"孵化"地方社会企业或培育社会企业家的队伍中，其中比较知名的长期项目包含但不限于南都公益基金会的银杏伙伴成长计划、友成基金会的猎鹰与小鹰计划、千禾社区基金会的木棉花计划、北京险峰公益基金会的险峰计划、上海影响力工场（Impcat Hub Shanghai），等等。

与此同时，中国与社会企业相关的社会创投大赛、论坛、培训和学术会议等活动也逐渐丰富，如社创之星中国社会创业家大赛、全球社会创业大赛（Global Social Venture Competition，GSVC）、中国社会企业与影响力投资论坛等。除此之外，还有许多社会创新创业组织在努力地分享传播社会企业价值和助力社会企业在国内的持续发展，如Aha社会创新中心、BottleDream、807创新空间、社创空间等。

近些年来，伴随着国际上不断兴起的社会影响力投资风潮，面对刚起步不久的中国社会企业，人才、资金和可持续有效运作模式是众多社会企业发展过程中必须要攀越的"三座大山"，而社会影响力投资似乎为社会企业开启了一种未来发展的路径。社会影响力投资不仅能为社会企业的后续发展壮大提供财务上的支持，也为社会企业运营模式的可复制、可推广发展提出了较严格的要求。因此，几个标杆性组织便立即着手筹划社会影响力投资基金，其中又以南都公益基金会牵头成立的影响力投资专项基金"禹禾基金"、友成基金会发起的"社会价值投资联盟"等为代表。在这般操作下，这些举动也成功地吸引了更多其他投资机构与公益基金会的关注，开始尝试了解与接触影响力投资。由此可见，国内的社会企业创新创业生态链正缓慢地逐步向前推进，虽然当前的生态链中仍然明显缺乏相应的评估调查机构，但其他的环节都已经初步成型，而未来的持续发展仍需要每个生态链环节都能茁壮成长。

（二）中国社会企业的发展动力

1. 庞杂的社会需求与问题

随着经济快速增长、产业升级转型与社会结构越发多元化，在人口总量的前提下，我国社会需求正不断地演变，新的社会需求也持续出现，相关的社会问题也变得越来越复杂。这些社会需求若不能及时应对、社会问题不能获得有效解决，都将会影响国家整体发展的进程，不仅会限制社会进步，还会阻碍人民幸福指数的持续提高。例如早期熟人社会的邻里关系维护与当前现代化小区矛盾冲突便有很大的不同，扶贫攻坚的成功也需要时刻关注返贫现象与因病致贫的情况。

面对这样庞杂的社会需求与问题，我国政府的担当与表现在全世界是有目共睹的，比如在防控疫情方面的成效与作为，我国一直扮演着世界标杆的角色。多年来，国家持续就社会需求与问题出台一系列相关政策与法律法规，而这些举措也确实推进了企业对于自身社会责任的重视，赋予公益慈善事业更好的法治化发展环境。许多大类的社会需求与问题也多能在政府、企业或公益慈善领域中获得关注并进行处理。

然而，当部分社会需求与问题的复杂程度远超单一部门所能应对的时候，解决这些社会议题的过程便容易陷入困境，产生处理方案无法根治只能缓解问题、解决问题的方式成效不足或问题涉及范围太大而无从着手等现象，例如河川治理、残疾人就业、垃圾回收生态、教育资源不均、儿童意外伤害预防等。此外，各部门原本都还有自身例行工作要做，应对这些社会需求与问题时会带来额外工作量的要求，这对原本的三个部门（政府、企业、公益慈善事业）各自分工状态形成了挑战。因为许多社会需求与问题都是跨部门的议题，需要跨部门协作并找出创新方案才能达到有效解决或应对的成果。但是摆在眼前的实际状况是，无论是跨部门协作也好，还是找到最适合的创新解决或应对方案也好，都是成本非常高昂的举措。因此，在有限的时间与资源条件下，三个部门首先会根据自身工作的核心内容进行应对，对于跨部门或多部门的工作议题会根据政策指标与急迫程度等因素来执行，因此会有处理与应对前后顺序的情况。

社会企业本身便是跨部门下的产物，结合了公益慈善组织发展理念与可持续性的商业企业运营机制，希望结合企业与公益慈善两部门的优势打造能够有效满足社会需求或解决社会问题的一种混合型组织（Hybrid Organization）。虽然社会企业本身并不属于政府系统（第一部门），但社会企业所要面对的社会议题必然与相关政策、法律法规和体制内分管各级单位有关，因此社会企业的运作与政府相关部门的交流与沟通必不可少，甚至有时候会比一般商业型企业的政府往来关系更加频繁。从另外一个角度来看，社会企业的创新模式也为政府提供了以较小的成本代价来验证其创新模式对该社会需求或问题的有效性，进而能为政府后续再采取相关政策推进时提供不同于以往的创新参考样本。此外，随着国家社会的进步与发展，人们对于美好生活向往的追求与参与也越发积极，越来越多的青年人在"看见"甚至是亲身体会社会需求或社会问题之"难"之后，会愿意放弃稳定的职业发展路径，转而投身加入社会企业发展，希望用自身的社会创新理念与为社会服务的精神，为这个社会作出自己力所能及的贡献，而这种社会价值层面的成就感远比"纯赚钱"的收入提升更能够吸引青年人们的认同与支持。

2. 组织可持续发展需求

对于组织可持续发展需求，我们从企业社会责任转型和消费行为转变两个方向进行解说。企业的社会责任是指商业组织在自身运营发展时不仅考虑自身利益，同时也要肩负消费者、雇员、股东、社区利益和生态环境等各类利益相关方的社会责任（刘志阳和王陆峰，2019）。这样的理念可能会引起部分读者的好奇，商业企业家做生意，无非就奔着赚钱去的，怎么除了赚钱还要顾及这么多的利益相关方，甚至有时还要避免损害这些利益相关方而"放弃利益"或"赚少点"，这完全没道理。然而，事实便是如此，随着经济发展和社会进步，只注重短期收益、追求单纯利润增长的企业在处理自身的长期发展道路上将会"越走越窄""越发展越被动"，主要原因来自两个方面，首先，商业企业若一味地追求获取短期经济利益容易忽视许多自身的社会责任，这必然会埋下许多风险隐患，一旦某一个风险隐患爆发，不仅会影响正常业务的开展，还可能会引发一连串的社会问题。这不仅会严重影响

下一站，社会企业？
——创造共享价值的实践者

企业声誉，受到相关监管部门的处分，还有可能造成该企业永远无法继续运营的结果。其次，随着"青山绿水就是金山银山"的相关政策陆续出台，我国以往"被动式"的企业社会责任规范已经逐步进入历史。与此同时，世界各国在环境、社会与治理（Environment, Social, and Governance，以下简称"ESG"）指标的持续推动下，也逐渐开始从商业投资绩效向企业社会责任转变，而转变的重点主要是强调环境保护，搭配少部分的社会回馈投入。而ESG的价值便是帮助更多企业实现自身的可持续发展。根据几家世界权威投资机构的报告，ESG表现优秀的企业其自身发展更稳健、更能对抗各类环境因素比如金融危机等所带来的影响。此外，国家在"十四五"规划中也明确了"碳达峰"与"碳中和"的战略目标，而想要实现这些战略目标不仅是需要企业积极配合，整个社会机制的运作也将迎来历史性的转变。然而，有些人对这些战略目标的理解仍有错误，认为有关"碳排放"的事必然与环境保护相关，那么这些目标显然只会对制造业造成影响。事实并非如此，"碳排放"所包含的范围不仅包含制造业、服务业、农渔牧等所有产业，还会涉及每一位市民的生活与工作方式。由此可见，企业社会责任无论是在环境、社会还是治理层面的要求将会随着时代变迁而越来越高，任何企业若想忽视它的存在，其组织发展也终将举步维艰。

另外一个组织可持续发展的动向与消费行为的转变有关。消费行为来自消费者的消费意识与意愿，随着越来越多类似有意识的消费（Conscious Consumption）、可持续消费（Sustainable Consumption）、责任消费（Responsible Consumption）、理性消费以及"伦理买卖"（潘小娟，2011）等"新"消费形态的倡议、推广与不断的呼吁，人们开始反思"过度消费"的价值与必要性，而这些"新"消费形态虽然对于老一辈人的影响较小，但却广受中国年轻人的欢迎。根据几项相关调查报告，中国年轻人对于环境保护与企业道德良知的认同感更为明显。当人们逐步意识到自己的每一笔消费不仅是在满足个人消费欲望，也会对商业生态环境造成一定的影响时，人们会更愿意通过消费选择权来践行自身的社会价值观和环境价值观，使消费不再仅仅是一种买卖交易关系，更是一种支持可持续发展与环境社会友善型企业的方式。公众消费意识的改变将对各类企业的发展逐步产生越来越明显的影响，因为在服务及产品质量上没有太明显差异的前提下，绝大多数有"心"的消费者都会宁可选择更有社会价值使命的产品及服务。而社会企业在企业社会责任方面有着天然优势，因其自身的业务内容便是为了满足社会特殊群体需求或有效解决社会问题而产生的，因此要获得利益相关方对社会企业在环境保护、社会与治理等各方面的认可会比一般商业企业较为容易。而对于社会企业具有挑战的部分反而是其运作机制的可持续性。社会企业与商业企业的运营逻辑不同，商业企业是先找到可获利的商业模式之后再考虑如何做好企业社会责任，而社会企业是先找出社会需求与问题解决的方案再思考如何构建可持续运营的逻辑。一个是先运营后履行责任，另一个是先解决问题后找可持续发展路径。这样先后运营逻辑的不同也让不少人会因此认为社会企业是没法盈利也很难可持续发展的，然而，国内外的许多案例都证实，这个说法是错误的。社会企业可以既解决社会问题、满足社会特殊群体需求，也能赚到足够可持续发展的资金。而社会企业的可持续发展成功与否的关键在于自身的专业性与运营的有效性，而这些需要社会企业团队不断在创新、尝试、实践、改良、评估等循环打磨过程中探索出来。

3. 社会组织的发展限制

中国法律明确规定社会组织的非营利属性，所有进入社会组织的资金与有价财产都将属于社会，任何人不得以任何方式将这些资金与有价财产占为己有，因此，社会组织的非营利属性也直接意味着，社会组织不得进行年度盈余分红的动作。当然根据规定，社会组织的非营利性也为社会组织（这里主要专指公益慈善属性为主的基金会、民办非企业、志愿者协会与社团组织等）带来许多"天然"优势与获得不同于营利组织（商业企业）的资源，例如获得社会慈善捐赠（助）、志愿服务支持、税收减免、政府购买服务资格等方面的国家及社会资源。

然而，国家相关单位为了做好监管社会组织发展工作，同时也对社会组织提出了许多严格的风险防控性规范，以确保这些国家社会资源与爱心捐赠（助）能被正当且有效地使用在社会需求上。从政府管理的视角来看，先设置较为严格的社会组织管控体系是我国行政管理制度发展过程中的常态，即所谓管理从严开始易，从松开始难。因此，政府工作许多时候必须同时考量制度的光明与黑暗面,把全国各地情况的差异和多元复杂性考虑起来,提前设置"底线(红线)",所以在很多时候,法律法规的设置宁可多出些"安全"与"保障"要求,也不希望后续发展出现太多不可控的突发情况。然而,这些监管要求与风险防控规范,从另外一个视角看,却在某种程度上为我国社会组织的创新发展带来限制,比如社会组织的行政成本比例、分支机构设置、业务范围、资金来源渠道、人力资源的建设、培养与职业规划等方面。

因此,当某一社会需求(社会问题)在政府职能覆盖力度较浅或所能提供的资助保障较有限,且企业社会责任和社会组织(公益慈善组织)也没能及时提供有效且可持续的服务或解决方案时,社会企业的发展契机就出现了。当然要想在三个部门(政府、企业、公益慈善组织)都无法提出有效服务方案的前提下,社会企业想要找出突破思路并实现自身服务模式的可持续运营模式绝非易事。在多年研究与陪伴社会企业家和其团队发展的过程中,我们发现许多社会企业团队必须要具备公益慈善与商业经营两个领域的积累,才能更好地走出属于自己团队的社会企业道路。所以,出身于公益慈善背景的社会企业团队必须快速地提升团队的商业运营思维与能力,而商业经营背景出身的社会企业团队反过来需要尽快了解中国特色社会主义的公益慈善事业生态体系的现状,同时还要能够深入对自身团队所关注的社会需求或社会问题进行长期跟踪与摸排,对于没有任何一方背景的青年创新创业家而言,两个领域的持续学习,自身业务、专业性与组织运营模式的持续打磨与升级更新,是必不可少的基本条件,由此可见,若没有真正大的决心,社会企业创新创业的这条路,请千万不要轻易尝试。

(三)研究目的

学界对"创造共享价值"概念仍存在许多争议。一些学者认为创造共享价值(Creating Social Value,CSV)与企业社会责任价值观(Friedman,1970)并没有本质上的区别,都是将对社会的贡献看作实现企业利益最大化的工具(Crane et al.,2013;Beschorner and Hajduk,2017;Reyes et al.,2017)。另外还有一些学者质疑共享价值范式的有效性,认为共享价值不能真正同时满足社区经济和社会环境发展需求（Beschorner，2013），只是在既有的商业组织运营过程中选择了与自身经济利益目标不冲突或更容易实现的社会目标来执行而已（Crane et al.，2013）。与此同时，还有些曾经公开表明践行共享价值范式的企业案例，在运营发展后出现了"双重价值失灵"的现象，这与共享价值所追求的企业利益与社会"共益"目标偏离甚远，最终成了"强调共享价值，但两种价值却都消失了"（Aakhus and Bzdak，2012）的"价值悖论"的尴尬情况。

即便有部分学者针对"共享价值"的概念、核心和实践结果提出种种质疑，但不可否认的事实是，在"共享价值"概念还未被学术界正式提出来之前，已经被一些有远见的社会创新实践家落实在自己组织的发展中，并获得卓越的成效。此外，在 Porter 和 Kramer（2011）将共享价值进一步定位为实现经济成功的方式（之一），并将社会需要（问题）看作能实现（不同于以往）利润增长目的的手段（Beschorner and Hajduk，2017）后，共享经济、共享价值、社会企业、社会创新创业、（社会）影响力投资、ESG 等各类全球社会创新浪潮也逐一兴起，拉开了社会创新创业时代的序幕。

此后，学者们还继续在此概念的基础上进行持续跟进与研究，后来有学者又进一步提出，当社会企业能够清晰地聚焦于自身与社会同时受益的社会议题（需求或问题）时，能够有效地强化自身组织的社会与企业价值共同的"甜蜜点"（Sweet-spot）（Porter and Kramer，2011），这才是社会企业所创造的共享价值状态；而忽视企业获利且造成社会损失、社会获利但企业成本显著增加、企业获利但社会问题却没能有效解决等情况的组织都不属于社会企业的范畴（Reyes 等，2017）。

由此可见，社会企业不同于普通商业企业，社会企业愿意为了社会利益牺牲部分经济利益，确保社会与企业都能同时共享价值。因此，前面许多对共享价值概念提出质疑的学者观点，都是由于他们并没有从社会企业的立场来理解共享价值，单从传统商业企业视角看社会企业显然无法"合拍"。

与此同时，这也更清晰地表明，共享价值概念能够帮助人们分析社会企业共享价值中的商业利益与社会利益之间的和谐相处状况，一旦这种和谐状况被打破，这个组织的社会企业属性也将在两种利益相互冲突间逐渐消失耗尽。若这种冲突一直都无法获得有效解决，那么该企业很有可能将永远失去社会企业属性，要么回归普通商业企业状态，要么选择走回传统公益慈善组织状态，甚至消失在人们的视野中。

此外，共享价值概念还强调对于新增的多元社会价值、混合价值与组织内部既有价值的包容性，而不只是考量自身内在的存量价值，这点与社会企业的混合组织形态、跨界协作身份也有共通点。这样的"共享价值"状态也能够帮助社会企业站在尊重与平等的同一个维度与所有利益相关方进行对话、相互学习。

综合以上三点因素，我们希望通过"共享价值"概念的学术视角为读者们提供15个真实的社会企业案例分析，帮助读者从各类社会企业案例中，更深入地了解这些案例是如何找到并构建自身组织的社会与商业共益的"甜蜜点"，同时也回应部分学者对于"共享价值"概念的批评与质疑，进一步证明共享价值理念是能够在社会企业主体上实现的，社会企业是能够有效结合商业与公益慈善的不同利益相关方多种价值于一身的。

二、文献综述

（一）社会企业文献综述

从20世纪90年代初开始，国外学者对社会企业概念的研究不断丰富。通过查找、梳理与分析大量相关文献，我们发现，目前许多有关社会企业的研究就社会企业的定位与功能有不同的理论学派，其中四种主流学派较被人们熟知，即赚取收入学派、社会创新学派、光谱学派及以及欧洲社会企业兴起（Emergence des Enterprises Sociales en Europe，以下简称"EMES"）学派。

赚取收入学派（Earned Income School） 该学派的成员许多来自咨询公司或有商务经营背景，他们专注于研究企业战略所带来的运营结果。在赚取收入学派人的眼中，社会企业必须通过赚取收入来支持自己所要实现的社会使命，因此，他们强调社会企业必须资金来源多样化才能确保社会企业的稳定发展。在20世纪90年代后期，这一学派的代表性团体——社会企业联盟将社会企业定义为任何具有赚取业务收入及相关战略运营的社会组织，自己产生收入来支持其社会（慈善）使命（Young & Lecy，2018）。

社会创新学派（The Social Innovation School） 也称为社会企业家学派（The Social Entrepreneur School）。该学派强调"社会企业家精神"和"社会创新"对于社会企业发展的重要性，并认为社会企业是社会企业家运用市场或非市场手段通过新的理念与创意实现社会与商业（双重）目标的组织（Dees，1998）。社会企业家是社会企业发展的关键人物，不仅需要执行创造和维持社会价值的任务，不懈地追求新的机会来服务于使命，同时要不受资源限制，不畏巨大阻力与挑战，并始终表现出对所服务的社会群体和所产生的成果秉持高度负责任的态度。

光谱学派（The Spectrum School） 光谱学派认为社会企业是一种多元混合的综合体。光谱学派对社会企业的理解强调其混合性特征，社会企业就是必须同时实现社会使命和盈利双重目标的组织，有别于社会创新学派所强调的"牵头人"作用。

EMES 学派（The EMES School） 为了有效解决光谱学派所面临的混合型组织定位不够精准的问题，EMES 学派致力于社会企业内涵的原则性诠释。他们认为建立社会企业指标体系能帮助人们明确社会企业的社会价值、商业价值以及组织定位。例如社会企业是由一群有志之士共同创立的组织；社会企业的权力基础不受资本所有权影响；社会企业能改变甚至是"反转"和有效影响目标社会群体及其周围的人；社会企业是有限利润分配的组织；社会企业会对自身的社会使命目标对象持续地投入与关注（卢永彬、刘亚娟和张丽莎，2018）。

当然，读者也可以发现，以上四个学派虽然所强调的重点不同，彼此之间的分隔界定也有部分重合，但所有学派的共识与目标是一样的：社会企业需要平衡社会目标和商业目标，而这些都是社会企业组织使命的一部分。

目前，中国社会企业相关研究主要受光谱学派的影响较深，但也尝试在国外研究的基础上进行本土化的诠释。通过梳理与分析国内相关学术文献，我们发现目前国内学术界对于社会企业的理解以以下三个视角为主，即第三部门视角、新型企业组织视角、混合组织视角。

第三部门视角 俞可平（2002）认为，作为经营性并以提供公益性社

下一站，社会企业？
——创造共享价值的实践者

会服务为主要目标的社会组织，社会企业属于非政府、非市场的"第三部门"范围，因此社会企业既不属于政府系统，也不存在于市场系统中。第三部门的组织特征如自治独立、拥有自己的决策机构、民主的决策过程等（雅克·迪夫尼等，2009），通常都能在社会企业中找到。

新型企业组织视角 田蓉（2016）将社会企业解释为企业社会责任内生于企业商业模式中，或社会目标和商业活动结合起来的企业。由此可见，新型企业组织视角把社会企业归类于第二部门（市场系统）中的一种创新。持该视角的学者认为社会企业是企业从只注重商业经营活动的阶段，进一步发展到愿意兼顾社会价值与商业利润的新阶段，实现了在商业模式过程中同时承担社会责任的创新发展运作方式。

混合组织视角 潘小娟（2011）认为社会企业是界定在以商业营利为目标的传统企业和以社会福利为目标的传统社会组织之间的组织，也就是以改善社会或环境目标、实现可持续发展使命、从事商业活动方式的组织。还有学者认为，社会企业发展来自人们对于社会责任感（非利润）的驱动力，是市场经济与社会公益慈善结合下的"新生产物"。因此，在混合组织视角下，我国出现了两种类型的社会企业，一种是活跃在社会服务相关领域、提供一定公共物品或准公共物品的商业企业，而另一种是采用市场机制提供各种社会服务以获取更稳定收益的非营利组织（社会组织）（沙勇，2011）。

尽管当前国内学界对社会企业看法和理解不尽相同，但总体而言都认为社会企业是具有社会公益慈善性和经济营利性双重特性的组织（时立荣和王安岩，2019）。社会公益慈善性是指社会企业具有生产社会产品与公共服务的社会福利表现，也因此，许多社会企业常会出现在养老、扶贫、助困、助学、就业、环保与救助等传统公益慈善服务领域中。但与传统公益慈善组织不同的是，社会企业能创新地有效解决在有限资源下难以为社会供给和满足相应服务需求的问题，适当填补了政府和市场在现实社会中的"空缺"（时立荣，2007）。经济营利性是指社会企业所创造的产品和服务可以直接面向市场，这样一来，社会企业不仅可以通过有偿收费的交易方式获得维持组织运营与后续发展的资金，无须依赖捐赠或担忧政府购买服务的变化，还能够通过市场竞争机制，促进产品与服务的不断迭代升级以及运营模式的持续进步。

(二) 共享价值文献综述

1. 共享价值的定义

"创造共享价值"（CSV）最早是由 Porter 和 Kramer（2006）所提出的概念。他们认为，企业可以在增强自身竞争力的同时，利用策略，以务实的操作方法来改善企业所在社区的经济和社会环境。

除了 Porter 和 Kramer 所提出的共享价值定义外，还有学者将共享价值界定为"为多个利益相关者创造不同类型价值并同时通往经济成功之路的理念"（Dembek et al., 2016）。Driver（2012）、Dubois 和 Dubois（2012）、Shrivastava 和 Kennelly（2013）还进一步表明共享价值是企业同时创造经济价值和社会利益的一种能力。而绝大多数的学者认可在创造共享价值的过程中必须要重视社会价值和经济价值的平衡，从"企业和社会的相互依赖"中产生出对社会和企业都有利的选择（Heng, 2009）。当然也有学者表示，创造共享价值的过程需要把社会和社区的需要放在利润之前，这样才不会在平衡过程中迷失了"方向"（Pavlovich & Corner, 2013）。

共享价值概念包含三重含义：首先，共享价值必须同时考虑成本和收益，而不仅仅是盈益，并且将经济层面和社会层面的成本收益一起纳入组织战略考量的范畴中（Porter & Kramer, 2011）。其次，共享价值包含了共享价值的结果。文献表明，共享价值结果包括竞争优势（Porter & Kramer, 2011）、社会经济地位（Porter & Kramer, 2011）、经济价值（Fearne et al., 2012）、环境价值（Shrivastava & Kennelly, 2013）、企业价值（Porter & Kramer, 2006）、社会价值（Keng, 2009）等。总而言之，在社会环境方面，共享价值创造了更好的自然环境、健康营养状况、生活条件、教育和经济水平。而在组织发展方面，共享价值增加了利润、获取了资源（包括原材料、员工）、强化了竞争力和获得了社会地位（赞赏与名声）（Dembek et al., 2016）。最后，共享价值能影响更广泛的受益者。共享价值的创造涉及个人、社会、群体、组织和环境等利益相关方，而这些利益相关方也是彼此相互关联的，因此，一个共享价值项目的实施所带来的社会影响力将远远超出该项

下一站，社会企业？
——创造共享价值的实践者

目的直接受益者群体（Porter & Kramer，2011）。

Porter 和 Kramer（2011）又进一步表示有三种创造共享价值的途径：重构产品和市场、重新定义价值链中的生产力、建立配套产业集群。而每一种方式都是构建创造共享价值良性循环的一部分，也都注重通过增加经济价值和社会价值总量来为其他群体或组织创造更多机会，而企业发展和社会改善的结合也可以被视为发现和分化新的社会需求、提高生产效率和扩大市场的机会。由此可见，共享价值理念可作为社会企业发展的方针，而社会企业型组织也正好是创造共享价值的最好实践平台。

2. 共享价值的相关研究

自从"共享价值"这一概念出现后，有些学者对共享价值持反对态度，批评共享价值更像是一个流行词汇，而不是一个理论概念。Crane 等学者（2013）在所发表的论文中提到，共享价值与企业社会责任的概念重叠，不具有创新性；它忽视了负责任的商业活动内在的紧张关系；它对商业合规性的看法"过于天真"；它对企业能在社会中所扮演角色的认识过于肤浅。然而，也有一部分学者持认可态度，他们认为共享价值的出现对过往企业社会责任理论的不足给予了具体回应。其中最核心的论点是企业所追求的可持续发展是创造共享价值过程中最重要的驱动力，而过往的企业社会责任主要建立在外部压力下为了满足利益相关者期望而采取的被动行动（Aakhus & Bzdak，2012）。

还有学者将"共享价值"与其他不同的概念进行结合讨论或比较分析，其中包含商业模式、创新、社会技术、企业公民、混合价值、利益相关者理论、社会创新以及社会企业家精神。

首先，商业模式是企业创造价值的关键要素，而创新是企业完成创造价值的重要工具之一（Casadesus-Masanell & Ricart，2010）。因此有学者将共享价值视为创新的目标（Lee et al.，2012）和商业模式的成果（Michelini & Fiorentino，2012）。其次，社会技术是一种能根据创造价值、创新和评估当地需求潜力的步骤找出解决问题并同时兼顾社会关系与平等包容的一种概念。在许多场景中，社会技术能帮助人们找到新技术的社会应用场景，例如帮助欠发达国家解决社会发展困境，可以通过系统性的改革来有效改善社会边缘人群的生活质量问题（Leandro & Neffa，2012）。社会技术和共享价值的共通点都是希望通过方法和手段来造福社会。与共享价值不同的地方在于，社会技术概念所涵盖的范围更广，与政府的互动也更多，同时社会技术也不像共享价值那样关注于企业发展所需的利润（Leandro & Neffa，2012）。

此外，共享价值还被视为实现企业公民身份的一种途径（情景），帮助企业理解作为公民理所当然的需要，为社会承担责任、义务甚至是做些回馈或贡献（Darigan & Post，2009）。在关于混合价值、利益相关者理论、社会创新、社会企业家精神和共享价值关系的一系列讨论中，有许多学者认为，这些概念之间存在着重叠性。例如，共享价值与社会创新和社会企业家精神的理念几乎处于重合状态，很难将这些概念单独抽离出来；共享价值中也持续表明了为所有利益相关方建立共享价值的机制，这与利益相关者理论原则重复；共享价值创造过程也是同时把社会、经济和环境价值进行混合式的构建过程（Crane et al.，2013）。

综上所述，虽然共享价值的创造过程与过往许多相关概念都有所关联、重合与一定的差异，但共享价值概念的出现似乎把过往许多"散乱"的相关概念串联了起来，帮助人们在社会创新创业、企业社会责任、社会企业发展等实践道路上，明确了如何创造出既能满足或解决社会需求还能创造利润并实现自我可持续发展道路上的方向。

三、研究方法

经前期查找、梳理与分析大量国内外社会企业相关文献后，我们发现当前社会企业仍是一个较新的研究领域，虽然相关研究论文在近十年间持续增加，逐渐有了一定的学术研究体量，但深入了解与分析后发现，绝大多数的社会企业文献主要集中在探讨社会企业概念、定位、现状、成功要素与发展背景等方面，研究社会企业内部管理、运营机制、服务（产品）构建和影响力评估等方面的论文仍较为缺乏，而针对社会企业如何应对发展过程中的挑战与突破自身发展瓶颈等方面的研究分析几乎没有。

另一方面，从文献分析中也发现，许多社会企业相关研究论文明显缺乏

下一站，社会企业？
——创造共享价值的实践者

相关理论框架的支撑，这种情况造成许多研究论文更多停留在概念层面的讨论或根据社会企业发展近况进行评论。此外，目前绝大多数社会企业相关研究论文多属于定性研究，其中又以（单）案例分析、相关政策与法律法规文本分析为主，这种情况可能受限于社会企业规模、总量以及大样本调查难度较高等因素。

为了能够帮助读者更好地认识中国社会企业发展近况，从不同案例中了解它们逐步探索与验证的组织运营模式与业务操作逻辑，我们最终仍选择了定性研究方法进行此次研究。也因此，本案例集的主要内容是跟随每一个案例的故事分享和理论分析展开，这样不仅可改善过往社会企业研究理论性不足的短板，还能帮助读者获得一些特别的思考与启发。

四、案例选择、数据搜集及案例分析

（一）案例选择

"社会企业光谱"是目前大多数学者用于解释与界定社会企业最常见的工具，光谱除了能够帮助人们更好地认识社会企业的社会定位，同时也能让人们明白社会企业是如何区别于传统营利与非营利组织的（Dees，2006），因此，本研究所探讨的社会企业将延续过往学者对社会企业的分析基础上展开。不过在本书中我们把社会企业的概念和定义作了调整，并同时把这些新的标准作为筛选本次案例的标准。基于目前社会企业在中国并没有清晰的法律身份，也仍然缺乏全国性的政策解释，我们把社会企业认定为一种有别于传统只看重营利价值或社会价值发展方向的组织形态，该组织形态旨在通过构建社会共益价值链的基础上实现双重目标使命。同时该组织形态还能在持续创新、专业化的前提下，实现有效补充社会特殊需求和解决社会问题。具体来说，共有四个指标。

第一，社会企业的使命必须以满足社会稀缺需求或解决社会问题为核心的方式开展工作。

第二，社会企业必须要能够盈利或具备能满足社会稀缺需求及解决社会问题的"造血机制"。

第三，社会企业必须能够构建有效的共益价值链来找到平衡自身商业营利与公益慈善价值的定位。

第四，社会企业必须持续围绕社会特殊需求有效供给或社会问题有效解决的目标不断进行产品或服务的创新与变革。

本书所收录的所有案例基本上符合这四个社会企业指标。与第一本案例集的 30 个案例的选择偏"社会属性"多一些的情况不同，第二本案例集的 15 个案例挑选更侧重于具备长期发展经验积累的社会企业。

（二）相关数据搜集

本书的案例相关数据搜集途径主要有两种：首先是与该组织相关的信息，其中包含内部和外部资料。外部资料主要是从各大搜索网站、官网、微博、微信公众号、App、学术搜索平台等获得；内部资料则是向各个案例方获取。为了能够更深入地了解所有案例的发展细节与内涵，我们同时也发起了多次访谈邀请，希望通过面对面访谈来获得足够的第一手数据。

访谈的提问设计多采用半结构式访谈方式，事先拟定一个主要的访谈提纲，访谈全程录音并获得所有受访者的同意，访谈持续时间从 180 分钟至 300 分钟不等。15 个社会企业案例访谈总计耗时超过 60 个小时，平均每个案例访谈约 4 个小时。这些工作小时数还不包含前期的文本资料查找、相关二手数据的查找、访谈提问设计、目标案例梳理、访谈邀请和后续的写作等。为保证案例的可信度，我们通过两种方式来对相关事实进行交叉核对：通过网络搜集有关社会企业的新闻报道等资料进行佐证；由被访谈者对最后的案例文本进行审阅。我们希望通过这样的方式能够确保信息的准确度，为读者提供更为准确且包含更多细节的案例学习体验。

（三）理论性分析框架

在共享价值范式中，一个企业的竞争力来自商业机会，同时通过解决影响企业竞争环境的社会问题来创造社会和商业价值（Porter & Kramer，2011）。但他们并没有说明企业的竞争力和共享价值之间的关系，于是 Awale 和 Rowlinson（2014）构建了一个共享价值提升企业竞争力的过程框架（图 0-1）。

在该过程中，企业首先要识别社会问题（框架中称为"输入"），通过该问题他们可以获得最大的杠杆作用，即用最少的力气做最多的事情。然后，企业使用共享价值理念（"过程"）将社会问题转换为发展机会（"输出"）。企业获得的发展机会可以分为两类：第一类可以产出与社会需求或问题改善有关的社会价值，例如改善教育、减少能源消耗、增加就业机会等；第二类是与组织竞争优势与经济利润发展相关的商业利益价值部分，这部分包括增加收入、市场增长、提高生产力、降低生产成本等。而这些发展机会的有效成功融合将实现组织最终的双重使命目标，并促进组织未来的成长和发展。

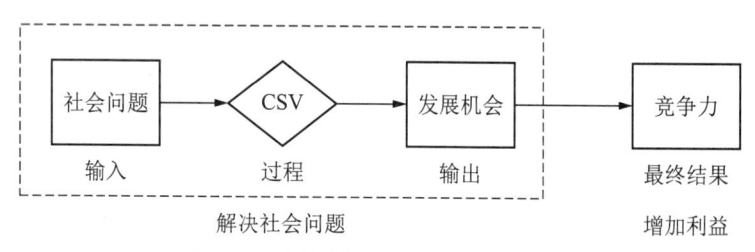

图 0-1　共享价值提升企业竞争力过程框架

根据过往的文献内容（沃尔夫冈·比勒费尔德，郭超，2017），我们基于现有的理论性分析框架进行扩展，参考赵萌与郭欣楠（2018）的二元分析的研究逻辑，对这 15 个社会企业案例进行分析。首先理论性分析框架采用社会（解决）问题、过程、输（产）出、竞争力等共享价值与竞争力的理论分析模型；其次，根据共享价值理论把"过程"的指标聚焦在社会企业如何识别共享价值的需求和如何实践该价值的手段，同时将"输（产）出"细分为社会价值与经济价值两种；最后根据社会企业使命的实践内容与组织发展路径把社会企业当前所能解决的社会特殊需求与社会问题从第二个维度进行分析。这样一来，本案例集 15 个案例分析的理论框架便得以形成。

通过这个新的理论性分析框架，读者能够很快速地掌握该社会企业的运营模式，了解其创造共享价值的路径。

下一站，社会企业？

上篇 | 生活中的社会企业

第一章　坤元社工：家门口的养老院
第二章　奥北环保：定义垃圾分类新时尚
第三章　好瓶：让塑料再活一次
第四章　klee klee：从土地中长出的衣服
第五章　赋启青年：助力青年撬动世界
第六章　一出学社：让困境学生爱上学习
第七章　倾音：让每个人都能好好说话

第一章
坤元社工：家门口的养老院

"养老"已然成为中国社会现代化发展进程中必须谨慎面对的重大课题之一。随着人口结构老年化速度正逐步加快，探索在北上广深等超大城市以外构建具备服务质量且可持续运营发展的养老服务模式，将能为广大的中国老年群体的养老服务需求提供更有效的参考。郴州市苏仙区坤元社工服务中心是孙洁成立的第一家社会组织，她仅用了5年的时间成立了8家社工服务中心和3家养老服务企业，并且把这些机构的整体运营都推向了稳健发展的道路，成了国内"居家+社区"养老服务行业的优秀案例之一。然而，她的目标还远不止于此，她希望通过自身及团队的持续努力，能助力中国基层社会福利体系的创新建设和进一步发展，最终实现老有所终、幼有所长、鳏寡孤独废疾者皆有所养的目标。

志愿服务让我更快地成长

小时候，孙洁经常跟着父母去慰问单位里的困难职工，帮助失独老人和空巢老人。自小受到父母家庭的影响，孙洁平时能主动地帮助他人。

上大学时，她经常参加各类志愿服务活动。有一次她去一所高中参加师生家长心连心的团建活动，当三天两夜的活动即将结束时，有一个环节让她印象非常深刻。老师、学生、家长和志愿者各自围成了一个圆圈，学生们被

下一站，社会企业？
——创造共享价值的实践者

三个圆圈包围着，倾听来自老师、家长和志愿者的最后"告白（分享心里的话）"。仪式结束后，学生们将人手一条丝带系在整个活动过程中让他们最感动、最想拥抱和感谢者的手腕上。

当时的情景，对身为志愿者的孙洁，印象非常深刻，因为她从来没有想到会收到如此多的丝带。其中，有一位小女孩还往她手里塞了一封折叠成爱心模样的感恩信。信的最后一句话是"姐姐，我希望长大以后也能够成为像你这样（一样）的人，能够带给别人温暖"。

孩子们的"表白"给孙洁带来了巨大的能量，此后，她把这次经历化成自己的昵称"圈圈"（微信上的昵称也是"圈圈"）。

大学期间的志愿服务经历为孙洁带来的不仅是感动和价值观的确信，也让她因此获得大量锻炼自己与提升自我综合素养的机会，最终，这些经历还"指引"她明确未来毕业后的人生职业发展方向。

工作后的孙洁仍然忙碌，但她仍坚持参加志愿服务活动，这对许多社会上的白领而言是充满挑战或甚至是很困难的事情。首先，大部分白领的时间与精力多被自身的工作与生活所填满，想要挪出像学生时期一样的时间与精力参与志愿服务活动本身便是个挑战。此外，相较以往在校期间所获得的志愿服务活动及项目相关信息的数量与渠道，少了很多。因此，能在毕业后的全职工作过程中保持志愿服务活动的参与度，实属不易。孙洁记得当年在长沙市，正式注册的社会组织还很少见，绝大多数的志愿服务活动都是民间组织发起的。

在许多参与志愿服务的过程中，孙洁既看到了人性的美好一面，也见到了人性丑陋的部分。有的人愿意无私地帮助没有血缘关系且生活困难的老人，而有的人会攻击自己的兄弟姐妹来逃避自身应当承担赡养老人的义务与责任。她还看到了许多社会问题背后蕴含着复杂、多样且涉及广泛的各种影响因素。逐渐地，她开始意识到，不能再像过去那样对责任或义务主体进行"片面"的质疑和批评，而更应该主动地参与解决问题的行动中。

放眼当下，孙洁注意到当前许多大学生喜欢四处参加不同类型的志愿服务活动。或许是学生们想要了解不同志愿服务项目中所要"面对"的社会。但孙洁认为，大学生参与志愿服务活动应集中注意力在某一类群体或围绕某一类社会问题上才是最有效的锻炼自我且加深见识的方式。因为只有持续关注某一群体（社会议题）才能积累更多、更深且丰富的经验，才能对该群体（社会议题）的方方面面具备更完整且深刻的"把握"，由此才能为帮扶对象找出更好解决困难与提供需求服务的方案，也才能达到真正提升自我综合能力的目的。为此，孙洁一直坚信，认真对待志愿行动的人能从中获得不同于学校课堂学习或一般校外实习的成长机会，而孙洁自己，便是一个最好的例子。

用两年的时间当上了院长

2011年，孙洁担任湖南省第一家公办社会福利中心的院长，就此，她正式全职进入社会工作领域就业。在此之前她一直在金融行业工作，其优秀的能力与表现，使她较早地完成自身财务自由的目标。然而，便是在这种状态下，她却选择了离开金融行业，走入社会工作领域，重新开始另外一种不同以往却与自身价值观更契合的事业。

过去，她常常在工作之余通过去养老院做志愿服务来缓解对金融行业高压工作的倦怠感。有一次她开始意识到她所服务的养老院，在管理方式、内容与细节上存在许多问题，于是她向当时的工作人员提出了一些具体且可行性较高的解决方案，但对方却回应她说，一个"外人（外行人）"是很难理解养老院的实际运作情况的。

"有这么难吗？"这句话直接在孙洁的脑中迸发出来，并且激发了孙洁的斗志，增强了她想用自己的行动告诉对方"改变（养老院的管理机制）并不难"的意愿。

随后，孙洁发现那家养老院刚好在招聘人事管理专员，于是她找到了总负责人，向他说明了自己的想法并表示想应聘那个职位。就这样，她放弃了当时月薪已达2万元的金融工作岗位，选择了这份月薪只有2600元的养老人事管理专员的工作。

到岗后不久，孙洁认为人事管理专员的工作并不难，每天在完成工作后，她仍然能拥有许多空闲时间，于是她开始观察院内各个部门同事的工作

下一站，社会企业？
——创造共享价值的实践者

状况，与院中的老人闲聊，由此逐一记录她所发现的大大小小问题。

入职一个月后，孙洁直接找上了养老院最高领导汇报她观察到的院内相关问题，并提出改善建议。孙洁获得了领导的肯定与支持，直接授权她实施改革。此后，她便根据院中各种状况进行调整与改革。最终，她在该院建立起了社工部，为养老院募得100多万的捐赠资金，同时在没有预算支持的情况下，实现了将该养老院的入住率从过往的50%提升到了91%。

孙洁认为没有什么事情是做不到的，关键在于心态。在现实的环境中，我们不难发现身边有许多已成功或有所成就的企业家、领导、创始人和个人，容易进入一种"不愿走出自己舒适圈"的状态，从而限制了自我进一步的成长与进步。许多人甚至还没有意识到自己已处于这种状态，而危机却潜伏在他们的身边，逐步向他们走来。孙洁并不想当这种人，她想要成为一名优秀的领导者，因此，持续地挑战自我，不断提升自我能力。把自己变成"全能型选手"。

孙洁形容自己就像一只"信鸽"，有了目标后就会细致地关注和记录沿途的参照物。当时在长沙，还没有非常成功的养老院典范可供他们学习和参考。于是孙洁便参照了酒店、医院、幼儿园三个有许多共通点行业中的最优秀案例。例如客房管理及护理关怀等方面的知识和技巧，便与酒店和医院服务有关，她通过关系邀请五星级酒店客房经理为养老院职工培训房间清洁整理等专业技能。她还曾亲自带着团队前往当地服务态度最好的私立医院参观并学习相关护理经验。每次参观、学习与培训后，她都要求团队就所学的内容规划出适应自己养老院的护理、清洁、整理与陪伴等服务制度，并在实践过程中逐步调整与完善这些制度。

为了建立自己在团队中的"专业"威信，也为鼓励团队成员持续的学习与进步，孙洁陆续拿到了护理员、社工师等职业资格证书。这样一来，团队成员将不会再以"你不懂（专业），这个（服务要求）我们做不到"和"你是外行"等借口拒绝根据孙洁所提出的改善要求进行调整。此外，她还认为，当自身具备了这些相关专业能力后，能进一步给予团队更具体、有效的指导建议，成为一名带着团队"卷起袖子"一起干活的领导者，而不是只会发号命令、纠错、批评的"评论者"。在孙洁的影响下，团队成员变得更加自律和上进，甚至会主动提出要学习新的知识和参与相关专业证书的考试。

凭借着出色的能力和优秀的成绩，她用不到一年的时间，从人事管理专员连升5级，最终担任了院长的职务。担任院长的一年时间里，孙洁不仅提高了入住率和养老院的整体运营成效，还提高了养老院的社会影响力以及建设出一支不断地自我提升能力的团队。然而，随着自身努力成果获得越来越多人的认可，孙洁的许多时间也渐渐地被接待参访团，参加调研、学习与汇报等工作填满，这让她逐步意识到养老院管理上的局限性。2013年，孙洁毅然决定离开了已经运作良好的养老院，转而进入发展空间更大的基层养老服务领域。

创办居家社区养老服务机构

过于依赖政府购买服务容易导致社会组织收入不稳定、资金周转压力大等情况。为了解决这些潜在的发展管理问题，孙洁前往美国及日本进行相关调研与学习。在这些走访与学习的过程中，她首次了解了"社会企业"的概念。经过多方学习、评估与审慎思考后，孙洁发现，社会企业发展概念相较传统社会组织运营方式拥有更多的营利途径，可为组织及团队成员的长期发展提供更多元且更具保障的收入来源。此外，她还了解到，政府购买的养老服务大多是为低收入群体（或特殊群体）所提供的项目，而年收入位于社会中等和中高水平的群体更偏向于自己购买养老服务。

为此，孙洁萌生了在当地推行更多元且现代化的创新养老服务，除了提供传统的政府购买养老服务以外，还进行市场化的养老服务经营。孙洁希望通过这样的社会创新尝试，能助力政府逐步创建出可媲美高福利国家养老服务的中国特色养老服务机构。就此，她开始向社会企业发展方向前行。2015年她注册成立了郴州市苏仙区坤元社工服务中心（简称"坤元社工"），及郴州市坤元养老服务有限公司，采取社会组织（民办非企业单位/社会服务机构）法人与商业企业注册法人的双法人方式进行养老服务组织的社会企业发展道路。

当时"坤元社工"的5位理事会成员清一色是孙洁之前的老同事。和

下一站，社会企业？
——创造共享价值的实践者

她一样，这 5 人也想离开相对传统的养老院寻求更大的职业发展机会。然而，当时的孙洁却反而劝说他们要经过审慎的思考，再决定是否要加入她的创业队伍，因为组织创业初期不仅收入会比过往的工资低，还面临随时可能发不出工资的风险。经过几个月的考虑后，几位老同事最终还是选择和孙洁一起创业。孙洁为何选择在郴州市而不是长沙市做社会创业？这里也有一个故事。在担任养老院院长期间，孙洁曾接待过郴州市苏仙区民政局局长和养老服务科科长，他们表示苏仙区有社区养老服务需求，希望未来能与孙洁合作。

为此，自她决定社会创业的那一刻起，便直奔郴州拜会之前的几位领导寻求项目合作机会。然而，到了郴州后却吃了"闭门羹"。因为当时的她，已不是养老院院长，团队还在招募中，也没有办公室，还不会说郴州方言，因此难以获得当地政府的信任。但是孙洁并没有打退堂鼓，她针对政府的相关疑虑，进行了分析，并最终提出了突破这些困境的方案。孙洁向地方政府表示，愿意免费为当地社区提供三个月的养老服务试点，希望用实际行动与服务效果来证明自己的实力。通过这种方式，孙洁终于成功地拿到了苏仙区民政局的第一笔"订单"。

有趣的是，虽然政府是"坤元社工"服务的主要购买服务者，但孙洁并不将政府视为交易关系中的甲方，而是把它当作解决社会问题的重要合作伙伴。面对政府方提出追加购买服务的其他额外要求时，她会尽可能地先理解对方需求的合理性，同时抱持着积极面对的态度。她认为："工作中常常有需要调整的地方，当变化是常态时，这也说明政府与社会都在进步中。"因此，只要还有足够预算，她都会尽力满足合作伙伴的其他需求。如果额外的服务要求确实超出了已有的预算范围，她也会直接向政府（合作方）建议设立一个新采购服务项目或将这笔超出预算的资金计入下一次政府购买服务项目的内容中，这样不仅能不耽误完成政府要求的任务指标，维护好合作伙伴关系，还能锻炼团队应对需求不断变化的能力。

从完成养老服务成效的目标来看，社会组织和民政局是站在同一条战线上的战友。因此，当地民政局的施政表现力度越强，合作的社会组织能得到的资源支持力度也会越大。明白其中道理的孙洁，有时还会无偿地协助地方民政局争取荣誉称号和上新闻报道的机会，助力当地民政局增强自身在地方治理工作中的话语权，以获得更多的养老服务财政支持。

在组织发展过程中，难免会面对一些相对无意义的形式主义要求，有些团队伙伴甚至为此产生不满情绪和质疑。但孙洁认为，只有团队先适应环境，才能有机会慢慢地改变环境，由此可见，孙洁在提供养老服务过程中也练就了一身应急管理与凝聚团队的能力。

经过一年的创业打拼，"坤元社工"顺利成了郴州地区的行业先锋，获得了地方政府的高度认可，常常被指定配合接待重要领导与其他单位的参观调研工作。随后"坤元社工"迎来一波快速发展的机会。随着快速发展与壮大，孙洁很快便意识到郴州市的社会福利事业及政策的格局将难以满足"坤元社工"的未来发展规划，如果不尽早开始着手为下一发展阶段做好准备，"坤元社工"的发展将很快受到限制。确定了这个发展战略方针后，一如既往地，孙洁很快便在长沙市望城区成立了第二家"坤元社工服务中心"，以成立新社会组织法人的方式进行社区养老服务"市场版图"的扩张推进。

开启枢纽培养的连锁发展模式

到望城区后，孙洁面临的第一个困难是招募护理员。困难点主要体现在两个方面，一方面是因为部分服务对象居住的地点较为偏远，而当时，望城区的公共交通设施并不完善，这些因素加总起来增加了招募居家护理员工作的难度。此外，孙洁初来乍到，刚刚成立新的社会组织法人，对当地人生地不熟，缺乏人脉网络资源。因此，常规的招聘方法很难找到适用于当地需要且愿意前往偏远乡镇地区进行服务的专职从业人员。

面对问题就要直面问题并努力找到解决方案，几经思考后，孙洁和团队想到了两个办法：首先从当地的精准扶贫家庭中就地进行护理员招募；其次是请当地的麻将馆老板（麻将馆老板认识当地的人多）介绍合适的人选。通过这两条途径的尝试，最终他们在两个星期内就招满了所有的护理员岗位。

从2017年到2019年，"坤元社工"相继注册并成立了8家社会组织、3家企业，服务对象也从老人群体逐步扩展到儿童、低收入人群和困难人群

下一站，社会企业？
—— 创造共享价值的实践者

等。2019年，受地方政府领导的支持和鼓励，孙洁注册成立了"湖南省坤元社工服务中心"，与之前区县级别的社会组织法人不同，这次成立的平台是在省的级别。就此，"坤元社工"的新阶段发展正式起航。孙洁对"坤元社工"下一阶段的发展是希望通过省级服务资格，进一步推广与提升服务，同时也能助力更多相关的社会服务组织和机构发展，共同为推动中国社会福利事业的进步而努力。

培养更多的基层社会服务人才

在员工招募上，"坤元社工"倾向于选择大学生、全职妈妈、留守妇女、精准扶贫对象等群体。为了培养更多优质的基层社会服务人才，他们从来不招收同行的成员，而是把培养机会全数留给"全新"且有意愿从事社会服务工作的人们。"自己培养出来的伙伴对组织的价值认同、融合与忠诚度都会有更好的表现，'坤元社工'目前有200多位全职员工，而每年只有两三个人会选择离职进入政府机关或单位工作。"孙洁开心地说。

孙洁还给每位员工制订了一份职业生涯成长计划。有一些员工原本只把这份工作当作谋生工具，但当他们认同自己在这份工作上的价值后，就将它视为人生的事业而努力。

有几位50多岁的护理员受到这种团队文化氛围的影响后，拿起了几十年没动过的"笔"和"书本"，认真地开始准备助理社工师的职业考试。

为此，孙洁制定了一项激励政策，鼓励员工考取职业资格和提升学历。获得初级职业资格的员工，月薪增加50元，中级的增加150元，高级的则增加200元。除此之外，"坤元社工"还会给员工提供考证及成人高考的培训辅导服务，助力想持续进步的员工顺利完成自我"升级"的阶段性目标。此外，在荣誉方面，孙洁也从不吝啬地推荐团队伙伴获奖，先后帮助20多位同事争取并获得了国家级、省级等不同级别的荣誉。

目前"坤元社工"的员工工资收入普遍高于当地其他社会组织的平均薪资水平，而且全体员工不论职位高低或工作时间长短，他们的工资每年都能根据当年努力的成效有30%—50%的上涨。因此，团队中有护理员工的工资水平甚至高于普通管理层的情况。孙洁认为，这样的薪资体系能缓解团队的经济收入焦虑感，让所有人的付出都得到应有的认可；即便员工目前只"站在"最普通的岗位上，只要他肯努力求进步，仍然能获得精神和物质的双向回报。

除全职团队外，"坤元社工"在每个城市还拥有一个由99人组成的核心志愿者团队。他们都是精挑细选后的"核心志愿者"，这些核心志愿者不但有能力提供老人看病等各类与养老相关需求的服务，每周还会固定参加一日志愿服务。相较于其他社会组织看待志愿者的态度与对志愿者管理的方法，孙洁更注重志愿者的质量引导而不在数量上的增加，因为志愿者如果无法符合受服务者的需求、有效补充团队人力资源的短缺，那么再多数量的志愿者也起不了作用。与此同时，"坤元社工"也希望通过这样的"陪伴成长"将这些核心志愿者培养成具备提供优质养老服务的社会人，帮助他们在志愿服务过程中实现更大的自我价值。"坤元社工"还为自己的志愿者提供类似"时间银行"的机制进行服务积分式管理，志愿者能用服务积分兑换日常生活用品、家政服务、护理服务等，这些兑换的用品或服务除了可以用在自己身上，也能够分享给自己的家人使用。

组织现状及未来规划

"坤元社工"的社会组织法人负责提供政府购买服务的需求，企业法人则负责向当地市场提供使用者付费服务。两类组织从早期的同一套班子，逐步发展演变为两套不同班子分开运作的发展模式。目前市场业务包括居家养老服务和智慧社区平台，这部分的收入占总收入的25%，剩下的收入主要来自各级地方政府的购买服务。

2019年，"坤元社工"获得了新疆和北京两地居家养老服务的合作机会，在当地组建起新的服务团队。两个地方的政治、经济与社区等生态与过往有很多不同，所要面对的挑战也不尽相同。北京项目的资金配额较高，但对"坤元社工"的专业服务要求也更高，而新疆地区政府购买服务以维护社会稳定发展为首要目标，因此，如何将维护社会稳定和社区养老服务有机结

下一站，社会企业？
——创造共享价值的实践者

合，同时保证项目进度与质量，对"坤元社工"而言也是全新的挑战。

随着"坤元社工"的社会影响力逐步提升，可选择的合作机会也会越来越多。孙洁相信，未来社会企业式的社会需求服务将会为组织的可持续发展带来更全面的创新。

相较过往清一色以老同事为主的理事会，目前"坤元社工"的理事会仍由组织内部成员组成，外部专家仅担任顾问的角色，不进入理事会。在其他社会组织普遍希望借助理事会成员的身份来提升组织自身的社会影响力和声誉的同时，"坤元社工"却"逆向操作"。在孙洁看来"坤元社工"的品牌影响力来源于产品和服务本身，不需要依赖理事会成员的名气，所以她选择不公布"坤元社工"的专家和顾问名单。

相比参与竞争激烈的政府公开招标项目，"坤元社工"更愿意针对不同目标群体的实际需求量身设计项目，然后再向政府推荐这个符合社会实际需求的项目，来获得政府购买服务项目的认可。

在项目开展之时，"坤元社工"会邀请所有利益相关方参与联席工作会议，在满足各方需求的同时也要求他们提供相关的支持与配套资源。"任何组织或个人都需要有足够的动力才能有效地持续完成各个项目工作，'坤元社工'的作用很多时候更像是主动帮助大家把参与该项目的'动力（动机）'找出来，甚至把这'动力（动机）'维护好，为它添柴加火，这样才能让所有利益相关方积极且主动地配合所有工作。"孙洁说道。

孙洁平时总是要求大家要同时"向上看和向下看"。"向下看"，是看服务是否真正地满足了目标群体的需求；"向上看"，是看提炼的实务经验和理论是否能有效推动基层社会福利事业的进步与发展。

除了第三方评估外，"坤元社工"聘请了专职的财务总监把控每个项目的进度，这与当前社会组织财务管理主流不同，但更能体现金融背景出身的孙洁对于财务管理的重视。只要懂得从财务上把控细节，整支团队的运行便会产生有效的监管机制。此外，孙洁还制定了不同团队之间每隔半年必须进行交叉监督的规则，这既能激发成员的团队荣誉感，还能促进不同团队间的相互了解和学习。

孙洁在受访中曾经说"当你热爱这份工作时，你的生活就会和工作融合在一起，全身心地每时每刻都在讲工作上的事情，自然而然地把你遇到的人事物和工作都联系起来了"。她会习惯性地记录平时听到的好点子，交叉监督这个方法就是她在和政府工作人员聊天时学习到的思路，行动力极强的她马上把这学习点转化为实践，用在自己团队上产生出好的效果。

当被问到是否担心未来"坤元社工"会出现社会使命偏移的情况时，孙洁坚定地回答道："当前全中国从事养老服务行业的人都有一个共同信念，为子女尽孝，为政府分忧，让老年人享受更好的养老生活。政府购买服务也好，民众自己购买服务也好，我们希望通过民众能接受的方式为他们提供好的养老服务。所以我们的社会使命是不会产生飘移的。"

与社会企业家的七问七答

作者：对你而言，社会企业是什么？

孙洁：社会企业最重要的是解决社会问题，通过市场经济、商业方法去营收，并助力社会福利，使它有足够的能力维持团队和项目的长久运营。

作者：对你而言，社会企业家精神是什么？

孙洁：社会企业家要心中有爱、眼里有光，要有挑战精神和创新精神。

作者：你对想投身养老服务行业的社会创业者的建议是什么？

孙洁：选择之前要理性，选择之后要坚持。

作者：创业以来，对自己而言最大的挑战是什么？

孙洁：最大的挑战是平衡家庭生活和事业。虽然我服务了那么多老人，但我却让自己的父母成了空巢老人。

作者：你想对自己的团队说的一句话是什么？

孙洁：去做自己喜欢的事、值得的事，不留遗憾。

作者：你想对服务对象说的一句话是什么？

下一站，社会企业？
——创造共享价值的实践者

孙洁：不管是甲方还是老人、儿童或社区，我想说的都是四个字"不负所托"。

作者：你对中国未来社会企业及养老产业的思考和期许是什么？

孙洁：我很期待社会企业的青年领袖出现，让我们看到一个全新的世界。关于养老产业，它虽然看起来是一个百花齐放的朝阳产业，但越是蓬勃之时，越是乱象丛生，所以我期待养老产业能够在稳中求进，早日规范化，保护所有老年人的合法权益。

坤元社工的共享价值分析表

解决问题		社区养老服务问题	商业养老服务问题
创造共享价值	识别需求	1. 基层社区养老服务不足 2. 养老人口逐年攀升 3. 社区养老政策，政府购买社区养老服务的需求	1. 商业养老服务不足 2. 养老人口逐年攀升 3. 家庭养老服务的消费需求 4. 养老政策
	手段	1. 注册多家社工组织 2. 向社区提供更高效、老人需求导向的专业养老服务 3. 满足政府购买养老服务的需求 4. 把留守妇女、家庭贫困者培养成专业的养老社工	1. 开发线上和线下相结合的互联网社区养老产品及服务 2. 为个人及家庭提供多元化的居家养老服务
利益相关者		社区老人、政府、养老行业从业者（包含弱势群体）	老人、社区、医疗机构、餐饮公司
产出	社会价值	1. 提升老人养老生活质量 2. 为留守妇女、家庭贫困者等弱势群体提供培训和就业	1. 提升老人养老生活质量 2. 促进商业养老服务产业多元化
	经济价值	1. 增强组织自身的财务可持续性 2. 提高政府购买服务的社会有效性	增强组织自身的财务可持续性
竞争力		1. 团队成员拥有丰富的养老服务经验 2. 更有说服力的专业养老服务 3. 主动挖掘政府和市场购买养老服务需求 4. 较强的资源探索及获取能力 5. 庞大的专业志愿者网络	

第二章
奥北环保：定义垃圾分类新时尚

2019年，上海启动了生活垃圾强制分类政策，将垃圾分类多次推上热搜。人们每日生产的垃圾早已为自然生态造成了极大的负担，而中国作为世界上人口最多的国家，垃圾年产量基数大、增速高。目前国内主要处理垃圾的方式仍然采用"被动式"的焚烧和填埋方式，然而，这样的长久处理方式却无法从垃圾产生源头起到"积极"的减量作用，此外，垃圾焚烧和填埋处理方式还容易对土地、水、空气与海洋等产生后续的一连串污染问题。此外，未经有效分类的垃圾也会缩短垃圾焚化炉（厂）与填埋场的使用年限（寿命）。因此，想要有效治理垃圾，减少人类垃圾对环境的伤害，积极推进并完善垃圾分类和垃圾回收是可持续治理垃圾的最重要关键。"奥北环保"的创始人汪剑超认为，对于垃圾分类这件事，"有人愿意做，有人不愿意，大部分人在观望"。而"奥北环保"的目标是把垃圾分类这件小事变得更简单、便利、易学、好上手且更可持续。通过创新的方式，"奥北环保"突破人们在实际操作上所面临的种种困境，引发人们更强地参与垃圾分类与回收的"动力（动机）"，在互联网与物联网发展的技术平台上，助力人们能真正的行动起来，"轻松践行垃圾分类与回收于生活无形（自然）"之间。

下一站，社会企业？
——创造共享价值的实践者

当程序员开始思考收"破烂"这事时

与大多数垃圾分类回收企业不同的是，"奥北环保"将自身定位为互联网企业。它的组织机构扁平化，管理开放透明，整个组织的运行逻辑从里到外都是向着市场化与专业化的方向发展，但唯有不变的初衷来自"更有效地解决垃圾分类与回收的困境"。

"奥北环保"之所以命名为"Aobag"，是因为它开创了用"袋子"做垃圾分类的模式。他们用方便可循环使用的回收袋，代替了笨重机械式的智能垃圾回收箱，还设计无人值守的智能化垃圾投放设备，配合互联网系统，形成了"回收袋+自助投放点+专车收运"的物联网垃圾处理模式。用户只需在小程序上注册账号，然后将分类好的垃圾放在无人自助投放点，等收运后统一称重，即可获得垃圾回收后的相应收益回馈。

在与垃圾分类产生交集之前，汪剑超是微软的一名计算机工程师。他看到许多将信息技术应用到传统行业的成功案例，深受启发，便开始思考自己能为社会创造哪些价值。

那时刚好"绿色地球"向他递出了橄榄枝。汪剑超应邀来到了成都，决定用信息技术为垃圾分类事业带来新的活力，解决这个长久以来都未曾被攻克的大难题。

最初"绿色地球"选择面向政府提供垃圾回收服务，因为相比于为个人用户提供服务，政府的支持可以帮助"绿色地球"更快打开市场，实现业务快速扩张的目标。事实证明，"绿色地球"的"成长"确实因此在5年内覆盖了成都市560多个小区，20多万用户，回收垃圾超过1万吨，成了国内垃圾分类行业领域中冉冉升起的一颗明星。但在2015年后，"绿色地球"的运营模式呈现过度依赖政府（政府购买服务、政府资助/补贴等）的困境逐渐浮现，这种依赖很大程度制约了"绿色地球"的全国性业务开展。面对组织开创以来所面临的"最为根本性"的发展瓶颈，汪剑超陷入了矛盾与反思之中。

第一，地方政府对社会服务供应组织的绩效考核指标很多时候是以政策需求与社会稳定发展为导向的，一旦政策转向或社会稳定作用太小，那么政府支持力度就会下降。此外，虽然"绿色地球"能提供服务质量高、服务对象广的垃圾分类回收服务，但基层政府更看重小区垃圾桶外观、数量、垃圾分类宣讲活动场次、接待来访参观学习团与新闻报道等指标，这给"绿色地球"在持续提升运营效率、强化垃圾分类回收工作的覆盖范围等方面带来了诸多限制，甚至已经渐渐影响到了投入产出比。若不调整或改变，这种运营模式将很快地"消耗"掉"绿色地球"原有的可持续发展资本。

第二，由于地方政府多是按政策的指标来进行区域性购买服务，购买服务要求中也常会清晰地表达这项服务只在某几个辖区内进行，在没有掌握所服务小区有关居民参与垃圾分类回收意愿、动机与需求等调研数据的前提下，政府购买服务有时很难得到居民的支持。主要的原因是参与垃圾分类回收的小区居民多处于非自愿（被动式）参与的状况，这种情况还会进一步引发小区物业、原有的垃圾回收方与"绿色地球"间的利益冲突。有的小区管理者甚至把"绿色地球"的垃圾回收箱锁了起来，不让当地居民使用；有的小区还要求"绿色地球"除了执行垃圾分类回收工作外，还必须承包垃圾房的所有相关工作；有的小区甚至还会出现直接破坏垃圾回收箱的事件。这些情况不仅伤害了"绿色地球"的服务成效，影响政府购买服务成效，还会产生许多额外的"隐形"成本及设施维护费用。

第三，政府购买服务，不仅有项目合约上的指标，还包含了许多"临时"加上去的要求与"额外"的义务，增加了"绿色地球"整体运营上的成本投入。最典型的情况是2014年"绿色地球"被中央电视台作了专题报道，这本是件好事，有利于"绿色地球"业务的进一步推广，然而，随着当地各级单位与领导先后组队来"绿色地球"参观调查，来自全国各地不同单位的调研团等接连不断地前来参访学习，渐渐地"绿色地球"变成了各地不同单位的参访学习"必去景点"。如果说前来参访学习的团队是带着问题、思考或项目前来探讨的，汪剑超及其团队非常乐于接待与分享。然而，让汪剑超失望的是，绝大多参观者只是来"看看热闹"或"完成走访任务"的。结果两年持续不断、近百场的参访接待工作"消耗"了团队大量精力，"占用"了许多用来发展"本业"的时间，"挤压"了团队投入自身业务升级与推展

下一站，社会企业？
——创造共享价值的实践者

的资源，最终这些"付出"只是维系当前企业与政府关系或获得更高的知名度与更多的掌声。面对此项发展困境，对于软件工程背景出身的汪剑超而言，他很清楚，再这样下去，企业将难以可持续运营。

总而言之，由于"绿色地球"运作模式对于政府（购买、补贴与资助）的过度依赖，无法真正实现高比例的"自我造血"，导致许多项目三年期限一满，基层政府便终止购买服务或补贴，使"绿色地球"前期的经营业务瞬间陷入零利润状态，只能依靠损耗企业自身资本的方式维持运作。若不尽快找到解决此困境的方案，整个组织很快会陷入恶性循环状态，甚至最终造成不可逆的恶果。

看到"绿色地球"陷入"死胡同"而难以"自拔"的状态，汪剑超向合伙人分析了现有模式的弊病，指出想要从根源解决当前的困境，便需要降低企业对于政府资源（购买服务与补贴）的依赖程度。若要将"绿色地球"的发展向更广阔的市场推进，首先需要强化自身的商业运营模式，以居民实际对垃圾分类回收需求为导向的市场运营为主，而不是"紧抓着"政府"合同"过日子。因此，"绿色地球"需要学会放弃"短期"和"现有"的政府项目及相关支持，重新回到组织发展的原点，继续升级与构建长期可持续运营的发展模式。但最终，汪剑超并未成功说服合伙人，于是他选择离开"绿色地球"，从"新"开始，希望用市场化运作模式来获得更有效解决全中国的垃圾分类回收问题。"奥北环保"就此诞生。

让想做垃圾分类回收的人先行动起来

成立"奥北环保"后，汪剑超将过去令他十分头疼的参访学习团的接待服务调整为具备专业导览内容且标准化的一项预约收费业务。汪剑超及团队希望结合经专业培训的解说员、专业设计的导览流程、完整详细的相关内容介绍、有限收费的服务与系统化预约行程，能够根本解决"绿色地球"曾经面对但无法有效解决的问题。这项业务主要针对希望深度学习垃圾分类回收的群体、单位与机构，旨在教育和普及垃圾分类回收相关知识和介绍"奥北环保"的创新模式。因此，该项业务不在于从中获得多大的利润，而是采取低利润的方式进行。此外,该项服务需要提前预约,这样能有效地筛检出对于垃圾分类回收具备较高意愿和浓厚兴趣的参访者前来,避免沦为"观光打卡点"的尴尬状况。

目前"奥北环保"的导览教育服务内容包含参观分拣厂和深度体验服务两个主要模块,导览学习过程中,解说员首先与参访者分享"奥北环保"的创业故事,教导人们认识更多有效的垃圾分类回收相关新知识,在导览学习过程的后半段,参访者将被带往垃圾分拣厂进行实地分拣学习与实际操作体验。

图 2-1　参观奥北分拣厂的朋友们

在汪剑超看来,虽然这项导览服务明显不能为"奥北环保"提供有效收益,但它能满足垃圾治理相关单位和团队对垃圾分类回收等相关知识的学习。汪剑超认为,"奥北环保"的导览服务重在垃圾分类回收教育的社会价值上,环保教育的社会影响力远大于组织的实质收益。此外,当"奥北环保"开始提供专业化且符合市场机制运作的导览教育服务后,不但提升了以往的导览服务质量,还有效解决了因执行导览服务而严重影响组织业务工作发展的问题。

下一站，社会企业？
——创造共享价值的实践者

与之前"绿色地球"不同的地方还有"奥北环保"的运营理念。它主张自愿原则，主要帮助想参与垃圾分类回收的人们率先行动起来。过往的经验表明，强制性的行政命令固然能在短期内动员更多人参与到垃圾分类回收的工作中，但可持续性一直是这种方式的最显著"痛点"。而这样的结果并不符合"奥北环保"的价值理念与对社区垃圾分类回收发展的期待。

现在"奥北环保"在成都的200多个垃圾自助投放点都是由当地社区自主决定申请、自愿付费搭建而成的。这样的垃圾分类回收投放点的创新设置思维，使"奥北环保"不需要像"绿色地球"一样，在社区内"单打独斗"，而是与社区成为真正意义上的伙伴关系。社区在当地垃圾分类回收的工作上也需要承担部分责任，共同助力当地小区的垃圾分类回收工作的顺利开展。这些成果也验证了汪剑超曾经说过的一句话："跪着（求人）做事（垃圾分类回收）是做不好的，一定要站着（有尊严且共建的方式）做（垃圾分类回收）。"垃圾分类是每个人的义务，"奥北环保"存在的价值便是帮助人们真正地为环保行动起来。

除此之外，"奥北环保"创新了分类回收体系，解决了此前项目中经常遇到的利益冲突问题。传统的垃圾分类回收链条为：居民→保洁员/收荒人→废品收购站→各类回收打包厂→各类回收作坊与工厂。"奥北环保"则将垃圾分类回收链条做最大限度的缩减：小区居民→奥北环保→正规回收工厂。

然而，"缩减"垃圾分类回收链条的做法又与当地收荒人及废品收购站产生了利益上的直接冲突。

为有效解决冲突问题，"奥北环保"最终大胆地决定以"垃圾兑换现金"。这个举措大大减少了"奥北环保"与收荒人及废品收购站的利益冲突。新制度让许多小区收集废品的保洁员与收荒人意识到，原来使用"奥北环保"的垃圾分类回收系统能为他们带来许多垃圾分类回收的便利。

以往小区保洁员和收荒人需要在小区内找个"地方"堆置这些准备回收的垃圾，等攒到足够量的时候再自行想办法运到就近的废品收购站（小盘中间商）转卖，有时一些废品收购站的设置地点离中心城区较远，运输既不便利也费时耗力。而现在，"奥北环保"新的"垃圾兑换现金制度"不但帮助保洁员、收荒人每天都能便利地将当日攒好的分类回收垃圾直接放入"奥北环保"的自助垃圾回收投放点（干净卫生且安全）的设备"肚子里"，省了找地堆置，还能当场兑换成现金，节省了运输过程中的时间和体力消耗，也避免了被当地废品收购站（中间商）"压榨"，能较有保障地"变卖"已分类回收垃圾的价格。由此可见，"奥北环保"经过反复实践、反思、评估，最终逐步构建出当前的社区垃圾分类回收机制，不仅成功地缩短了社区垃圾分类回收的运作链条，还把更多利益相关方例如保洁员、收荒人与社区居民都调动起来，更有效地参与到"奥北环保"的社区垃圾分类回收机制中。

图 2-2 回收点内纸箱、饮料瓶等单品物资

这些新的运营机制，帮助"奥北环保"吸引了更多垃圾分类回收行业中的个体工作者，他们陆陆续续加入了"奥北环保"的垃圾分类回收系统。此外，为了改善且避免过往的运作机制易被卷入小区内部利益相关方之间冲突的情况，"奥北环保"将所有垃圾自助投放点建立在小区之外的闲置地方（空间），这样能最大限度地减少与小区垃圾处理各利益相关方发生正面冲突或产生大量的沟通成本等问题。

下一站，社会企业？
——创造共享价值的实践者

"奥北环保"的垃圾分类回收系统能帮助绝大多数基层利益相关方在参与垃圾分类回收过程中获利，体现了建立共享价值机制的成效。对于公众而言，参与"奥北环保"的垃圾分类回收系统不仅更加简单便利，而且能获得一定的现金回报。对于垃圾分类行业的个体工作者而言，例如垃圾房管理者、物业、保洁者、环卫工与收荒人，"奥北环保"的运营机制帮助他们减轻垃圾分类回收工作的负担，改善了工作环境，提高了分类回收变现的效率和降低了在垃圾分类回收上的管理成本。对于地方政府而言，"奥北环保"的可持续自主运营机制减轻了地方政府年度预算分配的压力，提升了地方政府垃圾治理的成效。

"做你认定的正确的事，而不是容易的事"

创业初期，"奥北环保"采用上门回收垃圾的方式，先为关注"奥北环保"的粉丝群提供试点服务，由团队成员轮流上门回收垃圾，同时探索如何建立投入低、成效高的垃圾分类回收运营模式。有鉴于过往成长的经验积累，初创期的"奥北环保"，一切有效解决困境的创新实践都在摸索过程中展开。

三个月后，"奥北环保"完成了回收袋的设计和生产，与一些学校及客栈达成合作意向，接着便上线第一个版本的线上服务平台（产品）服务。在为首批用户服务过程中，"奥北环保"不断收集用户（使用者/垃圾分类回收者）反馈，完善垃圾分类回收信息化系统，制定相应的用户条款与兑换机制等规则。

通过持续的实践和市场调研分析，"奥北环保"团队最终得出结论，学校是垃圾分类回收参与自愿性最强的目标群体，它们不仅重视环保教育并且非常愿意为垃圾分类回收工作投入相应的资源，还能助力垃圾分类回收项目在学校内的推广。相比之下社区与一般商户的参与积极性较弱。"奥北环保"曾希望通过广大的房产中介门店进行垃圾分类回收的推广。然而，当区域总管积极地向全区门店提出垃圾分类回收倡议时，大多数店长却视为"增加分内工作负担"而不作响应。为此，"奥北环保"决定将学校作为首要服务目标群体来推广垃圾分类回收。经过实际验证，这项业务帮助"奥北环保"打稳了发展基础，这对后续其他相关服务业务的开展、逐年扩大的业务量都产生了深远影响。

图 2-3 幼儿园小朋友参与回收

随着服务对象与群体的持续增多，"奥北环保"的资金库存也很快"告急"。从资本的角度分析，"奥北环保"的投入回报速度并不快。由此，曾经有投资方建议"奥北环保"在终端应该可以为大型连锁零售企业或超市等提供相应的垃圾分类回收服务，如此一来便能快速增加每年能分类回收的垃圾量。换句话说，分类回收的垃圾量越大，营收也就越多，从而提升自身的盈利水平。但是，"奥北环保"认为这种模式并不能从根本上改变传统垃圾回收行业的运作结构与产业链等问题，依然坚持创业初心并且持续改善现有模式所面临的困境。汪剑超在受访中曾多次强调："我们要做正确的事（构建垃圾分类回收生态），而不是容易的事（完成某单位或组织要求的垃圾回收任务）。"

有段时间"奥北环保"面临着服务对象单一的问题。他们的主要服务对象是学校，而原本应该是垃圾分类主战场的社区却只占"奥北环保"所有

下一站，社会企业？
——创造共享价值的实践者

年度业务中的一小部分。垃圾分类回收若不进小区，便无法真正实现垃圾分类回收生态的进一步改善，为此，汪剑超和团队苦思了许久，最终找到了可以在社区建立分类垃圾回收专用点的方式。他们研发了智能化分类垃圾回收硬件设备，把设备投放点作为无人化的分类垃圾自助回收空间。居民可以通过微信扫描二维码进出投放点，完成自己的分类垃圾回收程序，其中包含扫码、用户（使用者）注册、领取专用回收袋、投递装满分类回收垃圾（物资）的回收袋、再领取新的专用回收袋等一系列简单易上手的循环操作流程。

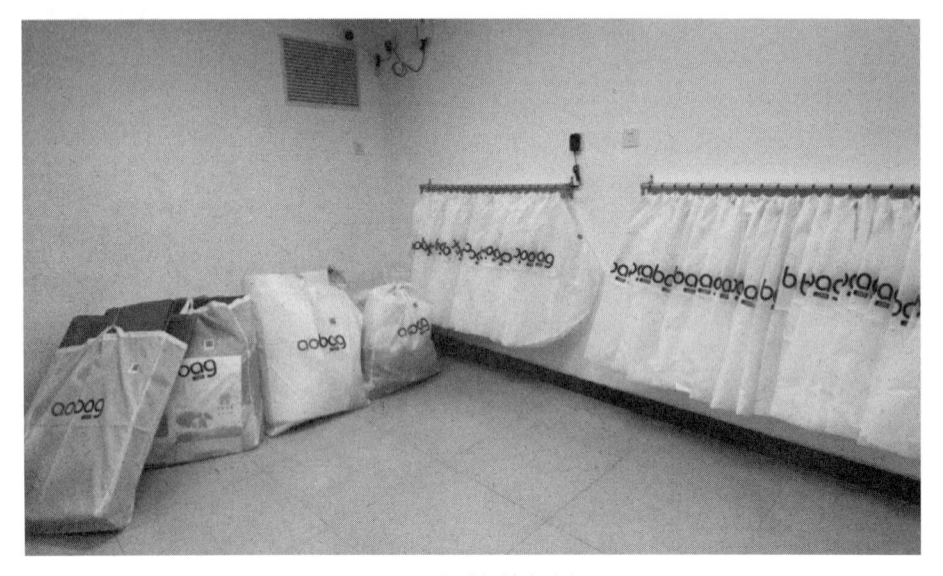

图 2-4 自助投放点内部

为了增强用户的垃圾分类回收相关认知，"奥北环保"还在微信公众号上设置了垃圾分类知识自动回答程序，用户只需要输入物品（回收垃圾）名称，如"牛奶盒"，公众号会自动回复相应的回收步骤，并显示实时的分类物品（垃圾）回收价格。这样不仅降低了居民参与垃圾分类回收的时间成本，简化了社区垃圾分类回收的管理程序，还提高了垃圾分类回收的正确率。

在"奥北环保"面临资金短缺的关键时刻，京东及时出现，与它建立了战略合作关系，给予了资金支持。那时"奥北环保"还没有建立实地的自助投放点，投资这类社会企业对京东投资团队而言，一开始仍然犹豫不决。后来投资团队观察了"奥北环保"的垃圾分类回收全流程，对他们能动员项目点上的全校师生积极有效地参与垃圾分类回收过程感到十分惊讶。投资团队以前从没见过哪个项目能做到这个地步，他们惊喜地发现"奥北环保"具备把垃圾分类回收变得更受人们欢迎的能力，于是最终果断地决定投资。

资金问题解决后，"奥北环保"开始重回社区并开始无人自助设施的投放，有了信息数据化的系统和智能化的垃圾投放硬件后，新的小区垃圾分类回收机制终于逐步运作且完善起来了。

"奥北环保"第一次发布的垃圾分类回收设施投放点的申请引起了社会广泛关注，吸引了许多社区主动申请建设。就这样，仅仅半年时间，"奥北环保"就完成了建设12个社区垃圾分类回收投放点位的目标。

在这之后，通过第一轮的试点操作，"奥北环保"不断地优化垃圾分类回收系统中的各项程序，如增加自动发袋装置的设计及完善相应的管理机制。每位用户领取袋子时需支付10元工本费，而且只能领取一定数量的回收袋。当用户投递分类回收垃圾时连同袋子一起投递进无人自助设施后，设备会根据用户当次投递进的回收袋的总数量，对接本次可通过设备领取新的回收袋数量，从而有效地将回收袋的循环使用形成闭环式运作流程。这不仅有助于提高垃圾回收袋的使用效率，还能避免常见的"薅羊毛"情况发生。

与此同时，为了预防和应对用户不合规范的行为，"奥北环保"还制定了垃圾分类回收惩罚规则，规范用户的垃圾分类回收行为以提高垃圾分类回收总量为最终目标。例如，如果投递了不干净、不干燥或有异味的垃圾，都属于不当投递。在同一个月里，第一次不当投递扣除0.8元，第二次扣1.6元，第三次扣2.4元，以此类推。用户在履行义务的同时也享有信息知情权，为此，"奥北环保"会为用户提供用户投递分类回收垃圾的全部处理过程（信息），以确保每一位用户对自身所投递的分类回收垃圾都可以获得相应的信息。

随着各类业务的持续开展，"奥北环保"的合作伙伴逐渐从基层社区向上延伸到街道办事处、镇政府以及区县级政府，得到了越来越多政府机构、

下一站，社会企业？
——创造共享价值的实践者

图 2-5　宜家商场自助投放点

单位的认可。除了学校、社区、政府机构以外，"奥北环保"还与商场（如宜家）、房地产企业（如万科）建立起了合作关系，为下一步的发展做好了准备。

帮助所有人行动起来

目前"奥北环保"团队人数近 30 人，虽然规模仍较小，但他们拥有独特的组织文化，汪剑超将它归纳为三个关键要素：信任、统一思想和最高标准。首先，组织文化的基础来自管理者对团队成员的充分信任，相信每个成员能够很好地解决组织发展或业务实践中所面临的问题与挑战。每次发生大方向的战略转变时，汪剑超都会与团队成员沟通转变的原因，交流后续的发展规划，统一团队思想，让每个成员快速地跟上组织发展的节奏，调整自身的工作方向。领导者对组织文化建立的重要性不言而喻，但团队成员的参与也发挥着关键作用。汪剑超自信地提到"奥北环保"的伙伴们都对做事抱持着完美主义精神，这一点对于规模小的社会创新企业非常重要。当每个成员坚持以最高标准对待自己的工作时，整个组织才能获得超出预期的成果。

目前仍处于初创阶段中期的"奥北环保"将大部分收益重新投入产品研发及运作中。他们非常重视用户反馈及合作伙伴的体验，会将近期所获得且学习到的最新相关垃圾环保等知识转化为可视化的操作手册，用来培训员工以及教育用户。

通过三年的实践，"奥北环保"验证了自身垃圾分类回收系统的可行性和有效性。汪剑超认为目前还没有一家与"奥北环保"相似的面向个人用户的一站式解决垃圾分类回收的企业，大多数垃圾分类回收的企业只参与垃圾分类过程中的某一个环节，如收集、分类、打包、运输、再制造等，而"奥北环保"的操作模式更像是共享价值下的利益相关方共建。

同时，汪剑超也看见了中国在不同地区推行的垃圾分类回收问题。传统的垃圾分类回收系统就像漏孔的水槽，不仅没能有效解决垃圾分类不完善所产生的一系列后续问题，还造成许多社会资源的浪费。对此，"奥北环保"希望能将自己的创新模式与实践经验分享给大家，以期对传统垃圾分类回收产业产生影响，进而促进当前落后的垃圾分类回收模式的改革，让全国的垃圾获得更有效的分类与回收处理。

然而一家社会创新企业的发展规模是有限的，仅凭一己之力无法加速淘汰传统或较无效的垃圾分类回收处理模式，因此"奥北环保"需要借助行业内其他相关企业的力量，说服它们采用自己的垃圾分类回收系统。汪剑超说："其实我们看到了全国各地有很多公司都在做垃圾分类回收工作，只是他们现在手里没有好的武器（工具）去把这件事情做得更好。所以我们干嘛不把我们的武器（工具）分享给他们，让他们去做好这件事情，然后我们可以专心地持续把我们所提供的武器（工作）做得更完善。这样的话，若是因此在全国各地找到100家合作伙伴，我们就有100倍的能力（来）实现'良币驱逐劣币'。"

为了实现"让所有人行动起来做垃圾分类回收"的目标，"奥北环保"开放了加盟渠道，以低利润的价格将自己的核心技术产品授权给加盟企业。

下一站，社会企业？
—— 创造共享价值的实践者

他们自己则专注于改良已有的垃圾分类回收系统，利用自身的优势为垃圾分类回收中所存在的各项难题找出更有效的解决方案以提升用户体验感。为此，"奥北环保"又一次的创新，从个别问题的解决，转向为众多合作伙伴输出垃圾分类回收相关科技产品、供应技术设备、提供专业指导与培训等。这样既降低了参与加盟企业的技术研发成本，又扩大了城市垃圾分类的回收成效。

"奥北环保"向加盟企业伙伴坦言，现有的产品并不算完美，但是会加速产品的更新迭代，与大家一同攻克中国垃圾分类回收难的课题。为此"奥北环保"向加盟企业提出，在合作过程中双方都有权修改签订的合约，以此应对未来发展的许多不确定因素。对此，汪剑超强调，开放加盟渠道的目标在于改变传统落后的垃圾分类回收模式，让更多的城市有机会运用"奥北环保"设计的工具来更有效地解决当地垃圾分类回收问题。所以这种加盟模式并非"一锤子买卖"，而是建立在共享价值、共同成长与实现共同目标的基础上的。

关于未来规划，"奥北环保"没有设立太多条条框框与限制，他们更注重组织决策的灵活性。在信息化时代，计划或许很难赶上变化，与其制定完美的策略，还不如见招拆招、快速反应，但必须朝着同样的使命与目标努力前行。当然不同阶段的目标还是必须要设定的，汪剑超期望三年内在全国100个城市推动"奥北环保"模式落地，建立1万个以上投放点，帮助100万以上的用户行动起来。在这个过程中，"奥北环保"将持续进行技术创新，为不同城市的用户提供一致的垃圾分类回收服务。

与社会企业家的七问七答

作者：对你而言，社会企业是什么？

汪剑超：我认为一个企业只要能解决社会问题，它就有社会企业的属性。

作者：对你而言，社会企业家精神是什么？

汪剑超：社会企业家精神的核心是看到问题、解决问题。最重要的是真正专注于问题本身，为社会创造价值。

作者：你对想投身垃圾分类回收处理行业的社会创业者的建议是什么？

汪剑超：有很多企业在创业的过程中没有坚守问题本身，进入了资本所带动的节奏。我认为社会企业家不能被工具主导，应该清醒地判断什么时候该用什么样的工具，用到什么程度。虽然取舍的过程会面临许多压力，甚至选择结果会涉及企业的生死存亡，但我们不能向外界妥协。

作者：创业以来，对自己而言最大的挑战是什么？

汪剑超：创业对我个人而言是一种成长。"奥北环保"经过了几次转型，经常面临取舍难题。这个过程让我越来越清楚自己是谁，在做什么，如何解决问题。

作者：你想对自己的团队说的一句话是什么？

汪剑超：我相信我的团队是最棒的，接下来我们继续努力，用最终的结果证明自己确实是最棒的。

作者：你想对合作伙伴或服务对象说的一句话是什么？

汪剑超：我们一直以来的口号是让更多人行动起来。我们知道大家并不是不想做垃圾分类回收，很多人都愿意身体力行地改善环境。希望当我们来到你身边时，大家能非常积极地行动起来，这就是我们存在的意义！

作者：你对中国垃圾回收行业生态系统的未来思考和期许是什么？

汪剑超：在过去的20年里，中国在许多领域都达到了世界领先水平，获得了多个世界第一。垃圾处理是全世界共同面临的一个难题，它跟吃饭、睡觉和穿衣一样，是所有人每天都会面对的问题。在过去中国要像北欧、日本学习垃圾分类管理。我期望在3年到5年后，我们中国能够发挥自己独特的优势，充分结合信息技术等最新科技，建立起最先进的现代化垃圾分类管理体系，让全世界都向中国学习。

下一站，社会企业？
——创造共享价值的实践者

奥北环保的共享价值分析表

解决问题		垃圾分类处理问题	传统垃圾分类处理低效
创造共享价值	识别需求	1. 垃圾分类政策 2. 个人的垃圾分类意识提高 3. 环保教育需求 4. 垃圾分类回收处理的低效	1. 垃圾分类政策 2. 垃圾分类回收处理产业技术落后 3. 垃圾分类回收处理产业链的区域壁垒
	手段	1. 创新垃圾分类处理模式，形成"回收袋＋自助投放点＋专车收运"的创新模式 2. 构建垃圾分类处理互联网平台 3. 研发智能垃圾处理硬件系统 4. 使用市场价返现机制 5. 开展垃圾分类回收处理教育	开放零元加盟渠道，共享垃圾分类处理模式
利益相关者		城市居民、学校、企业、政府、社会组织	同行、投资者
产出	社会价值	1. 提高垃圾资源回收率 2. 提高垃圾处理从业者的工作效率 3. 提高垃圾分类参与度，培养居民的垃圾分类回收习惯 4. 传播垃圾分类回收处理知识 5. 建立或优化单位垃圾分类回收运作流程	1. 搭建同行经验和技术分享平台 2. 提高同行的专业认知 3. 推动传统的垃圾分类回收处理产业进步
	经济价值	1. 增加垃圾处理行业从业者的收入 2. 降低垃圾分类回收处理成本 3. 提高垃圾资源再利用价值	1. 增加同行的收入 2. 降低垃圾分类回收处理成本 3. 提高垃圾资源再利用价值
竞争力		1. 创新垃圾分类回收处理模式 2. 成本更低、效率更高的垃圾分类处理解决方案 3. 具有快速可复制性 4. 简便且更有吸引力的个人用户参与垃圾分类回收途径	1. 低成本的加盟方式，合作伙伴关系 2. 创始人在垃圾回收领域的声誉和知名度

第三章
好瓶：让塑料再活一次

"塑料"是人类近100年的伟大发明之一。塑料制品具有可塑性高、在常温下不易变形且质轻易于携带与运送等特点。如今大量的塑料制品充斥在人们日常生活中，为人类现代化生活带来了极大便利。然而，今天的人类对塑料制品泛滥且无节制的使用，已经对我们赖以生存的地球造成了极大的伤害。塑料对环境的污染与破坏，已然大大超越了过去人们在享受"一次性使用"的便利生活"快感"。据研究显示，平均每年人类创造约500万吨至1300万吨的"塑料"进入海洋，预计到2050年，海洋中塑料垃圾的总重量将超越所有海洋中鱼类的重量。如此庞大的塑料垃圾不应该也极难由自然界降解，大量塑料颗粒已是人类污染地球生态环境的"证据"，它们将很容易通过食物链的循环，进入人类自己的身体里，成为影响人体健康的"人造"凶手。为此，人类作为它的"造物主"必须且应该为它们所造成的环境问题尽快找出解决方案，以更可持续的方式为人类维护好自己所赖以生存的星球：地球。潮牌"好瓶"提供了其中一个选项，让曾经被使用过的塑料"再活一次"或"多活几次"。"好瓶"致力于把废弃（分类回收后的）塑料瓶进行再生材料应用，将回收塑料瓶转化为一件件潮流单品，并且通过这些"崭新"单品的宣传与销售，呼吁和倡导大众重视环境保护。

下一站，社会企业？
——创造共享价值的实践者

海洋女孩与塑料瓶

黄宁宁是"好瓶"的联合创始人兼CEO。学生时代，她就是一个"自作主张"的小孩，一路成长过程都"自己做主"，争取上自己喜欢的学校，决定自己感兴趣的专业……

在填写高考志愿时，她毫不顾忌"好不好就业"或"将来的收入"等标准，只选择自己认准的新闻专业，并顺利进入了华中科技大学。而在几段大学实习的经历中，她逐渐发现传统的新闻行业与自己早期的想象有很大的区别，于是毕业后的黄宁宁并没有选择成为一名新闻工作者，而是进入了"阿里巴巴"工作。

她加入的是大公司内部创业的小团队，那是一个充满激情与快节奏发展的职业环境，黄宁宁在一个个项目的推动过程中进步。然而，与她的许多同事不同，当她逐步走向了职业发展的稳定期时，她意识到自己的工作内容开始不断出现重复，自我成长也不如早期的"飞跃式"进步，而是逐步缓慢下来，最终停留在原地踏步的状态。工作了五年之后，那时她的年薪已高达50万元，但几经思考，她果断选择了辞职，离开那份大家都认为要牢牢捧好的"饭碗"，重新开始，去寻找一个更有使命感的新方向。

辞职后，黄宁宁以出国游学的方式让自己"沉淀"与"充电"。游学期间，她居住的环境和大自然有着许多"亲密接触"，结交了许多来自不同生活经历、国家和价值观的朋友。她发现，当生活节奏慢下来后，她感知到了生活细微之处最本真的幸福和感动。

令她印象深刻的一件事是有次在语言课堂上，老师要求每个人讲述一个"你心目中的偶像"。对黄宁宁而言，从小到大，她从不信奉"偶像"。当轮到她要分享她的"偶像"时，她有些为难，但基于课堂的学习要求，她仍然努力去探索那个属于自己内心中的"答案"。突然她想起一位她再熟悉不过的好朋友，她俩一同长大，是非常要好的闺蜜，于是她脱口而出她的那位好友的名字——范范，并接着说出她为何认为这位好友的状态让她羡慕，是自己的"偶像"。

那时的范范之所以活成了黄宁宁羡慕的样子,正是因为范范正在开展自己的新事业。之所以称它是"事业"而非一份"工作",主要是因为这项新事业带给范范许多真切的幸福感。虽然那时黄宁宁还不是非常了解范范口中的"社会创新"是什么,也不太了解她所在的社会创新媒体"Bottle Dream"是个什么样的组织,但当她看着范范放弃高薪工作,从"Bottle Dream"的志愿者变成全职成员,忍不住自我代入权衡这项选择背后的得失,替范范分析着。偶然的课堂学习分享,使黄宁宁突然意识到,找到一份属于自己热爱又可持续耕耘下去的事业,就是她接下来追求的人生发展方向。

2017年初,黄宁宁回到国内,她带着些许的好奇心与想更深入地了解学习的心态,走进了范范所在的"Bottle Dream",进入了这"沉浸式"的"创变"场域中。意外的是,黄宁宁这一去就被这群为自己所热爱所投身的青年们充沛的能量所感染,于是她立马申请成为"Bottle Dream"的供稿人。

非常巧合的是,黄宁宁负责的第一个选题便与塑料、海洋有关。一位关注环境议题的摄影师Von Wong用1万只塑料瓶摆出了一片塑料海洋困住美人鱼的情景,并在记录创作过程的视频中写道:"如果我们人类什么都不做,到2050年,大海里塑料瓶的重量将会超过(海中所有)鱼类的重量。"

这组印在绝美画面上的残酷数据与文字,"刷新"与震撼了黄宁宁的过往认知。作为一名潜水"中毒"级爱好者,她不敢想象,在不久的未来,我们居住的这颗星球上便不再拥有任何一片澄净的海洋。就在这时,"Bottle Dream"邀请她前往上海负责一个"塑料瓶做T恤"的项目。在这个项目中,她意外发现,原本一次性使用的塑料瓶,用完后只能以填埋或焚烧的方式处理,却还有不同的解决方式使其"再活一次",转化为可以更耐久使用的纺织品。

黄宁宁发现这个项目的背后其实是一家刚刚注册的公司,也就是现在的"好瓶"。当时"好瓶"的产品、供应链、品牌、市场营销等环节还未被构建起来。令人惊讶的是,虽然塑料瓶转化为再生纺织品的技术门槛并不算太高,并且可以做到量产化与规模化的推广,但中国消费者对再生聚酯纤维材料是陌生的,甚至还会因为原材料来自"可回收塑料瓶"而对相关制品的安全性产生疑虑。由此可见,在我国市场推广再生聚酯纤维制品还处于起步阶段,想要在中国推广"可回收塑料瓶"转换的再生聚酯纤维制品是件困难的事情。但黄宁宁认为这样一个新的环保相关领域的创业机遇能够很好地结合她过往的优势和经验,同时可以将她自己心中那份对海洋的敬畏和热爱落到实处,于是她选择了迎难而上,开始打造"好瓶"。

从零开始拯救塑料瓶行动

黄宁宁发起的第一个活动叫"拯救瓶子行动"。她七个月内参加了七场城市马拉松,制作了身上满是网袋的"战袍",召集跑团,捡赛道上的瓶子,挂满全身跑完马拉松比赛⋯⋯她希望用这种"行为艺术"的方式吸引更多人关注环保。"创业初期更多是用有趣的沟通方式去吸引年轻人的关注,传递可持续再生理念,(逐步)打开市场(的认知)后才能更顺畅地解决其他问题(走向下一步发展)。"黄宁宁总结道。

最初黄宁宁只想到把塑料瓶做成好看的衣服来吸引更多人关注环保,后来她逐渐认识到,这或许正是"好瓶"存在的价值——撬动市场的力量解决环境问题。2018年"好瓶"迎来了许多发展契机。伴随着全球500强企业开始践行联合国发布的17个全球可持续发展目标(Sustainable Development Goals),再生包装、包装减量、环保材料推广等行动变得越来越流行。跨国企业开始在中国本土寻找更多的可持续生产方案。其中"可口可乐"甚至发布了可持续包装全球愿景"共创没有废弃物的世界"(World Without Waste),主张用日常消费影响公众意识。

于是当"可口可乐"找上"好瓶"后,它们共同推出了第一个以回收聚对苯二甲酸乙二醇酯的面料(Recycled PET Fabric,以下简称"RPET")所制作的衍生品——"24包",即这个"背包"是用24个可回收塑料瓶制作而成的。RPET又俗称可乐瓶环保布料,是一种再生材料,该材料的低碳性与"回收PET再生"是其最大特点,而RPET布料可按照不同纱线种类与织造风格或混纺其他纺织材料制作成人们平时常见的箱包类、家纺类与服装类等日常生活品。

为了能够"打响第一炮",吸引更多消费者的关注,"好瓶"团队努力打造这款潮牌背包制品,争取能把这个项目做到最好。他们设计的"24包"背包内侧有一块小房子形状的布料,这种布料来自曾经参与地震救灾帐篷的一角,小房子上写着"我曾服役",标注有日期、地点,而包包内里还会附上一个四格漫画,讲述这个背包身后的故事。为了符合青年群体对于背包的使用及外观要求,"24包"的设计样式走新潮路线,同时为了强调"24包"的社会影响力,"好瓶"还专门为这款"24包"设置了社会反馈机制,以每卖出一个"24包"收入的一部分将用来捐赠灾区。

于是一款带着故事又环保、新潮且温暖的背包横空出世。第一批"24包"在短时间内便被一抢而空。而整个"24包"创作过程不仅仅是完美推出了一款备受欢迎且具有纪念意义的产品,也帮助黄宁宁及团队意识到,相比于贴身穿着的T恤,消费者或许更能接受再生材料制成包袋类的商品。随着"24包"的走红,"好瓶"将产品重心从过往聚焦于T恤服装转移到了包袋类商品的开发,团队也很快地摸索出了一条通过产品设计、材料混搭制作

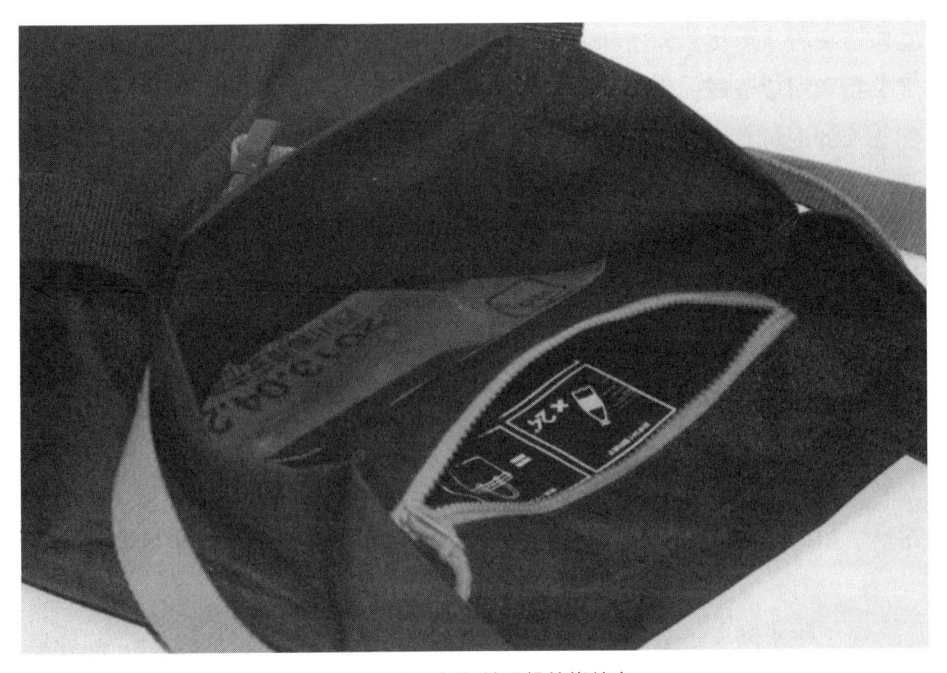

图 3-1 "24包"曾服役的帐篷布

下一站，社会企业？
——创造共享价值的实践者

与用户讲述背后故事的宣传推广策略。

"好瓶"还曾在中国美院上海设计学院开展过一门可持续时尚课程。同学们就地取材，通过废塑料瓶和广告布的再设计，创作出了一系列让城市空间更温暖的装置艺术作品。在作品的对外分享会过程中，这些装置艺术作品成功吸引了一位可持续面料供应商的注意。遇见"好瓶"，让他惊讶与欣喜，原来国内也开始有服装或潮流品牌在推广可持续材料（面料）。在此之前，根据他长年的从业经验与观察，虽然许多再生材料（面料）都是中国制造，但他的再生面料主要销往海外，国内从政府、品牌到消费者对于可持续材料或再生材料的关注仍低。

黄宁宁提到，在这位可持续面料供应商的帮助下，她学到了许多和可持续面料相关的专业知识，了解到塑料瓶再生聚酯纤维可以作为普通聚酯纤维的替代材料，并且该材料的应用范围广泛。自此，他们开展合作，"好瓶"在材料端获得了有力的研发与供应支持，"好瓶"可以基于不同产品设计需求进一步调整与开发更适合该商品属性的再生聚酯纤维面料。

在"好瓶"的初创阶段中，"Bottle Dream"也同样发挥着关键作用。它就像扮演着"孵化器"一样，通过自身的许多资源分享，为"好瓶"输送品牌关系和用户资源。借助"Bottle Dream"的公众号推荐，"好瓶"能够在不到3天的时间内售罄160个"24包"。这样的结果不仅来自"24包"自身的设计，也是因为受到许多关注"Bottle Dream"的粉丝与用户青睐。此外，在"Bottle Dream"的协助下，"好瓶"对"24包"购买用户进行了简单问卷调查，为"好瓶"后续的其他"背包"设计与推广提供了相关数据参考与支撑。

在"24包"被打造成了小爆款后，"好瓶"也开始推出更多品牌联名合作产品。例如设计出"在乎衣""太空包"等可持续潮流单品。它们先后都受到了年轻人的喜爱，也获得了国际国内许多知名媒体的认可与报道，如福布斯、BBC等，并且还获得国际知名"红点设计博物馆"馆藏的荣誉，被"一条"评为"40件改变生活的中国好设计"。

黄宁宁也因此受邀前往淘宝造物节、共益企业（B Corp）集会、品牌星球、TEDx等平台上讲述"好瓶"的故事，登上综艺节目《快乐大本营》，向

图 3-2 遇水会变色的"在乎衣"

图 3-3 "太空包"

更多人分享"好瓶"的产品与开创经历，同时也接获苹果（Apple）广告拍摄的邀约，成为唯一的中国面孔出现在 Apple "正在改变世界的她们"视频广告中的全球青年代表之一。

作为一个本土可持续环保品牌，"好瓶"在创新的同时，坚持倡导负责任、有意识且环保的消费观。例如遇水会变色的"在乎衣"，它是一件由 13 只塑料瓶做成的风雨衣，背后还暗藏了"心机"——衣服上的 Slogan 遇水会变色，从"I DON'T CARE（我不在乎）"变成"I DO CARE（我真在乎）"，传达出"藏在心底的小在乎和对地球健康的大在乎"。"好瓶"、德国

下一站，社会企业？
—— 创造共享价值的实践者

轻户外品牌 Camel Active、中国航天文化三方共同推出的联名款"太空包"，用 27 只回收塑料瓶、1 块神舟七号火箭残片、0.5 只"双 11"后周边社区收集的快递袋所打造的"太空包+太空腕带+地球腕带"产品系列，则传递了"环保很有趣，航天也很有趣"的信息。

打造零售化品牌

自成立以来，黄宁宁和团队一直在摸索"好瓶"在市场上的"存在"意义以及构建更长远的目标与方向。他们团队反复地追问自己，"好瓶"为什么存在？终极目标是什么？如何能走得更远且更稳但同时不离"初心"？

他们曾经想过将"好瓶"发展成一个集合可持续材料的平台，制定可持续材料认证标准，建立中国首个可持续材料库，然而，经过多轮的讨论与思考，他们最终放弃了搭建可持续材料库平台的想法。她认为，"好瓶"的核心能力在于打破消费者对循环再生制品的刻板印象，把它们变成又酷又好玩、让人跃跃欲试的新事物，将可持续环保理念通过产品传递给年轻消费者，有意识地将可持续消费与环保生活融入日常生活中。最终"好瓶"被团队定义为一个零售化的可持续生活品牌，自己设计、生产和销售产品。

目前黄宁宁和团队按照三步走计划进行品牌塑造。第一步，强化品牌的"瓶"形象，重新设计 Logo，让消费者记住"好瓶"是一个用塑料瓶打造产品的潮流品牌，同时突出产品使用塑料瓶再生面料的

图 3-4　经典线——"方块包"

第三章 好瓶：让塑料再活一次

图 3-5 年轻线——"84 光年"

特征。第二步，专注包袋类产品设计，这不仅是因为"好瓶"拥有更为丰富的制包供应链资源，也因为国内包袋市场发展空间相较服装更为广阔。第三步，招募品牌大使，建立社群，增强与现有、潜在消费者的连接，通过为粉丝或用户取名"瓶 Guy"的称呼，强化粉丝及用户对"好瓶"的认同感和归属感。

"好瓶"还规划了三条产品线，分别是经典线、年轻线以及时尚线。除了自有产品，"好瓶"还规划了品牌联名和博主联名的产品线，希望

图 3-6 好瓶 x sol collective 博主合作款
（手柄来自 7 只塑料瓶盖，花纹独一无二）

059

下一站，社会企业？
——创造共享价值的实践者

充分利用"好瓶"跨界合作的经验和资源，加快产品设计和生产速度，突破固有的"圈层"限制，把可持续消费与环保生活等理念传递到更远的地方去。

2020年初，"好瓶"完成了一次用户调查，调查对象包括可持续生活领域的专业人士以及曾经购买过"好瓶"产品的消费者。

经过多次的数据分析，"好瓶"最终捕捉到了用户群体身上所散发出来的标签，例如喜欢烹饪、旅行、运动、宠物、咖啡，等等。这些发现为产品的后续设计增添了"使用场景"。另一个"共性"的发现是用户们多喜欢"好瓶"产品的适度个性化设计，即既不过于特立独行，也不过于普通。用户们还会将"好瓶"的包包作为和他人初次交谈时打开话匣的引入点，借以分享自己的生活理念与对可持续消费生活的价值观等。

这次调研结果让团队转变了"寻找"用户的策略。为此，"好瓶"将用户沟通分为三个层级。首先弱化"好瓶"初次印象中的环保标签，强化产品的实用价值和设计价值。在此基础上，通过建立社群的方式营造用户对品牌的认同感甚至骄傲感。最后再向用户传达"好瓶"的环保原则及可持续生活理念，加深用户对品牌的忠诚度与"黏度"。为了测试新品的市场接受度，"好瓶"还招募了30位产品体验官，在每次发布新产品前先寄给他们使用，收集体验官的建议后，进行升级和改进，为正式进入市场做更完善的调整。

让自己开心，让地球也开心

"好瓶"的团队规模目前仍较小，结构扁平。除五名全职人员外，还有几名实习生及兼职协助整个团队共同完成所有项目及产品的设计、自媒体及供应链端等工作。

日常工作中团队每周会进行一次周会，由各成员汇报近期的工作进度、状况和存在的问题等。每天早晚还各开一次"站立会"，同步每个人的工作进度，保持工作节奏的同频。成员也可以主动发起会议，说明自己所遇到的工作难题，希望工作团队予以协助等。制定与实践这些制度主要在于确保"好瓶"团队的每一位成员都能够及时发现问题并对此作出迅速的反应。

2020年的好消息是,"好瓶"通过了国际知名共益企业（B Corp）资格认证,成为中国第一家可持续环保方向的共益企业。在共益企业认证申请过程中,"好瓶"也逐步将自己对品牌、产品、公司的"内心标准",落实为一套套"产品准则"和"经营法规"。以"好瓶"得分最高的环境维度为例,除了使用环保再生材料,还在产品设计、材料选择、供应链管理,甚至办公室环境等全链条制定了标准并进行自检。"有了明确的目标和标准,团队反而能更大胆地去探索和创新。"黄宁宁还将认证指标中的员工幸福感和团队建设加入了公司制度中,希望增强团队凝聚力和组织认同感,同时能有效提高团队的积极性和创造性。

社会企业的创业过程十分艰难,黄宁宁很少给自己放假,是名副其实的工作狂。同行创业者的鼓励给予她坚持下去的动力,国外优秀的可持续环保品牌的认可也是她前行的"指路明灯"。

现在"好瓶"正值上升期,黄宁宁正在融资,融资不仅能解决资金问题,最重要的是还能够借助投资方的视角更全面地看待"好瓶"在整条产业链的商业价值和社会影响力价值。为保证"好瓶"的社会使命在未来的发展过程中不"漂移",他们在产品研发及融资等各个环节中遵循着自己制定的准则,同时团队成员也相互监督,提醒彼此"不忘初心"。

"好瓶"创立三年来已经让72万只塑料瓶得到了"重生"机会,节省了28吨原生石油资源,减少了28吨二氧化碳的排放。未来"好瓶"希望打造一个可持续生活馆,联合更多跨界伙伴将可持续生活中的多种消费选择展示给用户,继续引导人们进行负责任的消费。"不仅要让自己开心,还要让地球开心。"黄宁宁坚定地说道。"好瓶"还将围绕塑料污染问题,开发和研究更多可持续环保材料的使用场景,如可降解及可水溶的塑料包装、塑料包装盒制成的再造材料等,最终实现"完全解决一次性塑料污染问题"的终极目标。

下一站，社会企业？
—— 创造共享价值的实践者

与社会企业家的七问七答

作者：对你而言，社会企业是什么？

黄宁宁：社会企业更关注社会价值和环境价值，不以盈利为首要目标，但会用商业手段保持企业的可持续运营。

作者：对你而言，社会企业家精神是什么？

黄宁宁：社会企业家是受使命驱动的个体，心中有一个非常明亮的灯塔。

作者：你对想投身社会创业者的建议是什么？

黄宁宁：社会创业是一个富有挑战和吸引力的领域，我们所服务的年轻消费群体有着更为开放多元的世界观和价值观。所以我们只有改变自己与消费者的对话方式，创造更多的社会价值和环境价值，才能把控未来消费群体，与未来的新世界接轨。

作者：创业以来，对自己而言最大的挑战是什么？

黄宁宁：最大的挑战是不断地剖析自己，这个过程伴随着撕裂的阵痛。你会看到自己的短板和不足，不断地承认自己和否定自己，突破自己的天花板，从内心找到信念力，变成一个更加完整的人。

作者：你想对自己的团队说的一句话是什么？

黄宁宁：我们可以一起去创造更多超越消费之上的价值，连接更多期待美好改变发生的人。

作者：你想对服务对象说的一句话是什么？

黄宁宁：和我们一起探索自己，连接一个更大的世界。

作者：你对中国未来社会企业发展的思考和期许是什么？

黄宁宁：我期待能够出现一个更加明确的标准去定义中国的社会企业。

好瓶共享价值分析表

解决问题		塑料污染问题
创造共享价值	识别需求	1. 可持续发展理念的传播 2. 企业开始践行可持续发展目标 3. 消费者的可持续消费理念
	手段	1. 走新零售可持续环保品牌路线，自己设计、生产和销售商品 2. 采用塑料瓶再生材料制成商品 3. 和知名企业联合设计由塑料瓶再生材料制成的商品 4. 塑料瓶再生材料科普 5. 宣传可持续消费理念及可持续生活方式
利益相关者		企业、消费者、塑料再生材料供应链
产出	社会价值	1. 使用塑料瓶再生材料生产产品，节约能源，降低碳排放 2. 传播可持续发展环保理念，吸引更多人关注塑料污染问题 3. 传播可持续消费和可持续生活观念
	经济价值	1. 增强组织自身的财务可持续性 2. 开拓再生材料产品市场 3. 提升联名企业的品牌价值
竞争力		1. 团队拥有较强的品牌营销能力 2. 投资者的相关资源支持 3. 可持续消费社群的运营能力

第四章
klee klee：从土地中长出的衣服

"klee klee"是服装品牌"素然"旗下的新品牌，取名源自藏语口语，意为"慢慢来"，而"慢慢来"的含义同样表现在"klee klee"的品牌 Logo 上，一个源于"手语"中表达"慢慢来"的一个手势。从 2010 年的第一件环保棉 T 恤的销售开始，"klee klee"的设计团队始终坚持使用对环境低消耗的环保原料，不断探索降低污染的环保染色工艺，从可降解包装到再循环利用材质的纽扣选择，整个服饰设计与生产过程中的每一道工序都尽可能地降低对地球环境的伤害。"慢慢来"是"klee klee"多年探索环保服装产业和可持续生活的最直接体验。目前"klee klee"拥有线上、线下两种零售渠道，销售的商品包括"klee klee"自主设计生产的商品。为了同时扮演好可持续生活与环保服饰倡议者的角色，店铺内还会定期展出、代售来自其他同类品牌的商品，并为这些同类环保商品做品牌宣传与理念推广。"klee klee"希望通过这种方式，打破人们对于流行服装产业"高污染"的刻板印象。

从产品系列到独立品牌

2002 年，知名服装设计师王一扬创立了女装品牌"素然"。在国内刚刚兴起环保绿色食品之时，身为服装行业佼佼者的他已开始思考服装行业的可持续性，于是"素然"开始了十多年的环保服装探索。王一扬和团队尝试使用对环境低消耗的环保原料来制作服装，由此诞生了"手语"服装系列。与"好瓶"早期以 PRET 材料所制作的 T 恤产品不同，"素然"的"手语"服装系列主打采用"纯"天然且低环境消耗的自然原材料来制作服装。因此，环保的麻、棉、毛、木、树胶（天然橡胶）等才是"素然"所关注的纯天然材料，而石化原料以及回收再生的 RPET 并不在"素然"制作服装的材料清单中。

经过十多年的持续运营与发展，"手语"系列产品逐渐发展成熟，盈利稳健。为了让"手语"系列产品能有更宽广的发展未来，"素然"就好比一位母亲见到了自己孩子的成长后，都会希望孩子将来有一天能独自离开"家的港湾"到社会去闯荡并开创出一片属于自己的"天空"。而这个独自离开"家"的时间节点便发生在 2017 年，"klee klee"从"素然"旗下的一个"手语"系列产品转身成为一个拥有自主定位的独立服装品牌。而"手语"系列的概念升级为"klee klee"的商业标志。

图 4-1 "klee klee"的 Logo 和图样

产品独立之初，"klee klee"追求更清晰的品牌定位，除了分享所有商品背后的环保故事，还致力于通过自身商品的展销，进一步推广可持续生活理念。通过两年的努力，"klee klee"逐渐将自身打造成了一个以售卖环保服装和家居用品为主的可持续生活购物平台。

而"klee klee"的品牌运营理念与清晰的品牌地位不仅获得了市场认可，收获了一群忠实消费人群的青睐，同时也吸引了许多认同可持续生活理念的有志青年加入运营团队，其中不乏曾经在外企工作多年的优秀伙伴。试想，当一群带着同样价值理念的人聚集在一起工作，共同为所认同的可持续生活方式（消费）进行推广与宣传时，那会是个什么样的工作场景！坐落在上海市徐汇区安福路的门店是"klee klee"的第一家线下门店，这家门店既是品

下一站，社会企业？
——创造共享价值的实践者

图 4-2 "klee klee"的第一家门店（体验展示店）

牌旗舰店，也是为来店访客或顾客提供可持续生活的体验学习馆。

时尚也可以"慢下来"

所有"klee klee"的商品始终遵循三大基本原则：其一，原材料环保。坚持使用对环境低消耗的环保原材料。其二，制成环保。采用环保制衣工艺，比如选用更好降解或可循环使用的衣服配件，减少商品过度加工或禁止商品进行"旧化"处理，尽量采用当地生产的天然原材料制作商品以降低运送过程中所产生的污染。其三，承担社会责任。"klee klee"通过转化少数民族传统技艺与文化元素为炙手可热的商品方式，帮助社会关注少数民族及其传统文化技艺的可持续发展问题。

在这三大基本原则的指引下，"klee klee"团队逐步构建出丰富多元且具有吸引力的商品。为了帮助消费者与来店访客能够更精准且快速地掌握

第四章 klee klee：从土地中长出的衣服

"klee klee"店内每件商品的可持续发展属性，几经思考与讨论后，团队最终决定在每件商品的"吊牌"上标明该件商品所符合的基本原则。例如有些商品只符合其中一项基本原则，吊牌上的标示便只会在该原则后面注明"●"记号，如果有商品符合其中两项基本原则，则吊牌在两项基本原则后都会出现"●"记号。如果某项商品符合所有基本原则，那么"吊牌"上的"●"记号则会标示"符合所有原则"。这样一来，人们在店里参观学习或选购商品时，都能有效地在"klee klee"品牌理念与所售商品之间进行快速对应。

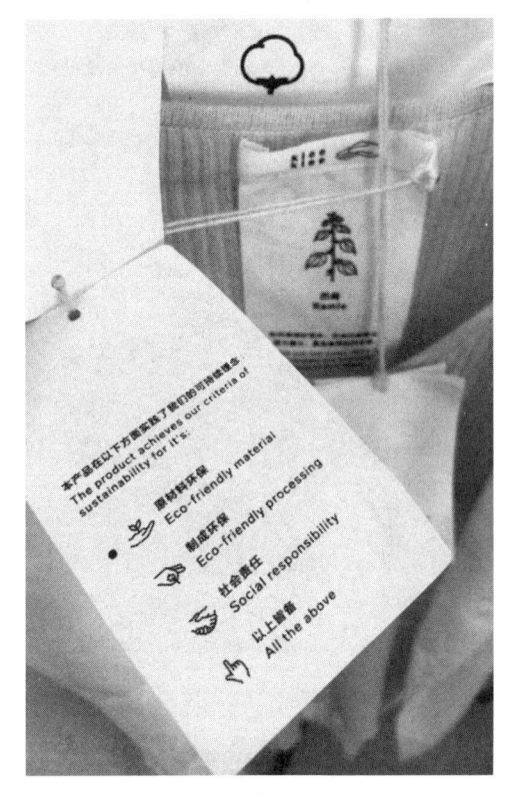

图 4-3　每件商品的环保标示与状态

　　环保棉是"klee klee"常用的重要原材料之一。当前绝大部分的棉花种植会喷洒大量的杀虫剂等农药，所种植出来的棉花又白又大又干净，然而，这样的种植方式也给土地造成了不可逆转的破坏。所以环保棉与非环保棉的不同之处在于棉农所采取的种植方式更强调环境保护理念，例如采取植物驱虫法取代化学农药的喷洒。此外，要符合国际环保棉标准，棉花只能种在三年以上未使用农药化肥的土壤里。生长在这样环境中的棉花其质量才能达到环保棉的标准。

　　在制衣过程中，"klee klee"同时采用最传统与最新的染整工艺技术，既保持衣服色泽的温润自然，符合市场化商品标准，也减少化学制剂的使用和生产过程中对水资源的消耗。"klee klee"认为，制衣的每一个环节都能找到更环保的可持续替代方案，当然可持续的生产过程追求在某种程度上也为"klee klee"带来了许多额外的限制。例如，"klee klee"的原色系列商品

067

下一站，社会企业？
——创造共享价值的实践者

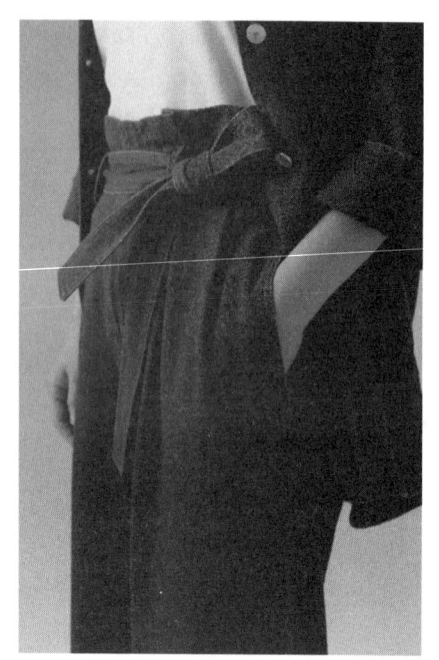

图 4-4 "klee klee"的"手与"系列与"Let's Blue"系列

的主要核心概念是尽可能地保留原材料自身的"本色"，商品生产过程拒绝"漂白"和"化学染色"处理，这给设计师的创新设计带来了诸多限制，但"klee klee"团队相信，这些限制也为另一种"新设计"理念提供了不同以往的服装设计思路。

再比如，制作一件浅色牛仔衣比一件原色牛仔衣更耗水，因为增加了褪色工序的环节，而这个过程必须使用大量的水资源。为了符合"klee klee"自身的可持续原则，同时兼顾消费者对不同成色的牛仔服装选择需求，"klee klee"最终找到了使用 Indigo Juice 工艺的牛仔布面料。这种工艺制作的牛仔布面料是以一种易于水洗的丹宁染色技术所制作的，因此，在布料染色过程中将 Indigo 染料仅染在牛仔布料纱线的表层，这样就能在节省水资源的前提下，制作出不同色泽度的牛仔服装。

在服装行业，强调环保意味着讲究原材料与采取部分传统工艺，也意味着必须面对设计限制多、成本较高、制作工序较多、资源整合较慢、商品样式选择少和变化较慢等许多挑战。"klee klee"正在应对这些挑战，在可持续

第四章 klee klee：从土地中长出的衣服

图 4-5 "klee klee"的环保时尚追求

的道路上，也逐步找到了越来越多的"同行者"，过往合作的工厂也受到了他们的影响，转而开始认同他们的理念，开始帮助他们出谋划策，找到更多可持续的方式来为市场提供更多更优质的商品。

与独龙族"共舞"

除了探索更多的环保材料和制衣工艺，"klee klee"还在践行社会责任。"naze naze"项目就是其中最具特色的例子。

下一站，社会企业？
——创造共享价值的实践者

"naze naze"项目名称取自独龙语 naza naza brao，意为"慢慢地织布"。

2015年，由北京当代艺术基金会牵头的"中国新民艺——独龙族手工艺帮扶项目"正式启动。"klee klee"作为项目合作方，在云南省青年创业就业基金会（简称"青创会"）的协助下，来到了云南各民族中人口最少的独龙族聚居地——独龙江地区。

独龙江区域靠近中缅边界，位置十分偏远，从邻近的县城驱车出发还需要3个小时才能抵达独龙族村落。由于该地区靠近边境，位置特殊且交通不便，独龙族与外界交流往来机会很少。

在独龙江地区走访独龙族村落的调研过程中，"klee klee"团队陆续发现与学习到了许多过往不曾了解的有关这一"神秘"少数民族的真实面貌。在当地，人们的生活方式由于受到交通不便的影响，早已自然形成了一个相对自给自足、与外界长期处于半隔绝状态，再加上族群人口基数小、可耕地面积有限、生产方式传统与当地物产量少等限制，独龙族的"田园"生活虽然远离大都市的尘嚣喧扰，但经济收益却普遍处于低水平状态。由此，村民们对于日常所需物品的需求除了少数必须从外购得以外，绝大多数的情况都是

图 4-6　当地织女工作的场景之一

靠"自己的那双巧手"来完成的。

例如早期独龙族会自己种植麻类植物，收成后取植物纤维并自行纺成纱线，接着是染色，接着是纺织成麻布，然后做成日常生活或庆典节日上所需的各类衣物，于是家庭手工麻制衣物由此诞生。生产全过程既传统、缓慢但充满着人与自然相互配合、周而复始的可持续互动关系。种植麻类植物是当地自古以来的一项传统，而麻布所制成的服装尤其适合云南山区闷热潮湿的生活环境，其特点包含传热导热快、质轻且韧性高、防虫防霉等，这使得人们在穿着麻制服装时透气凉爽且出汗不贴身。此外，麻类植物种植过程中对环境的消耗也比棉等其他类作物低许多。

然而可惜的是，随着大量更快速且低廉的工业化服装制品的"侵入"，费力且缓慢的麻制服装逐步消失在独龙族人的生活中，过往的种植、纤维抽取、纺纱、染色、织布和制衣技艺也淡出了独龙族文化传承的轨迹。"klee klee"团队在调研中发现，还愿意种植麻类植物的农户已经非常罕见，而传统的纤维抽取、纺纱与染色等相关技艺也早已不复存在，仅存的传统技艺只是织布和制衣。当地有些老奶奶在农闲时段，会坐在老旧的手动纺织机上

图 4-7 当地织女工作的场景之二

下一站，社会企业？
——创造共享价值的实践者

织布，为自己或其他家人赶制当地的传统民族服饰。也因此，织布和制衣的技艺才得以保留下来。当然读者也会好奇，如果绝大多数村民已不再像过往一样通过种植麻类作物来获取织布的原材料，那么这些老奶奶的纱线从何而来？答案既简单也好理解：向外购买。当然，外购的纱线与原来的麻线相比，织出的布料无论穿着的舒适度和耐久性都和以往不同了。

许多人对于独龙族的印象来自独龙族传统服饰绚丽的色彩选择和搭配方式，而这正是"klee klee"设计团队的兴趣所在。设计师好奇这些传统服饰色彩选搭的背后文化内涵，佩服村民们对于各种鲜艳色彩间的组合表现。

在"klee klee"团队的实地走访与考察后发现，独龙族的传统文化与技艺还是能从"手动织布"和"独树一格的传统配色"中找到价值，因此，新的问题来了：如何发挥这两项传统技艺的价值来帮助当地村民达到新时代的可持续生活方式？

如果能找到有效的方案，那么独龙族的文化不但能保存传承下来，而仅存的传统可持续生活方式或许也可以借此机会进行转化、升级。对于"klee klee"而言，从自身熟悉的服装产业中找寻解决方案才是比较"靠谱"的发展路径。从帮助当地妇女重新走上织布机开始，"klee klee"陪伴独龙族妇女一同成长的故事拉开了序幕。

最早的想法其实很简单，通过"klee klee"既有的线上线下服务渠道进行销售，最后将所得利润反馈到织女们的手中。然而，事情并不如想象中的顺利，首先，"klee klee"发现懂得使用传统手动织布机的当地妇女已经非常少了，而且能"做得动"或"教得动"的老奶奶身体情况并不理想。此外，有关参与项目的人力资源问题也随之而来，有多少当地妇女愿意参与这个项目并真正地投入精力先学习后实践的呢？整个项目似乎还没有正式"起头"便已碰上了许多棘手问题。

首先，基于"klee klee"的自身三大原则，"klee klee"也同样希望织女们织布所用的纱线在最理想的状态下，可以就地取材，换句话说织布的纱线来自当地农民的作物，这不仅符合环保生产的指标，还可能促进当地村民回归可持续生活的状态。但问题来了，根据当地走访调研数据，许多当地村民已不再种植经济价值低廉的麻类作物，也不再像早期的先辈们跟随季节变化而改变耕作的内容，取而代之的高经济作物是烟叶。在烟叶种植的过程中，为了符合烟厂对于烟叶质量的统一规范性要求，农户需要经常使用大量农药与化肥来促进烟叶的生长，这造成了土壤的污染。

"klee klee"最终决定放弃就地取材的方式，取而代之的方案是从外地运送高质量的原材料到村里进行手工纺织，但仍然坚持整个制作流程必须符合三大原则，如原材料供应尽可能找寻附近（距离相对较近）的原材料厂商或仓库进行采购，在最大限度上避免交通运输所带来的额外环境负担。

随着项目各个环节的陆续到位，织女的数量也从最初的五六名增加到了18名，织女们的织布技术也逐步"上手"，具备独龙族文化特色的原材料手工半成品也陆续完成，经过打包运送往上海"klee klee"办公室。所有生产环节看似已经打通了。这些半成品似乎只要再通过设计师的巧思提炼，将很快会从过往的"土特产"的状态，华丽转身为"高级商品"进入市场销售。然而，事实并非如此顺利，这些半成品的生产质量有问题：脱线、不齐、瑕疵、未按照当时的织布要求严格执行的情况比比皆是，整批半成本经筛检后，勉强符合标准的寥寥可数。除此之外，更让设计师"流泪"的是，许多半成品甚至没有按照当初设计师的设计方案执行。经过与织女的沟通，"klee klee"发现，织女们"好心"地修改了设计师们的设计方案，因为她们认为"这样更好看也卖得出去"。

经过这次"教训"后，"klee klee"曾经尝试以一种相对较简单的干预（投入）方式来应对这项挑战，派人前往当地进行指导，希望通过这种方式提升织女对于产品质量的理解，然而效果却十分有限。因为织女们织布的时间不尽相同，手动织布机安置的地点也坐落在各处，想以"短期出差"的方式来解决关乎产品质量的问题是吃力不讨好的。经过几次不同的尝试与不断的磨合，"klee klee"决定甄选符合条件的织女前来上海参加为期2至3周的实地培训。经过内部探讨，"klee klee"团队决定参与培训的织女必须满足以下三项条件：个人意愿（参与的积极性）、优秀的织物能力、具备沟通及统筹能力（如果有的话会更好）。

通过甄选，几位织女团队代表第一次离开家乡，坐上飞机飞到上海。

下一站，社会企业？
——创造共享价值的实践者

图 4-8 蜕变后的时尚 "naze naze" 产出

抵达上海办公室后，在短短的 2 至 3 周的时光中，织女们接受了相关的培训课程。整个培训过程中有艰辛、泪水，也有欢笑与收获，来沪培训的主要收获体现在双方都认同彼此及做好继续向前推进项目的准备。这趟来沪培训的解决方案不仅最终有效解决了当初所面临的巨大困难，开启了后续织女们来沪受训和成长的路径，还为后续产出"更美丽果实"的成效奠定了良好基础。此后，每年 6 月，"klee klee"都会邀请几位织女前来上海进行为期 2 至 3 周的培训。

耐心等待 "naze naze" 的果实

自 "naze naze" 项目开展至今，"klee klee" 便以公平贸易的方式，用与当地市场价相同甚至略高的价格，对独龙毯（织布）进行收购。织女完成一床独龙毯就能获得 400 元的手工费，约合每小时 19 元的酬劳，这价格远高于当时独龙江乡最低小时工资 12 元。

为了促进织女们的参与积极性和织布质量，"klee klee"还设立了奖金

第四章　klee klee：从土地中长出的衣服

池，在每年项目结束时会将1%的销售利润作为奖励，颁给当年表现最优秀的织女。虽然"naze naze"还没有达到让所有织女放下原本的生计岗位全职从事本项目活动或吸引更多独龙族年轻人留在家乡或返乡发展，但该项目实现的第一个目标是放大了当地女性劳动力的价值，增加了她们的年收入，提高了独龙族女性在传统文化中的家庭地位。

一件独龙族民族手工艺品需要经过选材、融合现代审美的设计、营销、销售等步骤才能进入市场。"klee klee"并不希望将"慈善"成为"naze naze"项目商品的卖点来赚取顾客的"同情式一次性消费（捐赠）"，而是要在设计中融合独龙族民族特色与现代审美风格，用品质和设计赢得消费市场的认可。因此，想要与市面上许多"慈善属性"商品作区隔，"naze naze"项目所追求的是让消费者"拿得出手"且在市场上"卖得起价格"的好商品。

为了鼓励织女们持续精进自身的织布与设计水平，"klee klee"于2019年举办了一场"naze naze"独龙族织毯（布）大赛。一共有30名织女参加比赛，最终一等奖获得者是曾经参与过两次上海培训的织女——和秀梅。她尝试脱离传统独龙族喜好的鲜艳颜色"习惯"，选择了相对较为柔和且更符合现代市场审美观的同类色系。同时，她的作品仍然保有独龙族对于色彩搭配的独特风格，结合上海培训中所学习到的现代设计构图等原理，织出了一条非常符合当代审美标准的毯子。

这样的结果，不仅证明了"klee klee"发起的培训是正确的举措，也说明织女们经过培训，在审美融合与设计质量等方面的能力都发生了很大的进步。看到如此优秀的参赛作品与比赛结果，"klee klee"团队为此感到十分欣慰。团队知道，所有可持续生活理念的投入与教育，终将慢慢地在织女身上看到转变，这也使得"klee klee"意识到可以通过持续发挥"拓荒者"兼"孵化器"作用，探寻更多不同于以往（传统）的可持续生活与环保时尚的创新发展道路。

目前"naze naze"这一系列的商品生产体量仍较少，所以后端进行加工程序的工厂只愿意在非高峰期间承接订单。与此同时，织女们一般多在非农忙季节织布，这样一来一往，便产生了时间差。与过往相同，"klee klee"团队努力尝试找出解决问题的方案。目前的应对方案是，后续加工流程安排在

下一站，社会企业？
——创造共享价值的实践者

织女们完成所有毯子生产之后进行，这样可以把织布与后期加工的时间进行错位安排。然而，这并非最好的解决方案，也无法根本转变当前成品生产所面临的困境。

"naze naze"项目开展6年来，每年都为织女们带来了稳定的额外收入。但是项目本身还无法盈利，需要依靠"素然"的资金支持，所以总体效益仍非常有限。如何扩大可持续性效益？建立全职织女核心团队，让政府看到这种"创新试点"项目的价值，获得更多的消费者支持，提升相关商品种类与产量等，这些都是下一步要执行的方案。此外，"klee klee"团队还曾计划在当地建立公共空间，既可以作为独龙族妇女接受培训与工作的地点，也可以作为对外展示独龙族手工艺品的展览体验馆。总而言之，"klee klee"从"naze naze"项目中获得了许多宝贵的经验，这对于未来开发新的传统技艺传承项目积累了宝贵经验。

"klee klee"团队也相信，这条社会创新创业扶持之路的目标是共享价值的开拓，追求可持续环保的"生产队伍"中只有同行伙伴，没有真正意义上的竞争者，因为所有人在做的事情就是"共赢"。未来"klee klee"也希望能够继续发展其他类似"naze naze"的可持续生活项目。

可持续时尚 + 生产的慢哲学

虽然时下网络购物十分普遍，但"klee klee"依然专注于线下门店的经营，它倡导理性消费与可持续生活，因此至今仍坚持不采用任何打折与促销方式进行销售。

一位"klee klee"成员这样解释品牌理念："我们有自己的坚持，希望顾客能够理性消费，购买自己真正需要的商品，并且关注商品生产过程中对环境造成的影响。""klee klee"的服装设计很注重换季间穿搭的延续性，以增加每件单品的使用场景与寿命，从而提升衣服的使用率。

此外，部分"klee klee"的产品设计理念来自"遵循长效"。例如，每年店铺都会上架几款相同版型的牛仔裤以及用环保丝和环保棉制成的百搭款T恤。在向顾客介绍商品时，"klee klee"的店员会最先强调原材料的来源，再进行服饰设计讲解，接着分享该类衣饰的环保洗护步骤与相关知识，有时顺便会向顾客推荐环境友好型的洗护产品。对于"klee klee"团队而言，所有在店里的"分享"便是身体力行"klee klee"可持续时尚理念的重要体现，也因此，第一家门店也被他们称为体验旗舰店。

目前"klee klee"收入主要来自线下店铺销售，虽然有少部分的线上销售，但根据团队的反馈，这些线上购物的消费者最早都来自线下店的体验。这样的销售状态出乎许多人的意料，尤其是在中国线上消费越来越大行其道的当下，竟然还有这样一家"自主设计"服装品牌店可以"几乎反向"地回到以传统线下为主要销售渠道的状态。虽然"klee klee"当下只有两家线下店铺，但团队并不急于增加店铺的数量，而是更追求品牌的生命力。

同时"klee klee"也意识到了线上平台的重要性，正在尝试通过整合线上和线下社群的方式构建新的运营模式。例如"klee klee"开始着手建立会员体系，以拉近品牌与顾客的距离，也便于长期追踪、了解与掌握顾客对产品的反映。"klee klee"同时还希望成为可持续生产的倡导者，向同行分享自己的慢哲学——其实慢一点对地球更好，其实环保也没有那么难。

对仍然处于初创品牌发展阶段的"klee klee"而言，团队内部的凝聚力至关重要，这体现在每一位成员对品牌理念的认同感，从内而外地塑造品牌个性。当前，"klee klee"团队成员不到30人，队伍精简但功能俱全。其中设计和运营团队是独立运作的，生产供应链还需要与所属品牌"素然"共享，这样可以降低"klee klee"的产品生产成本。"klee klee"的发展策略是：一方面持续与同样秉持可持续时尚与生活理念的企业或组织，通过共建互助的方式推动国内可持续消费市场的发展；另一方面深入挖掘各地可持续技艺与文化，进行辅导与孵化。

为此，"klee klee"与其他理念相符组织持续举办多场展览活动，希望通过相互助力的方式，帮助彼此增加品牌"厚度"，逐步打造一个可持续生产与消费结合的生态圈，进而吸引更多志趣相投的企业或组织加入。

例如"klee klee"曾经在上海店举办了一次以"山货"为主题的展览，分享环保农产品的故事，传达对土地的尊重、保护和慢步调的生活观。非常有趣的是，"klee klee"还在青浦尝试体验经营一块环保农田，每周五可以为

下一站，社会企业？
——创造共享价值的实践者

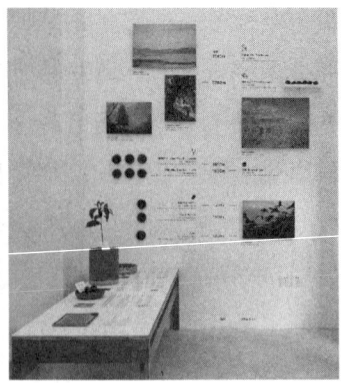

图 4-9 "山货（友善生态农产品）"的展览与共建合作

上门顾客供应一些新鲜的环保蔬菜服务。

还有比如与"多抓鱼"共同举办过一次有偿回收旧衣活动。在这次活动中"klee klee"的设计师将制衣过程中剩余的边角料制成拼贴风的包包进行限量销售，以推广可持续生活与可持续时尚的理念。

"klee klee"还与日本品牌"D&Department"合作，共同举办过一次以"好用"为主题的快闪店活动。"D&Department"是由长效设计之父"长冈贤明"创立，它遵循的理念是重新发掘旧物品的利用价值，不生产新的商品。店铺内的商品基本可以分为两大类：年代久远却能发挥长久效用的旧家具、具有各地本土特色的手工艺品。"D&Department"这一让旧物焕发新生的理念与"klee klee"不谋而合，双方很快地成为了经营伙伴，而"naze naze"的产品也在这次活动中获得了长冈贤明的认可。

总之，"klee klee"为我们带来了一个不同于以往的社会企业发展案例，看似企业社会责任的"naze naze"项目，但项目推动的核心理念、策略、路径与方式都充分表明了这不仅仅是个企业社会责任项目，它早已超越了企业社会责任的边界到达共享价值的领域。当然这与"klee klee"的出生及其运营理念有很大的关系。虽然未来发展仍然充满着挑战与许多未知数，但我们坚信"klee klee"和更多类似"naze naze"项目的组织或企业会继续不断出现在我们居住的这块土地上。

第四章　klee klee：从土地中长出的衣服

图 4-10　与"D&Department"合作有关"一方土壤有一坊好用之物"展览

与社会企业家的七问七答

作者：对你而言，社会企业是什么？

klee klee 工作人员：社会企业以解决社会问题为主，能够为社会带来共同利益。

作者：对你而言，社会企业家精神是什么？

klee klee 工作人员：怀有一颗尊重自然的心，不急不躁地实现心中的愿景。

作者：你对想投身信息无障碍事业的社会创业者的建议是什么？

klee klee 工作人员：相信自己的选择，专注地为目标而努力。

作者：创业以来，对自己而言最大的挑战是什么？

klee klee 工作人员：最大的挑战是如何平衡做公益与做生意。

下一站，社会企业？
——创造共享价值的实践者

作者：你想对自己的团队说的一句话是什么？

klee klee 工作人员：每一个人都能改变顾客的消费理念，每一个人都能为团队贡献自己的力量。

作者：你想对服务对象说的一句话是什么？

klee klee 工作人员：希望大家能够做有意识的消费者，思考每一次消费的意义，不随波逐流。

作者：你对中国未来的可持续生产与消费的思考和期许是什么？

klee klee 工作人员：中国的发展速度非常快，有越来越多的年轻人加入可持续生产的队伍，我对它非常有信心。希望更多的人能够真正地践行可持续生产与消费，也希望政府可以出台相关的政策一起推动可持续生产。

klee klee 共享价值分析表

解决问题		服装产业污染问题	少数民族文化流失问题
创造共享价值	识别需求	1. 服装制造过程的污染问题 2. 消费者过度购买服装行为问题 3. 服装材料不环保问题 4. 消费者可持续消费及可持续生活意识的提升 5. 环保政策及相关法律法规	1. 社会对少数民族文化保护意识的增强 2. 偏远少数民族地区发展困境
	手段	1. 使用对环境低消耗的服装原料，寻找更多的环保服装材料 2. 使用相对环保的工艺及流程生产衣物 3. 利用边角料和库存积压材料设计服饰 4. 增加服饰的使用场景，设计实用性高的衣服 5. 不采用打折等促销方式诱导顾客消费 6. 联合其他具有环保理念的品牌共同营销 7. 与集成店合作，拓宽商品国际销售渠道	1. 践行企业社会责任 2. 提升少数民族手工艺品制作技能及产品质量 3. 培养少数民族能人的管理能力和营销能力 4. 通过公平贸易收购手工艺品 5. 将少数民族手工艺品设计成符合现代审美的商品 6. 举办展览，传播少数民族文化

续表

解决问题			服装产业污染问题	少数民族文化流失问题
利益相关者			消费者、服装供应链、同行	少数民族、消费者、同行、设计师
产出	社会价值		1. 向服装供应链传播可持续生产理念 2. 向消费者传播可持续消费观念和可持续生活方式 3. 减少衣物生产过程中的环境污染和资源浪费	1. 保护和传播少数民族文化 2. 培养少数民族手工艺品的自主设计、营销及管理能力，提升少数民族的设计审美 3. 提高少数民族女性的家庭地位
	经济价值		1. 增强组织自身的财务可持续性 2. 可持续时尚品牌的建立 3. 扩大环保服装材质使用的市场 4. 带动可持续商品的消费	1. 提高少数民族手工艺品的市场竞争性 2. 增加少数民族收入来源
竞争力			1. 研发多项环保制衣工艺 2. 跨界展览活动的社会影响力 3. 拥有母公司的产业链资源和资金支持	1. 成功孵化少数民族手工艺品创业项目 2. 为少数民族专业赋能

第五章
赋启青年：助力青年撬动世界

"青年人决定地球的未来。""教育改变世界。"你是否和我们一样对这两句话深信不疑？这次要分享的社会企业"赋启青年发展中心"（以下简称"赋启青年"）便是致力于成为这两句话的实践者。青年人，他们带着热血、朝气、生机、不羁、创新且充满着无穷可能，是一群渴望探索未知、挖掘真相、思考人生、找寻价值和意义的一个社会群体。而在"赋启青年"眼中，"青年"的可贵之处更在于能够积极承担社会责任、改善社会问题、发扬民族自信与让世界变得更美好。当然并不是所有的青年都能找到打开自己最可贵之处的那把"钥匙"。于是"赋启青年"愿意为青年人们提供帮助，通过赋能教育平台搭建，陪伴青年成长，助力他们打造出那把只属于自己成长的独一无二的钥匙，协助他们找到能"撬动"世界并且让世界变得更美好的支点。

重回校园，扎根上海

陈双卯，赋启青年的创始人之一，来自宝岛台湾的一位充满活力与服务精神的青年人，认识他的人都习惯叫他"丹叔"。

丹叔出生、成长与学习在台湾，他在研究生阶段主修金融专业，因此，毕业后顺利地进入一家知名银行工作。在常人眼中，他拥有稳定的"铁饭碗",可以安稳地就此度过一生。然而,丹叔不满于每天重复着同样工作的状态,于是决定跳槽到一家小型银行的资本市场部,开始了从事与投资相关的工作。

从小被母亲提早"送入"股市并学习投资相关知识的丹叔,很快便熟练了新岗位工作的各项业务。然而2008年的全球金融危机,许多银行都被迫进行大幅度裁员。虽然最终丹叔的优秀表现使他安稳地留了下来,但他明白银行并非是他想要待一辈子的地方,于是他又开始寻找新的事业发展方向。

偶然间他发现,身边长辈的人生历练有许多值得学习与借鉴的地方,于是开始向许多身边的长辈请教,听他们讲过往的阅历与对自己的建议。最终,听取几位长辈的建议,他选择离开台湾到上海发展,开启了人生的新历程。当时的上海已逐步展现出身为亚洲金融之都的气势与格局,就业机会丰富,各界人才齐聚于此。然而考虑到当时国际整体经济局势仍在波动,对金融行业的影响依然较大,丹叔决定先读书学习,然后再就业。

经过几番考察与调研后,丹叔决定申请复旦大学国际工商管理项目班(IMBA)。2008年,就当丹叔准备开始他在复旦大学IMBA的学习生活时,祖国汶川发生大地震,看到身边许多人积极地参与相关慈善赈灾活动,甚至还有些朋友毅然决然地直接投身到灾区生命救援与灾后重建工作中,丹叔也决定加入学校MBA爱心委员会,为公益慈善活动贡献自己的力量。

而让他非常意外的是,这个校园社团的报名人数是如此之多,居然还需要"择优录取",不过凭借着过往的经历与其财务专业能力的优势,丹叔顺利地被社长选中。就这样,通过积极参与校园公益慈善社团各项活动,丹叔自此开启了自己人生发展中的"公益慈善大门"。

一次支教让他选择了教育创业

加入爱心委员会后,丹叔经常参与为汶川地震灾民募捐等相关慈善筹款活动。但一年下来,社团成员对简单的募款捐物的热度逐渐下降,对相关活动逐渐失去兴致。就在这个瞬间,如何把公益慈善做得更有意义的问题突然

下一站，社会企业？
——创造共享价值的实践者

出现在丹叔的脑海中，于是他开始琢磨这个问题并试图找寻到答案。

自此，丹叔和团队成员开始运用他们自身的专业能力与渠道开展相关调研。他们发现学院有一个长期合作的支教点，然而自从该项合作立项以来，学院只是单纯地向该地学生捐款和捐物，还未曾派人前往实地提供相关支教服务。丹叔和团队成员认为，支教只为当地学生提供助学捐款是远远不够的，甚至还有可能因此影响孩子们的价值观与自信心。他们决定改变支教形式，从过往的单纯捐款捐物资助，转变为除了捐款捐物外还调动团队成员真正地走进大山，为孩子们带去素质拓展等相关教育课程。

为了研发适合青少年素质成长相关课程，丹叔和团队成员筹备了半年——相当于当时普通支教筹备时间的三倍时长，借助相关专家的指导与参与，研发出了可以帮助青少年提升综合素养的短期课程内容。

接着他们把课程带到了宁夏西吉县的三合中学，举办了"我很棒"夏令营。在营中，孩子们通过参与教学内容的各种学习，变得愈加自信和快乐。看到孩子们的变化成长，当地老师和家长纷纷给夏令营五星好评。在那瞬

图 5-1 丹叔和社团成员与宁夏西吉县三合中学学生的合影

间，丹叔和团队成员内心充满了幸福感。

这次支教经历不仅为当地孩子们的健康成长提供了帮助，也验证了这套素质教育课程的价值与可操作性。丹叔和团队成员不忍心就此把它"闲置"或"荒废"，于是开始计划毕业后如何将它的价值继续发挥到更多地方，帮助到更多人成长。彼时摆在团队所有人面前的是两条不同的发展路径：一条是成为具有公益慈善心的志愿者，也就是大家在工作之余，每年相约固定前往"大山"进行支教；另一条则是直接把青少年素质教育作为自己的事业，进行创业，以全职的方式做公益慈善。

面对人生的新选择题，他们曾经非常理智地从多个角度分析创业的可能性，做了相关的市场调研，甚至还在出国访学时不忘考察国外的素养教育相关课程。在仔细评估整体与细分市场前景后，大家一致认为，素质教育服务不仅能创造社会价值，还能带来不错的持续经济收益。

为了检验这个构想的可行性，他们参加了当时自己母校（复旦大学）举办的创业大赛，结果冲进了四强，这一小小的鼓舞给予团队更多的创业信心和动力。而大赛的结果同时为团队带来了无息贷款和免费办公场地等福利支持，为初创业的团队解决了部分问题，也将丹叔及其团队推向了社会创业的道路。

毕业起航，创办复启

2010年，丹叔和伙伴们在毕业的当年成立了企业"复启教育"，专为青少年成长提供社会素质教育服务，填补学校教育的缺失和家庭教育的不足。

丹叔说，之所以注册的是公司而不是民办非企业单位（简称"民非"），主要原因有三：首先，注册"民非"必须同时获得一个业务主管单位的认可，而当时丹叔等人并没有相关的政府资源；其次，其家人认为公益创业无法带来稳定的经济收入，为了应对当时许多的条件限制，只能先放弃公益创业路径；第三，丹叔和团队更倾向于用商业思维来完成社会使命，这样组织才能持续发展壮大。此外，团队还针对组织的运营模式进行了分析。首先，市场是块炼金石，能够检验课程的质量与成效，因此能通过市场竞争甄别出

下一站，社会企业？
——创造共享价值的实践者

来的好产品（服务）才是"真本事"。其次，市场化运作可以为组织带来收益，保障组织运作，组织发展稳定了，才能为更多孩子提供服务与帮助。因此"复启教育"所有的课程产品都按市场标准正常标价与收费，但为了保持创始初心，团队会定期为没有购买服务能力家庭的孩子免费提供公益课程服务。

在母校复旦大学的"陪伴"下，新生儿"复启教育"慢慢长大，除了获得许多老师和校友的支持，他们还被学校推荐，参与其他各类创业竞赛，陆续获得了上海市创业十佳新秀、天使基金雏鹰奖等荣誉。在为学校争光的同时，也为自己团队的创业之路打下了更坚实的基础。

"复启教育"在创业的一开始便顺利进入上海各区多所中学，为他们提供服务。然而，在多次的课程试讲后，课程的销售状况一般，实质的收入有限。团队发现，如果只是以同样的方式推广与销售课程，那么组织的后续发展很容易受限，因为没有足够且额外的资源（资金）能进行再投入，开拓新市场。正当团队陷入后续发展瓶颈之时，2011年"复启教育"迎来了新的发展契机，基于过往持续有效运用自身内外部资源和持续参与多项竞赛获奖的原因，"复启教育"完成了第一轮天使融资，由此，"复启教育"开始了市场拓展与产品课程升级上的投入。

经过团队多年持续不懈的自我"升级"，再加上市场对素质教育的需求逐步增多，愿意掏钱购买服务（课程教育）的顾客越来越多，这也为"复启教育"带来了业务转型发展契机。过往的服务多以B2B的方式进行，也就是"复启教育"与学校或其他教育机构签订协议，由学校或其他教育机构向"复启教育"购买课程服务，如今，随着个人用户的增量，"复启教育"逐步将服务重点从学校用户转移到了个人用户上。

2016年，市场上同类型教育企业的数量上升快速，市场竞争更加激烈，直接影响了"复启教育"的用户数与营收。经分析发现，过去"复启教育"常用的广告投放方式所带来的经济效益越来越低，除此之外，团队还将大部分人力和资源投放在另外一个民非法人"赋启青年"（主要从事素质教育公益慈善行动）的组织发展运作上。这几项因素导致了"复启教育"发展速度逐渐放缓。如何解决"复启教育"与"赋启青年"运营交叉的问题？如何面对越来越激烈的市场竞争？如何调整"复启教育"的战略方向与自身定位？如何突破当前组织运营发展瓶颈？这都将是"复启教育"需要应对的难题。

重新出发，成立赋启

"复启教育"的第一个公益慈善项目是"青年领袖教练营"。他们与英国的国际救助儿童会合作，为青少年和儿童提供软性素质教育课程服务。这个项目的特点首先体现在赋能青年志愿者们，其次是通过"大哥哥与大姐姐"的引导与模范作用来提高教育课程的成效。这种借鉴国际经验，通过转化与调整以适应国内环境的教育方式，不仅突破了过往传统的软性素质教育的限制，也为国家培养了一批更具社会使命感、愿意投入社会实践以及身体力行公益慈善的青年人群。

每年"复启教育"都会按时举办几期"青年领袖教练营"，教练营的产出也获得了大家普遍认同，由此逐渐积累了一定的名气，甚至吸引了不少政府单位领导前来视察与调研学习。当时的杨浦区民政局局长还建议"复启教育"注册一个民非法人机构来运营这一公益慈善项目，并当众表示将为"复启教育"的"民非"注册提供相应的支持。

丹叔和团队接获这样的建议后，很受鼓舞，毕竟"复启教育"最早也来自支教这样的公益慈善活动，因此，团队很快便达成共识，接受了这一提议。另外，团队当时也认为注册"民非"后，会更有利于"复启教育"在公益慈善活动上的推广与实践，有利于更好地运营公益慈善相关项目。

就这样丹叔和一部分"人马"离开了"复启教育"，在2013年6月注册了上海杨浦区赋启青年发展中心（简称"赋启青年"），而"复启教育"仍由当时的其他创始人继续维护与运作。从这一刻开始，"复启教育"正式开启了与"赋启青年"在双轨（双法人）发展道路上的新进程。

有别于"复启教育"，"赋启青年"致力于青年自我发展和生涯规划，他们积极从事跨界合作，与教育界、企业界、公益界及政府相关单位合作，努力开展服务不同学龄阶段学生的一系列教育项目，以深度的体验式课程培

下一站，社会企业？
——创造共享价值的实践者

训，以及丰富多样的公益项目与职场实践，助推优质青年成为"领袖教练"，进而能"正向"地改变未来与世界。

刚开始时，"赋启青年"关注到了流动青少年群体的受教育需求。哪怕在上海这样的国际大都会，同样存在着这些被边缘化（获得的教育资源相对较少）的学生群体，他们跟随进城务工的父母来到上海，在有限的教育资源环境中，无法获得与当地孩子同样水平与机会的教育。为了填补这群孩子在现有教育机制下的学习成长缺失，缓解因为有限的教育资源所造成的机会教育流失，"赋启青年"为这部分学生提供自己的优质教育课程服务。

他们延续了"青年领袖教练营"的运作模式，先将青年志愿者培训成具备专业指导能力的课程教练，再由志愿者为流动青少年学生提供课程训练和陪伴。

由于是两个独立法人，脱离"复启教育"后的"赋启青年"失去了原有的资金支持，刚开始仅能依靠个人捐款维持组织运作。不过丹叔和团队秉持

图 5-2 赋启青年发展中心获得的荣誉和奖项

着当初创建"复启教育"的信念，同时带着一股不怕输的冲劲，在经过多次调研与探讨后，找到了一个或许可行的方案：参加公益创业大赛。"赋启青年"参考了国内外许多社会创业成功案例，把"参赛"视为一种积累自我能量、获得外界资源助力的方法。自此，"赋启青年"开始积极参与各项公益创业大赛，最终，在获得许多奖项之余，知名度逐渐提升，同时还获得了一些开拓市场的机会。

当时，"社会企业发展模式"的概念逐渐被国人从国外引入国内的公益慈善领域，这个概念让"赋启青年"又重新开始思考商业和公益的边界以及各自的定位与功能。"赋启青年"和"复启教育"都在青少年素质教育领域发展，不同的地方只在其介入的方式，分别是从商业市场与公益慈善两个方向切入中国青少年素质教育领域。这就好比人的左右手一样，一手为教育缺失青少年提供公益慈善素质教育和青年社会责任能力培养，另一手为研发更多专业的素质教育课程。几经思考后，丹叔以为不如将双方的模式融合起来，或许才能把各自优势发挥到最大。

于是，在"互惠互利"的前提下，丹叔与团队把原有的"双轨"运营模式进行整合，建立起了双法人共建的互助模式："复启教育"主要负责课程的设计、更新、研发和培训工作，向"赋启青年"提供专业课程支持；而"赋启青年"主要负责培养青年，为"复启教育"输送优质教育和榜样人才。如此一来，两家机构就能构建起资源整合、信息互通、市场与公益共同互助的双向循环运营机制。

赋启青年的"掘""匠"

现在"赋启青年"共运作五个项目，分别纳入两个系列——"掘系列"与"匠系列"。简而言之，"掘系列"希望通过连续性的专业营队课程和体系化的公益项目实践以培养青年人的领袖能力及公民精神。目前"掘系列"的内容包括"Diggers青年领袖教练计划""流动青少年同伴教育计划""高校社团公益细胞计划"。而"匠系列"则继续通过举办各类大学生创新创业竞赛、进阶相关能力培养课程和职场实践来锻炼青年人的商业思维、社会责任感以

下一站，社会企业？
——创造共享价值的实践者

及提升职场核心竞争力。当前"匠系列"的内容包括"JOBinn青年职涯加速计划""毕马威（KPMG）企业社会责任项目创新大赛"以及与其他合作伙伴共同举办的各行业前沿的大型展会等。

"Diggers青年领袖教练计划"（以下简称"Diggers"）是"掘系列"的核心，整个"掘系列"需要它才能盘活其他项目与活动，因此，"Diggers"除了设计持续更新、迭代与国际接轨的系列"养成"课程，还为参与计划的青年人提供丰富的实践体验和锻炼机会，目的是将他们培养成具有领袖能力和社会影响力的优秀青年。

总而言之，"赋启青年"希望通过这个计划培养出具有领导力、教练技能、动手能力、设计思维、协作意识以及公民精神的专业志愿者。丹叔和团队相信每个年轻人都能够向内"挖掘"自身的优势，并通过这些课程和实践项目获得持续磨炼自身的机会。"Diggers"自发起9年来，已经获

图5-3 "青年领袖计划"——培养优秀公益青年的Diggers营队

得 2 万多名优秀大学生的争相报名参与，目前已培养了超过 1500 名"青年领袖"。

"流动青少年同伴教育计划"则是"赋启青年"坚持初心的又一个项目。这个项目旨在解决上海日渐增多的流动青少年在社会融入、心理健康、职业规划等方面的实际问题。参加"Diggers"的青年会志愿为这群流动青少年提供课程培训和引导式陪伴。通过系统性的专业培训，"Diggers"青年可以专业且有效地帮助流动青少年了解不同类型的职业与岗位，发现孩子们对于不同职业选择与就业发展理解中的问题、误解、刻板印象等错误认知。在这些发现基础上，"Diggers"会通过理性分析社会需求、职业问题、行业发展等方式，逐步带领他们找寻可能的解决方案，进而提升他们的问题解决能力。这个计划自发起以来，已经为 1 万多名流动青少年提供了长达 950 人次引导和陪伴的志愿服务。

"高校社团公益细胞计划"是"赋启青年"依托多年深耕高校青年群体的经验，针对全国高校发起的公益青年孵育行动。通过共建、共享、多元化的公益青年生态，拓展公益青年的社会参与方式和途径，有效提高公益青年

图 5-4　同伴教育项目 KPMG 志愿者与流动青少年指导讨论

下一站，社会企业？
—— 创造共享价值的实践者

的公益慈善参与意识和能力。这是一项促进青年人实际参加公益慈善行动，孵化青年自己的公益社会实践项目。

"JOBinn青年职涯加速计划"（以下简称"JOBinn"）是"匠系列"的核心项目之一，是针对即将毕业准备踏入职场的大学生与企业不同需求间的信息交流障碍、能力不匹配等相关问题所提出解决方案的项目。"JOBinn"的目标是培养出兼具商业逻辑和社会责任感的职场领导者。"赋启青年"希望通过自身跨界商业企业和公益慈善两部门的资源，丰富学生们对职业的认识，加深他们对职业发展生涯的理解，完善他们在职场所需的必备技能，同时发挥他们的个人优势和特长，提升职场核心竞争力。

"赋启青年"还与毕马威（KPMG）长期合作举办企业社会责任项目创新大赛（"KPD大赛"）。参赛学生需要围绕企业社会责任与联合国可持续发展目标设定参赛主题与内容。在自主设计的项目实践中，参赛同学能够获得一个社会服务项目从"零"到"落地"的全过程体验。除此之外，"赋启青年"还借助这样的平台，通过各行各业优秀导师及评委邀请机制，增进大学生进入知名企业、公益基金会或社会组织的实习与就业机会。

"掘系列""匠系列"的内容与细节都是丹叔和团队经过一遍遍、一轮轮不断打磨的。在各项产品的开发及运营过程中，他们常常需要面对两项大挑战。如何在团队人数相对较少的情况下完成多项课程设计是"赋启青年"所需要面对的第一个挑战。如何对来自不同地区、不同家庭背景与经济条件的学生进行"因人施教"，课程内容与服务符合多元需求是"赋启青年"所需要面对的第二个挑战。

丹叔与我们分享时说到，他们团队曾经试图寻找出所有产品和业务之间的共性来明晰"赋启青年"的整体市场定位，他们最终找到了"赋启青年"服务对象的共性，即他们都是属于想要挑战及改变自我、影响他人、服务社会的青年人。当团队明确了这一点后，"赋启青年"把所有的产品和业务重新聚焦到为这类青少年和青年人赋能的服务工作上，帮助他们在实现自己理想、成为更优秀的人的同时肩负起对国家、民族、社会的责任与使命感。

除了组织内部的困难和挑战外，"赋启青年"还面临着外在环境带来的竞争压力。丹叔认为，虽然市场上出现越来越多针对青（少）年素质教育的相关企业，但由于运作模式的差异，并不真的存在直接竞争状况。"赋启教育"所要面对的真正环境压力其实来自"时间"和所有中国学生普遍需要面临的升学压力，其实这两种环境压力是所有做素质教育的相关企业都需要面对的。在时间方面还有部分家长曾经表达出想在短期间内让孩子"速成"所有的课程；在升学压力方面，父母往往更注重"刚性"的学科成绩，倾向于给孩子报名各类"硬指标类学科"的补课班，这意味着，能留给素质教育的时间将会随着孩子们的课业压力提升而被压缩、减少，这种现象尤其在越接近中考和高考的孩子身上越为明显。因此，如何通过创新探索或找寻不同的思路来从容地应对这两个环境压力，是丹叔及其团队需要面对的问题。

直面挑战，各个击破

"赋启青年"目前共有14位全职员工。其中大部分年纪较轻的员工是"赋启青年"自己从"Diggers"项目中培养出来的优秀代表，因此对"赋启青年"的归属感更强，能更快适应各项任务，同时更能精准掌握"赋启青年"在所有项目发展中的节奏与核心。

在市场业务开展方面，"赋启青年"具有明显的"人数优势"。第一个优势是"成天"与青（少）年们为伍的"赋启青年"，它具备一定专业社群运营与维护的能力，因此，当需要承办大型论坛、会议与活动时，"赋启青年"都能很快地招募到量足、质好、水平整齐的大学生志愿者参与。第二个优势在于"赋启青年"的所有团队成员都具有跨部门通力协作的能力，当某项工作人力"吃紧"时，其他部门成员都可以顺利进行"补位"，共同完成工作任务，整体工作互助的氛围非常良好。

而"赋启青年"的不足也和它的优势相关。首先由于社群规模逐步增大，社群的内部不免出现"小团体"间相互排挤的情况与摩擦事件的发生。为此，"赋启青年"需要采取分散各个"小团体"部分注意力到项目活动指

下一站，社会企业？
——创造共享价值的实践者

图 5-5　一年一度"Diggers"（迪格）狮友会感恩跨年趴

标上的策略，同时不断强调社群基本规则，要把大家的"心"都聚在一起。第二个不足的地方在于许多成员目前还无法做到完全独当一面的状态。当然，这也与我国社会组织发展普遍面临的困境相当，因为薪资水平较低、职业发展空间有限而难以招揽或留住优质人才。"赋启青年"面对"送别"优秀成员的时刻，总是悲喜交加。"喜"的是，在加入"赋启青年"的这段时间里，成员们获得了很大的成长与进步；"悲"的是，因为这些成员足够优秀，所以他们即将前往更高的平台发展，选择与"赋启青年"告别。每当在"送别"时刻，丹叔总是像"嫁女儿"般，既舍不得又衷心的祝福这些"孩子"能有更幸福美好的发展。

"赋启青年"60%的收入来自商业企业购买服务，20%左右来源于基金会支持，20%来源于众筹。由于"赋启青年"所服务的企业规模较大，比如阿里巴巴、华为、埃森哲等，面对这些行业指标性企业的高服务标准要求，"赋启青年"的团队必须持续提升自我的服务专业水平与强化团队的跨界沟通与协作能力，进而实现组织发展的下一个目标——与企业合作开办更多校园社会创新实践项目。

此外，"赋启青年"正在研发线上教育付费产品。2011年线上教育刚刚兴起时,"复启教育"曾做过一些尝试。当时线上教育的相关软硬件技术还不够成熟,因此,有许多不可控的问题找不到有效的解决方案。此外,丹叔和团队成员都认为,许多素质教育的场景都只能在线下来实践,线上的效果非常局限,因为无法确保线上教育课程能够接近传统线下教育的成效,"复启教育"最终仍然坚持只选择线下教育模式进行推展。然而,回想当时的决定,丹叔还是表示有些许的遗憾,因为错失了线上教育早期布局的契机。然而,丹叔也并不后悔,因为能在组织发展的第一阶段打好线下课程的基础,才能有机会持续观察线上教育科技的发展状况以及找寻更加适合投入的时间点,而这个时间点或许也将成为"赋启青年"业务开展的转折时刻。

谈及未来规划,丹叔提到现阶段最重要的任务是扩展业务规模,所以"赋启青年"迫切地需要更多专业人才的加入。2020年,丹叔邀请了不同领域的专家加入理事会,这样在决策中就能获得更多不同专业角度的发展观点和建议。

总体而言,丹叔在自己的创业道路中、在项目推展的过程中见证过无数青(少)年的蜕变和成长,他相信"赋启青年"所强调的素质教育理念与摸索研发出来的模式能够有效激发青(少)年人的内在驱动力与优势,除了能帮助他们养成未来发展所需的综合能力,还能使他们具有时代的担当。当然丹叔仍多次强调,孩子们的变化虽然他都"看在眼里",但真正的变化与进步还是需要通过更多客观的评估指标和分析报告来衡量,为此,"赋启青年"也计划探寻用许多不同的量表来评估学员参与项目前后的差距,希望用数据来证实"赋启青年"教育模式对青年成长的事实,借此向许多企业的人力资源部门证明,公益实践简历、素质拓展实践等经历才是企业更应该看重的核心要点。

与社会企业家的七问七答

作者:对你而言,社会企业是什么?

丹叔:不管是用什么样的主体,社会企业是用商业创新的模式,去解决社会问题的一个机构。

下一站，社会企业？
——创造共享价值的实践者

作者： 对你而言，社会企业家精神是什么？

丹叔： 一句话，就是创新，因为我觉得社会企业它本身就是创新的，就是如何用创新的思维去办社会企业。

作者： 你对想投身社会企业的创业者的建议是什么？

丹叔： 创业不易，他们应该带着更多思考来创业，比如在国内社会企业到底代表什么，有什么相应的资源，有什么优势与劣势，国外优秀的案例能不能引到国内来做，如何拓展未来的影响力和投资，等等。总而言之，谋定而后动非常重要。

作者： 创业以来，对自己而言最大的挑战是什么？

丹叔： 最大的挑战就是平衡工作和个人生活。因为创业几乎占据了生活的全部时间，没有陪伴家人的时间。

作者： 你想对自己的团队说的一句话是什么？

丹叔： 我们的愿景是想让青年成为撬动世界的支点。而这个支点最下方的支撑处就是我们的团队。所以我们要努力提升自己的专业能力与影响力，这样才能培养出更多的优秀青年。

作者： 你想对合作伙伴或服务对象说的一句话是什么？

丹叔： 如果你们要想找好工作，就来"赋启"。

作者： 你对中国社会企业发展的未来思考和期许是什么？

丹叔： 还是蛮有希望的。因为中国的变化很快，学习新事物的进度也很快。如果社会企业是世界未来的主流的话，中国一定不会置身事外的。而且一旦参与进去，中国一定能交出非常好的成绩单。

赋启青年共享价值分析表

解决问题		素质教育缺失	大学生职业发展困境
创造共享价值	识别需求	1. 社会实践的需求增强 2. 学校对社会实践的重视 3. 父母对素质教育重要性的认知	1. 兴趣与专业不匹配 2. 专业与就业不匹配 3. 能力与用人单位的期许不匹配 4. 就业培训不足
	手段	1. 开发素质教育课程 2. 举办青年素质教育培训 3. 培养青年志愿者 4. 为流动青少年提供职业、心理及素质教育	1. 针对大学生就业需求开发培训课程、举办集中式训练营 2. 通过协办各类比赛及公益活动,为大学生提供职场实习工作机会 3. 在高校建立和运营志愿者社群,提供就业培训指导
利益相关者		青少年(包括流动青少年)、大学生、中学	大学生、企业、社会组织
产出	社会价值	1. 提高青少年的综合素养 2. 提升流动青少年的综合能力 3. 提高大学生的志愿服务能力	1. 提升大学生的综合素质,培养职场技能和核心竞争力 2. 帮助大学生做好就业选择及职业规划 3. 培养大学生的社会责任感,提升志愿服务能力 4. 为大学生提供低成本的能力提升渠道
	经济价值	增强组织自身的财务可持续性	1. 促进大学生就业 2. 提高人才和企业需求的匹配度
竞争力		1. 素质教育课程开发能力较强 2. 服务多所中学和技术学校的良好口碑 3. 拥有专业的顾问团 4. 拥有大学生志愿粉丝团	1. 拥有嵌入多所高校的社团网络 2. 服务多家知名企业的良好口碑 3. 拥有大学生志愿粉丝团 4. 拥有不同专业的职业导师志愿团

第六章
一出学社：让困境学生爱上学习

当人们面对身处困境中的孩子时，很容易只关注孩子身上的各种各样的问题、缺点、坏习惯与无法理解的情绪，从而以指责的方式来对待他们，甚至直接给他们贴上了标签，比如"不努力""不懂事""没脑子""被宠坏了""没家教""坏孩子"等。师长们在处理这些被标签化孩子的问题时，也常常会陷入无能为力的困境，而在此过程中也容易导致所谓的冷暴力、肢体暴力或言语暴力的情况发生，这反而容易强化这些孩子"身上"的状况。其主要的原因在于人们常认为这些状况是孩子自己本身的问题，例如"不听话""不努力""不尝试""不按规矩行事""好动且坐不住""贪玩不认真学习"等，因此常会采用一些治标不治本的应对措施及方法。这一切在"一出学社"看来，存在许多误解与误操作，人们应该花时间静下心来与孩子们一同去找寻这些行为产生的原因，而不是急躁地干涉，一次性地快速解决这些孩子身上的"问题"。"一出学社"希望以自身的理念与专业服务，给予这些孩子及其家人另一个成长及转变的机会。"一出学社"团队也用实际行动证明了他们的信念，在合适的教育环境下，每个"困境学生"都能重新爱上学习且能逐步成长茁壮。

蓦然回首的教育梦想

从小到大,吴霞一直是家长们口中的"别人家的孩子",乖巧懂事,成绩优秀。她的父亲毕业于北京大学,从小母亲便不断地给她"灌输"要"青出于蓝而胜于蓝"的理念,而吴霞也非常争气地以高分考入北京大学金融系。

但在高中时期,她最想报考的学校是北京师范大学,因为她的愿望是成为一名高中老师,她相信好的老师能够影响学生的一生。但老师和亲人们都劝她选择自己分数能考到的"最好大学",不要浪费了努力争取考得的"分数"。当然,最终她也听从了"大人们"的建议考取了北京大学,如周围师长们的期盼一样,顺利进入了当时最热门的金融专业就读。

回想高中学生时代的自己,吴霞比喻自己就像一只在努力向上飞的风筝,每天都在为考上北大而努力学习。然而在得知被北大录取的那一刻,她身上一直拉紧她的那根绷着的弦突然断了,家长与老师设定的人生目标完成了,今后还有也要这么努力的其他目标吗?此时的她找不到答案,也失去了接下来继续努力学习的动力,陷入了不知何去何从的状态。

大一是她人生中度过最颓废的时段,最终导致大一选修的每门课程成绩才"将将及格"。见到这结果,父亲建议她转学到美国深造,希望通过不同于国内教育环境的氛围,能帮助她重新开启新的大学生活。吴霞自己也知道,那也是一次给自己从头开始的机会,于是她便开始努力地准备美国大学申请相关工作,最后进入了美国弗吉尼亚州立大学。

转学后的吴霞,为了重新开启新的大学生涯,于是重新启动了"学霸"模式,几乎所有课程的成绩都是 A 或 A+。令她没想到的是,作为中国人的她,竟然在"中国历史"这门课程遭遇了"滑铁卢"的成绩。原来美国的历史课老师非常重视培养学生的批判性思维,而吴霞以往接受的历史教育更多以"背诵"相关的历史知识点为主。这个挫折让她切身体会到了当时中美在教育上的差异。"其实很多事情没有是非对错之分,我们应该从不同的维度思考同一件事情,理解不同利益相关方的立场",由此人们才能相对更完整

下一站，社会企业？
——创造共享价值的实践者

地了解历史的整个面貌，人们也才能从历史中获得更深刻的启发与触动，吴霞说。

这段异国求学之旅还让吴霞感受到，在具有多元价值观的社会里，人更能顺从自己的内心，选择自己喜欢及感兴趣的人生或生活方式。毕业后，她的许多同学纷纷选择了自己所热爱的事业，而不单从薪酬水平、社会地位等社会价值观来选择工作，但吴霞最终还是遵循着中国的"传统社会价值标准"，选择了一份人们口中的好工作——精算师。

凭借着出色的能力和优秀的业绩，她很快就成为公司里最年轻的经理，还被调回北京的分公司负责运作新项目。然而这样紧锣密鼓的一系列工作和生活方式并不能让她感到幸福快乐，而是十分疲惫和无趣，她逐渐明白，"这"或许并不是她想过的人生。几经思考后，她选择离开当时的职业。

辞职后，吴霞去西藏自驾旅行。曾经有人说，西藏是离天最近的一块土地，通过去往西藏的旅程，人们或许能找到属于自己人生的方向或得到自己想要的答案。吴霞在去西藏的路途中充满了惊险，她和伙伴们遭遇了一次车祸。"虽然人好在都没什么事儿，但其实对我个人来讲，可能那个时候感受到了人生是充满意外的，我希望接下来做的事情是我特别热爱的事情，而不再是别人眼中正确的事情。"她这样与我们分享她当时的想法。

于是她选择了从小就喜欢的事业——教育。"我在公司时有过从零开始的一个全新项目业务的（开展）经历，这也给了我一些（决定）创业的信心。我发现自己还是有一些创业者的特质，比方说冒险精神，然后我也能够接受这种不确定性，我（的个性中）也有（具备）很强的韧性，所以我就觉得其实可以（尝试）探索教育创业的可能性。"她说。

于是她报考了美国西北大学的 MBA 项目，这个项目的课程体系就像是为社会创业者量身定制的一样，让吴霞得以从无到有地构建自己的教育企业雏形。在这个过程中，吴霞遇到了一位重要的人，一名来自"一初教育"的创始人，也是后来的合作伙伴——任竹晞。

和吴霞一样，任竹晞高中时就读于北京最好的一所中学，高考也顺利考入了清华大学。大三时她休学了一年，进入国际青年组织 AIESEC 美国总会工作。任竹晞非常喜欢 AIESEC 的教育方式与氛围，尤其是强调培养青年人的独立意识和自由探索精神，也因此，她对教育投入的热情被点燃，转而申请了哥伦比亚大学教育学院的硕士课程。

毕业后，她回国创立了"一初教育"，希望通过"项目式学习"，引导学生在实践中探索与学习解决问题之道，进而提升学生的综合素质。经过交谈与相互认识后，仿佛找到了知音，吴霞非常认同任竹晞从事教育工作的理念和由此产生的教育创业目标。"越来越多的人被培养成了精致的利己主义者，我们希望培养学生的自我认知能力，还有社会责任感。"就这样两人一拍即合，吴霞加入了"一初教育"的团队。

从"一初教育"到"一出学社"

成立之初，"一初教育"以开展社会创新课程和实践项目为主。他们帮助身处学习困境的学生寻找社会议题，给他们提供调研、设计、执行以及评估的工具和方法，通过项目式学习，学生们解决问题的综合能力得到了有效提高。例如，有一组同学对空气污染问题感兴趣，于是他们设计出了一个传播雾霾小知识的电脑桌面宠物"霾霾"。还有一些学生认为家长与孩子沟通早恋问题的方式不恰当，他们就把一封教家长如何跟孩子沟通早恋问题的信伪装成一封情书，放在家里最显眼的位置，通过这种方式和家长进行"早恋"问题的交流与分享。后来"项目式学习"的概念在国内教育圈逐步"走红"，"一初教育"便开始承接针对教师的培训工作，以帮助更多教师学习"项目式学习"的理念与方法，并应用于实际教学工作。"一初教育"也同样希望通过这样的教师培训方式，能扩大且影响更多人对于不同于以往的教育理念的认识。

然而，现实总是比理想更"骨感"。广大的中国学生仍然处于以"应试教育"为主的环境下，他们每天需要面对机械且紧密式地学习，目标当然只有一个，考取更好的成绩，进入最好的学校。在这样的教育体系下，吴霞和任竹晞所推行的"全人教育"，说实在的，并无法为学生带来成绩上的实质提升，"一初教育"所推行的自我认识、市民意识与社会责任担当等理念也并不在当下学生及家长的迫切需求点上。另一方面，部分曾经接受培训的

下一站，社会企业？
——创造共享价值的实践者

老师也不全然认可这种不同于以往的教育理念与方式，因为，这并不能直接帮助学生有效地提升学业成绩以及完成老师的教学任务，反而增加了许多教学负担、工作量与任务考核压力。

这些现实情况表明无论是"全人教育"还是"项目式学习"的理念，似乎并没有真正获得大家的认可，于是吴霞和任竹晞想走入学校，更深入地了解学校与学生的需求。正好有位校长邀请她们到学校做"全人教育"的项目，于是她们便决定带着团队走入这所学校，全身心地投入这项教育实验中，希望借此机会能够更实际地了解学生和老师当前学习生活细节，同时希望通过这样实地参与"全人教育"的实践与试验探索下一步教育创新发展途径。

进入学校后，团队迅速开展相关介入性指导与陪伴。吴霞她们很快发现，学校三分之一的学生被人们列为"差生"的状态。这些学生成绩不好、厌学，患有焦虑症，甚至常有打架斗殴等行为发生。此外，吴霞和团队也发现，这些孩子因为长期处于"差生"的标签下，需要经常面对教师和同学的嘲笑、排挤和歧视的眼光。而"不听话"的学生要接受停课两周处罚，两周后如果这些受罚的学生没有改变自身的学习态度，就要面临被继续停课的处罚。为了帮助这群学生能够重新获得成长的机会，改变"教育"常被许多人认为"概念听起来很好，但不实际、操作不行"的误解，"一初教育"决定从这群"被长期放养"的学生身上，实践自己的教育理想与抱负。于是在"一初教育"来到学校后这群学生获得了前所未有的"关心""陪伴"与"赋能"。

首先，"一初教育"的第一个"实验性干预"是社交情感学习课程，团队成员希望教会学生们认知自己的情绪、学习沟通方法来缓解他们的厌学、焦虑等不健康的心理状态。除此之外，每个团队成员各自也开展了一些不同于传统教育方式的实验性教学干预。

当时，吴霞遇到了一位被停课好几周的学生，那时候的他，数学和英语考试成绩都是"个位数"，而且经常和老师发脾气与产生争执。通过仔细地观察与分析，吴霞发现这个学生非常喜欢唱歌，甚至有想参加艺考的想法。于是，吴霞带着他与一名艺术专业的老师交流，了解艺考的基本要求并陪伴他去参加学校合唱队的面试。在与艺术老师交流后，这位学生才知道原来艺考对数学和英语考试也有基本分数线的要求，于是他答应和吴霞一起从初中数学和英语开始学，把过往缺失的基础学科知识尽快地"捡起来"。有了学习目标后，他也意识到，只有通过自身的努力学习，才能够达到自己的目标与理想，于是他开始逐步地投入学习中，从过去的不做题，进步到每周都能做完100多道数学题，而且还会用错题本工整地记下曾经做错的题。随着这些进步，他的整个学习状态也产生了变化。

后来，好几个当时很"出名"的"数学学困生"也都"慕名"而来，主动希望参加吴霞老师的数学课，一同为自己的课业进步努力。当越来越多个案开始愿意尝试，希望借助吴老师的帮助与启发能够"转变"或"找到"自己人生方向时，吴霞和团队都知道，实践教育的介入正在发挥作用。后来，不仅吴霞老师的数学班大受欢迎，另一位团队成员组织的学习小组也取得了不错的成绩。这个学习小组从最初的3个学生逐渐扩增到了12个学生。更关键的是，参与学习小组的每个学生都努力地认真学习，希望也像其他同学一样从此转变自己成绩不好的状态。当学习氛围热络时，有些学生甚至还愿意到讲台上给其他学生讲题，帮助其他同学也能顺利解题。

曾经有一位男学生甚至为了参加学习小组跟他的朋友说，很抱歉没办法在下课后一起回家，因为要参加课后学习小组，结果，他的朋友直接和他一起加入了课后学习小组。最终，他们俩的学习成绩都进步了，数学成绩还高于年级平均分30分。这些不断发生的转变与成效给"一初教育"带来了极大的惊喜和信心，也让该校校长、老师和家长们感到不可思议，怎么这些"差生"通过"一初教育"老师的指导后，就像是被施了"魔法"一样，变成了另一种学生了？

"一初教育"将这群老师眼中的"差生"或被称为"困境学生"的孩子转变了。根据实际观察与分析，吴霞和团队了解到"大人们"口中所谓的"困境学生"的困境状况有三种：学习困难、情绪障碍（心理困境）和行为问题（如打架斗殴）等。吴霞和团队用行动证明了"困境学生"也能爆发出惊人的成长与转变潜力。然而，根据实际调查结果，团队也发现，其实这些教学方法以前也都曾在学校内部推行过，但是都以失败告终。而"一初教

下一站，社会企业？
——创造共享价值的实践者

育"之所以能比在校全职教师创造更多"奇迹"的核心在于，建立真正良善的师生互动关系。学生信任老师，愿意把自己的未来托付于老师的指导与要求，而老师也"相信"这些孩子的发展与进步，而不是简单地"贴标签"或表现得无能为力。因为"学生信任老师，就会接受老师的教导，老师才能因材施教"。此外，"一初教育"团队的每个成员都更加关注学生的心理状态和学习动力变化，从而能实时且有效地更新"教育介入"的方式、视角和时机。

虽然这个项目的成果丰硕，许多学生也因此有了很大的改变与进步，但很可惜的是，最后学校并没有继续采纳并推广他们的教育理念，还是坚守着传统的教育模式。当然这样的结果是令人气馁的，但"一初教育"团队也能理解，毕竟"突破常规"改变整个学校的教育理念风险太高，学校本身较难承受这样的风险压力。与此同时，绝大部分学生还是能在原有的教育体系下获得不错的成绩，许多老师和家长也担心或害怕太大的教育模式调整与变化带来的不确定性。

经过了许多尝试与实践后，"一初教育"的团队也在不断地思考：如何才能找到更适合的突破口，继续开展所提倡的教育理念，来帮助更多"困境学生"？最后，吴霞和任竹晞决定，为这群"困境学生"打造一个全日制的成长陪伴中心。因为不管是在私立学校还是公立学校，"困境学生"的成长和学习需求经常被现有的教育环境忽视或边缘化。面对"走投无路"的困境时，他们的家长经常会病急乱投医，选择一些并无资质的教育机构，这些教育机构的老师为了达到分数提升的目的，容易使用一些不当的教育手段，最终造成学生更多的伤害或抵触。因此，团队最终决定要为这类学生提供更适合且正向的教育陪伴服务，跳脱传统教育环境的限制，给予这些孩子另一种接受教育和学习成长的机会。

吴霞和任竹晞的计划和决心打动了"一初教育"的所有人，2019年，"一初教育"升级为"一出学社"，从一个以自我价值与理念实践为导向的教育推广项目，转变成了一个以学生需求为导向的教育服务体。"一出学社"相信每个"困境学生"都具备无限潜力，都能有机会破茧而出，逐步成长为具备终身学习、为社会创造价值的优秀青年。

"困境学生"的成长乐园

"一出学社"的第一个目标是形成一个由20位老师和100个学生组成的师生共同体。在共同体里的老师和学生，必须遵循三个原则：开诚布公、成长型心态和为自己（我）负责。这些原则不仅必须渗透到"一出学社"所接收学生的学习和生活中，还需要渗透到整个团队日常工作和组织的发展中。学生和老师有同等的权利去打造"一出学社"的"模样"，比如老师和学生该如何相处，怎么才能更好地为学生提供课程内容，学习环境设置，等等。

师生们可以通过"一出学社"的"社区会议"来制定和更改师生们在学社里的学习与相处规则。一旦有学生违反了规则，而这位学生对老师或学社的处理结果持有疑义，也同时可以向会议申请复议。简单地说，师生共同体就是打造由老师和学生共同创建的一个相互学习和生活的学社"社区概念"。而这样的师生关系是许多学生无法在现有的教育环境中体会到的一种新的学习场域。

通过推荐与甄选后加入"一出学社"的孩子，一般会经历以下四个成长阶段：疗愈、目标、行动和结业。由于每个学生都有属于自己的独特之处，都是相对独立的个体，因此，他们的成长轨迹、过程、风格与机遇也都各不相同。有的学生会按照这四个阶段前后顺序循序地渐进成长，也有的学生会好几个阶段同时并行成长，也有的学生会出现"被困"在某些阶段的情况。总体而言，"一出学社"的团队为学生提供一个不同于以往的学习场域和"陪伴式学习成长"的伙伴们。

● 疗愈期

疗愈期一般是每个学生都会经历的第一个阶段，也是重获内心力量的重要步骤。特别要注意的是，不是只有有情绪障碍的学生才需要疗愈，对于那些学习困难、具备叛逆行为的学生来说，他们或多或少都从自己的原生家庭与过往的学习环境当中积累了不同程度的心理创伤。在"一出学社"里，学

下一站，社会企业？
——创造共享价值的实践者

生可以完全掌控（决定）自己的生活和学习方式，自主地选择所喜欢的课程和导师。导师则会结合专业的心理需求评估、家庭背景调查去探寻每位学生的成长需要，导师同时也需要在无条件接纳他们的基础上避免以批判的方式与孩子们进行交流。导师通过采用各种专业的工具与方法逐步与孩子们建立真实的信任感，疏导他们过往积累的负面情绪，进而做到引导孩子们认识自己并且接纳自己。

导师还会建立每个学生的个人档案，记录他们不同阶段的学习和心理状况，通过持续关注学生们的言行举止，以寻找到能促进他们成长的契机。吴霞将这个契机称为"赋能点"。吴霞说道："有些孩子因为不敢面对失败，（所以）常常（会下意识）选择（提前）放弃，其实他们（孩子们）需要的是改变对失败和成功的过度重视（定义），将注意力转移到过程（自我学习）上。"

如果学生存在某些认知偏差，导师会用一些辅导技巧帮助他纠正，例如让学生自己找出说话时的矛盾之处。此外，在"一出学社"里的其他伙伴间也会产生相互影响的作用。一名学生的进步或改变会同时强化另一个学生的信心。"至于学生什么时候能够（开始懂得如何）爱自己、接纳自己是无法预测的，因为这对于每个人而言都是一个漫长的人生探索（课题）。"吴霞说道。

除了导师的陪伴，学生还能参加丰富有趣的集体课程。现阶段，"一出学社"主要是围绕身心健康、社交情感和自我发展三个核心素养来设计不同的课程内容，但共同的课程教学目标都是希望能帮助学生寻找"内在成长动力"和"提升自身的社会适应能力"。

其中有一门非常受欢迎的课程叫"好好吵架"。在这门课程中，老师会教学生如何进行"非暴力沟通"。首先，老师会先"破题"，让在场的学生意识到，和人"吵架"也需要懂得如何"好好地吵"，才能"吵"到有"价值"和"效果"。而这样新奇的开场能马上获得在场所有学生的关注。接着，老师会帮助学生了解、分析在与家长沟通中经常出现的逻辑谬误，进而将孩子与家长的沟通方式（策略）逐步从"情绪且无效的宣泄"转变为能把诉求与想法说明清楚的"好好吵架"。

图 6-1 "好好吵架"课上同学们在用"情愿卡"练习积极倾听

还有一门课程叫"恋爱课"。相信这是一门即使在国内许多知名高校的课程体系中都不常见的课程，主要是帮助孩子学会认知自我、珍爱自己，因为人需要懂得爱自己后才能知道如何去爱他人。"虽然我们不是一个（专业）心理治疗（咨询）机构，但在学社的场域中学生都能（逐步地）得到心理（内心最深处的）疗愈。"吴霞说。

虽然在"一出学社"里，学生拥有许多自主选择权，但他们也必须遵守大家共同建立的基本规则，例如不能伤害自己和他人。"有些家长会在孩子犯错时进行言语上的批评，比如'这样不对''那样不好''怎么会做错了''你怎么还会错'等，却没有让孩子对自己的行为负责。"吴霞认为家长和老师应该让孩子有机会承担这些自己决定的行为所导致的后果，但师长必须在情感上仍然保持着接纳孩子的态度。这样孩子才能在有足够安全感的同时，能够更勇敢地面对错误与承担自己所造成的后果。这样的教育逻辑看似容易，却在许多现实的场景中很容易出现偏差，例如有许多家长会以"威胁"的口吻

下一站，社会企业？
——创造共享价值的实践者

图 6-2 "职业探索课"同学在 SOMEET "无意义大赛"中的实习

强调不能再这样子了，否则"我就不管你了""不要你了"或是"把你扔出去"，这些"反应"都会给孩子带来不安全感。相同的场景若出现在"一出学社"里，将会是另一种处理方式。例如有位学生对老师说了句难听的话或在学社里做出了很不好的行为，这位陪伴老师会这样回应他："你这样说（做）让我很伤心，我现在需要去休息一下，现在不能跟你继续讲话了。"老师必须懂得表达自己当时的真实感受，而不是直接给予这位学生批评或说出伤害他或破坏两人之间的互信或安全感的言语。这种非暴力的沟通其实更能让学生学会反思自己的言行，了解换位思考的重要性，进而有效引导他们承认错误并向他人道歉。

● 目标期

第二阶段是目标期，学生将在老师的引导下寻找学习的动力。"一出学社"围绕"深度学习"的教育理念，开设了多门选修课及活动课。这些课程与活动的目的在于帮助学生看见人生的多种选择，找到属于自己内心的未来目标。其中一门课程叫"职业探索"，老师会邀请不同行业的从业者来到学社分享自身的职业发展经历，同时也会带学生前往参观不同类型的单位，帮助学生认识不同职业的不同"面貌"，进而从中找到未来属于自己真正想要努力的方向。

还有一门课叫"惊喜课"，这是一门学生最爱的课程。在课程开始之前没有人知道课程内容，有可能是趣味数学、语文或英语，也有可能是舞蹈、动漫、摄影等兴趣类课程。如果学生对任何课程都不感兴趣，也可以选择"自学"，或是决定在学社内部开设自己感兴趣的课程。也就是说，学生需要通过"自学"来为自己感兴趣课程设立一门在现有课程体系外的课，这门课程同时也会获得其他同学选课的可能，而这位学生必须在"自己所开设"的课程中担任老师的角色，为其他同学授课。"只要是学生想得到的（学习），并且是合理合规的（课程内容），我们都会尽可能地支持他们（去完成他的目标）。"因为，只有通过坚定的目标设立，才会有后续努力实践目标的过程

图 6-3　在"职业探索课"中同学们参访谷歌中国北京办公室

下一站，社会企业？
—— 创造共享价值的实践者

图 6-4　在"化学魔法的惊喜课"上同学在老师的指导下动手实践

发生，这些孩子才能由此找到更适合自己茁壮成长的契机。

● 行动期

找到成长目标后，学生就进入了第三阶段——行动期。这个阶段以学科学习为主，老师们开设了语文、数学、英语三门课程，配合历史、电影鉴赏等选修课。这些课程的安排旨在培养学生对不同专业学科的兴趣，而不是要提升他们的学习成绩（分数）。许多"学困生"普遍存在基础学科知识不够扎实的情况，"一出学社"认为在进行更复杂或难度更高的学科学习之前，首先必须回到过往，帮助他们弥补基础学科知识的缺失。学生在基础学科学习中"重新开始"后才能走得更扎实并逐步获得成就感，此后也才有机会把该学科学习得更好，甚至达到举一反多的学习效果。

● 结业期

最后是学生即将"破茧而出"，进入结业环节。结业的基本条件是必须修满 20 个学分才能结业。学生不仅能以完成并通过课程来获得学分，还能凭借着心理成长的进步获得学分。这种方式非常"不传统",因为学分也可以来自自我内在的成长,而不只局限于外在课程的考核结果。

结业后的"出路"目前分为三大类:高考、留学和创业。大部分学生会选择继续学业并且准备高考。但这些规范并不是死的,所有的规范在"一出学社"里都是为了服务学生需求,围绕学生更好地自我成长而设置的。因此,当一名学生自己认为已经能够(足够)完成后续体制内学业时,他(她)也可以选择提前结业,回到原来的学校内与其他体制内学生一起准备高考。吴霞分享说:"一般学生在学社待了一年后都会有明显的变化(进步),他们多会选择回到原来的学校继续学业,而回到原来学校后学生的适应状态也都更好,因为他们知道世界上(已经)存在一群可以无条件地接纳他且爱他的人。这对于他们而言,跟过去相比已经有很大的差别了。"也有一些学生会选择留在"一出学社"为出国留学做准备。还有一种选择途径是直接创业或就业。吴霞的一位学生就非常擅长绘画,而且在学社期间,他的绘画能力已经使他能够依靠作品获得不错的经济收入。在这种比较罕见的情况下,只要学生已经准备好自己独立生活、自力更生、具备有效的职业规划与足够的专业技能,学生便可以申请结业并离开"一出学社",进入人生的下一个发展阶段。

教育创业要先慢后快

"一出学社"认为,创办一所教育机构,最重要的组成就是老师。"他们不像学校里的老师,只需要教好自己的学科,他们还需要学会观察和回应学生的表达与需求,同时还需要不断地完善课程内容和教育方法。"吴霞将现在的"一出学社"比喻为"(教育)产品的研发中心",通过实践检验出有效的教育方法和课程内容。所以"一出学社"的未来发展取决于能不能有效地复制与培养出更多具备同样教育教学理念的老师。

"一出学社"的导师团队中4人有过国外留学经历,8人在传统的应试教育体制中长大。创社两年多以来,他们做了一系列教育创新实验:不是只有上课才能获取学分,学生在生活中的任何成长都可以获得学分;不是只

下一站，社会企业？
——创造共享价值的实践者

强调规则和惩罚，而是和学生一起讨论规则设置与相应的激励制度；不是只学教材，还有选修及自创课程的学习空间；不是只有不断刷题来提升学科分数，而是重新开始打好基础和找到对该学科的兴趣点。

在学生成长的不同阶段，老师也会有针对性地学习他们所需的相关专业知识，提升自身的教学能力。有些时候，老师还是会处理不好学生突然发生的问题，但"一出学社"也会包容老师的错误并给予他们关怀和支持，为后续的自我成长与问题解决方案助力。吴霞说，在学社里许多老师会把学生的成功当作自己的成就，把学生的失败当作自己的失败，而我们希望老师在学社期间能学习如何把自己从这些情绪中剥离出来，调整好作为老师的心态，更有效地协助学生成长。

吴霞提到，"一出学社"发展目前所面临的最大挑战在于如何招收更多的"困境学生"。他们将学费定为 15.9 万元一年，这个价格相比较其他的教育机构并不算贵也不便宜。根据他们的调研结果，75% 的家庭年收入在 50 万以下，属于中产家庭，能够承担这样的学费。其实学费本身并不是最主要的问题，关键仍然来自有些"困境学生"的家长对棍棒之下出孝子的理念深信不疑。相比强调"无条件接纳"的"一出学社"，这些家长也更容易且倾向于选择"不听话就棍棒伺候"的"无良式（伤害式）"教育为主的同类补课机构。所以吴霞认为"一出学社"面临的挑战是如何提高市场认可度，希望让更多家长和社会了解到，孩子的教育和成长不是只有靠"伤害"才能达到"成才"标准。此外，"一出学社"需要面对需求不断提升的师资水平与质量。当学生顺利度过"疗愈阶段"后，学生的成长速度有时会加快到令许多老师来不及应对，因此后续阶段的相关课程设置及调整对老师的教学能力也提出了更高的要求。因此，"一出学社"希望所有加入学社的老师能努力坚持从学生的需求出发，为营造更好且优质的教育环境共同努力。

目前"一出学社"创立两年多，仍处于创业最初期阶段。吴霞和团队遵循着先慢后快的发展节奏，继续秉持着她们所认同的教育理念前进着。当前，她们的首要目标是建立并完善第一组师生共同体，对创始届的每一个学生负责，然后再复制和培养更多的后续师生共同体。

根据"一出学社"团队的观察与调研，广义的"困境学生"体量非常大，甚至超出许多人现有的认知。然而，目前市场上能提供有效的解决方案少之又少，因此，吴霞和团队相信"反转"这些"困境学生"、改善当前环境对"困境学生"的误解与漠视，"一出学社"还有许多的市场发展空间和大量的宣导工作要去完成。未来他们希望将研发出来的教育模式分享给更多的老师和家长，通过赋能学校和家长来逐步改善传统教育中的许多误解和负能量，从而可以更正能量地影响我们的孩子（学生）。

与社会企业家的七问七答

作者：对你而言，社会企业是什么？
吴霞：社会企业的商业模式必须契合社会使命，在追求社会目标的同时实现经济上的自给自足。

作者：对你而言，社会企业家精神是什么？
吴霞：脚踏实地，仰望星空。

作者：你对想投身教育行业的社会创业者的建议是什么？
吴霞：要有系统性的思维，能快速地迭代商业模式，灵活但又坚韧。

作者：创业以来，对自己而言最大的挑战是什么？
吴霞："一出学社"不仅促进了学生的自我成长，也促进了老师成长。学生就像我的镜子，他们会促使我不断地成长。这个过程虽然痛苦，但也很有成就感。

作者：你想对自己的团队说的一句话是什么？
吴霞：有你们真好。

作者：你想对服务对象说的一句话是什么？
吴霞：每个孩子都是无限潜力股。

下一站，社会企业？
——创造共享价值的实践者

作者： 你对中国未来社会企业和你所从事的行业的思考和期许是什么？

吴霞： 少做感动自己的事，多做真正有意义的事。

一出学社共享价值分析表

解决问题		"困境学生"教育问题
创造共享价值	识别需求	1. "困境学生"家长急迫地寻找解决方案 2. 前途渺茫的"困境学生"寻求改变现状 3. 市场缺乏满足"困境学生"教育需求的解决方案
	手段	1. 建立全日制教育基地 2. 采用创新的教育方式和工具 3. 建立平等、接纳的师生关系，共同打造学习和生活的社区 4. 将经验分享、赋能给学校教师 5. 通过分享会和读书会，把创新教育理念传递给家长 6. 举办短期的线下营地教育活动
利益相关者		"困境学生"、一般学生、家长、学校、教师
产出	社会价值	1. 帮助学生治愈心理问题和社交障碍 2. 培养学生的学习兴趣，找到努力的目标和方向 3. 传播创新的教育理念和方式，纠正老师及家长的错误教育方式和理念 4. 改善亲子、师生的对立关系 5. "困境学生"的反转，成为对社会有用的人
	经济价值	1. 增强组织自身的财务可持续性 2. 减轻家庭开销
竞争力		1. 封闭式的全日制教育 2. 创新且有效的教育方式和理念 3. 推动困境学生、家长与老师的共同改变 4. 投资者的相关资源支持

第七章
倾音：让每个人都能好好说话

在过去三年里，倾音团队的足迹遍布全国各地，来自9座城市24所高校的1000多名倾音语训师，为来自全国45座城市的600多名用户提供了语音矫正服务。整个过程中有欢笑也有泪水，有挫折的瞬间也有荣耀的时刻。"倾音"创始人杜心童，一位年轻活力又充满亲切感的"志气"大学生，她和她的小伙伴们，给自己的工作起了一个响亮且有意义的名字——Voice Changer（声音创变者）。杜心童和团队希望携手社会上许许多多的言语障碍者，一同挑战老天爷和他们"开的玩笑"和原本的"命运安排"，对抗社会上的"有色异样眼光"以及为社会融合的进步提供些帮助。

原来并不是每一个人都能好好说话

小时候，我们是不是都曾经遇到过"口齿不清"的同学或朋友？因为他们说不清楚话、说话发音不够标准或说话声调很奇怪而常常会引起周围同学和朋友的嘲笑、排斥以及异样的眼光。扪心自问，我们自己甚至也都曾经是嘲笑这些"说话有状况"或"讲话怪怪的"的人。

"95后"的杜心童，曾经梦想能成为像柴静那样的新闻记者，用笔和文字去发声，把相关社会议题和公众需要关注的事情"写"出来并帮助更多人了解事情的真实情况。然而，在考大学填报志愿时，她却"误打误撞"填

下一站，社会企业？
——创造共享价值的实践者

报了陕西科技大学的播音专业，但她并没有就此放弃自己最初的"记者梦"，依然积极地参与各类社会实践，接触许多不同的社会人群，并保持着对世界的好奇与疑问。

面对大二暑期社会实践选择时，由于此前发起的街头行动被学校认可和表扬，杜心童获得了独立发起暑期社会实践项目的机会。为了找到感兴趣且有社会价值的课题名称，她首先着手调研了当时不同类型的社会议题，在议题调研的过程中，她无意间在当地医院里发现了令她非常陌生的一类特殊群体——腭裂患者。

那一天，她在医院的某间病房里看到了一个低着头且很害羞的小女孩，小女孩不愿意开口说话。杜心童很想和她交流，于是就在本子上写下："你叫什么名字？"没想到小女孩立马也在本子上回复了她的提问。就这样两人你来我往无数回，用写字的方式交流了起来。

后来经护士告知，杜心童才明白，原来小女孩是腭裂患者，因为天生腭咽闭合不完全。虽然通过手术可以解决天生器官型构外观性的问题，但很难根本性地解决发音问题，受此影响，小女孩的说话较难说得清楚，使得小女孩常常会受到周围同学的嘲笑与排挤，久而久之，她就变得越来越不愿意说话了。

当杜心童第一次遇到这类特殊群体，打从心里的喜欢与这么一位善良可爱的小女孩交朋友，但突然也意识到，原来并不是每一个人天生下来都能"好好说话"。看着小女孩子低头不语的样子，她很是心疼，也萌生了想要帮助她（这类特殊群体）找到有效改善此困境的办法。于是她开始寻思：怎样才能让这个小女孩"好好说话"？

脑洞大开：她想培训言语矫正志愿者

为了更深入地了解这个特殊群体的情况，杜心童开始大量搜索相关资料，同时还向许多专业人士请教，还常常前往医院探访这些孩童。

从相关专科医生的分享信息中得知，虽然国内的腭裂患者总数不少，但是国内专业做言语矫正的医生却挺难找得到。杜心童几乎跑遍了西安市所有的大医院，最终发现只有两家医院备有专业的语训师。而其中一家只有1

人,而另外一家只有 2 人。

杜心童告诉我们,根据她所能获得的调研信息,中国的言语矫正师数量较少,全国总共才有 1 万人左右,相对而言,社会上有言语相关障碍状况的人数可能有 1 亿之多。在查找相关资料的过程中,杜心童也惊奇地发现,语音矫正的训练教育与播音发声学两个跨学科专业间竟然有很多相关专业知识处于重合状态。突然间,她脑海里迸发了一个从来没有过的想法:有没有可能让播音专业的学生,在经过病理及语言病理相关的专业培训后,结合播音发声学的专业知识和技巧训练,成为言语矫正志愿者呢?她希望能够通过这种路径为更多需要语音矫正的患者提供有效且当前紧缺的训练服务,以快速缓解语音矫正实施者人力资源不足的现状。

训练三天后,小男孩第一次喊出了"爸爸"

有了这个想法后,杜心童开始筹备后续的相关实施方案。首先,她在学校暑期实践项目立项的基础上,启动了初步为腭裂患者提供言语矫正的志愿服务。

为了学习专业的言语矫正知识,她带着项目书前往医院寻求专科医生的帮助。在第四军医大学口腔医院主任办公室门口"蹲了"整整一周后,最终主任被她的坚持和真诚感动了,同意了她对于相关专业知识学习的"请求"。

除了获得专科医生的指导与培训外,杜心童和队友们还不断地查找并阅读大量的相关专业书籍和文献,希望不断提升团队的相关专业知识。

那个夏天,杜心童和团队满怀期待又忐忑不安地在医院邀请了一些腭裂小患者担任志愿者,举办了第一期"小小腭裂患者言语矫正夏令营"。这是一次"尽所有可能做足准备"下的"胆大且创新"尝试,因为跨了两个不同学科专业,她们并没有十足的把握,只希望这次的志愿行动能为小小腭裂患者的言语矫正提供些帮助,同时也验证她们的假设是否能起到作用。

那次夏令营还发生了令杜心童记忆深刻的一件事,记得在夏令营进行的第三天,其中一名小男孩在志愿者的辅导下,清晰地说出了"爸爸,我爱你"这句话后,陪伴在小男孩身旁的父亲听后泣不成声。对那位父亲而言,

下一站，社会企业？
—— 创造共享价值的实践者

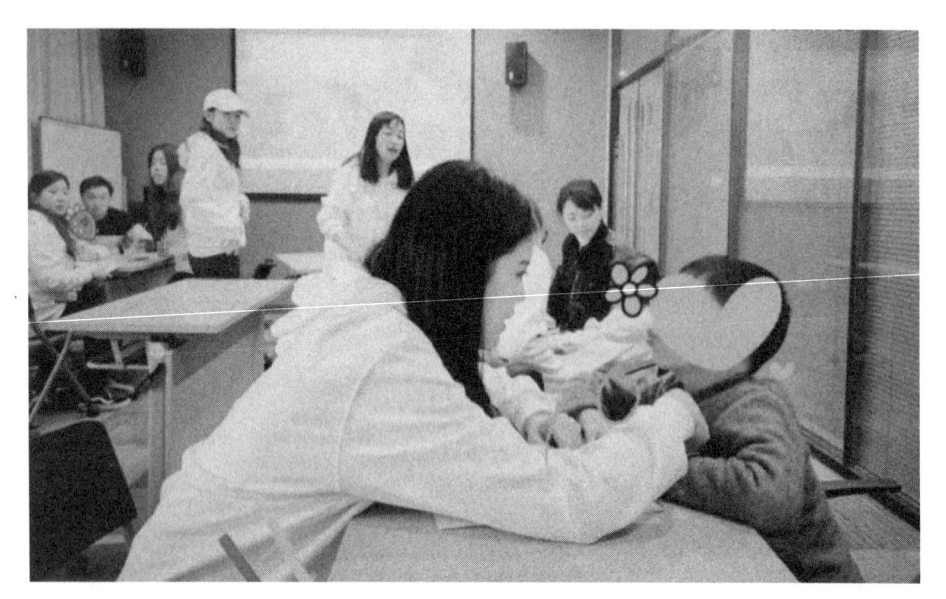

图 7-1 "倾音"团队和接受服务的孩子们

这是他孩子出生以来第一次能够清楚地叫出"爸爸"这两个字。"当时才知道原来我们可以，而且（做）这件事的价值比我们想象（中）的要大（更有意义）。"杜心童说。

让说话变得不再为难

这次"大胆且准备充分"的暑期社会实践的表现也为杜心童和她的团队赢得当年学校社会实践第一名的成绩。虽然社会实践已然结束了，但他们的行动并没有就此画上句号。

为了能够更好地延续暑期社会实践的成果和凝聚团队，2016年，杜心童开始在校内组建"筑笑公益"的学生实践活动，随后在校内正式注册为高校社团并且改名为"倾音"。"倾音"的意义来自组织的目标，希望通过大家的努力能够让言语障碍者自信地"听"到自己清晰的声音。

成立社团后，"倾音"将线下集中式的夏令营服务模式调整为线上每周三次的一对一指导服务的模式，这样一来能更有效提高服务对象言语矫正训练的效果。同时，团队也开始尝试培养更多具备相关专业素养的志愿者、助教和语训师。这些早期参与"倾音"社团的志愿者、助教和语训师(以下简称"伙伴们")有许多是来自播音主持专业的大学生,但仅仅相关专业的大学生并不能满足"倾音"在服务上的质量要求,因此,进一步培训参与伙伴们的相关专业知识与技能是很重要的一个环节,例如语音学、语言学、生理解剖学、康复学、学前教育等方面的培训。

伴随着参与伙伴们的人数逐步增多以及"倾音"对于服务成效与质量的追求,杜心童甚至把专科医生直接邀请到校园里做讲座,送团队成员去参加相关专业的言语矫正培训班,持续前往各大医院探望患者,了解这群特殊群体的具体需求。

然而,在整个服务团队构建的过程中,还是会面临成员认知不足、服务专业性不到位、志愿服务承诺失灵等许多挑战。因此,为了能够培养出更具专业素养的合格言语矫正志愿者,几经思考与讨论后,杜心童和团队决定设置一个严格招募与考核的流程,来为"倾音"的专业服务人力资源管理"把关"。第一轮面试,考核报名者的公益慈善素养;第二轮笔试,则考核报名者语言病理学等相关知识。之后,笔试合格的同学还需要接受 24 节课的专

图 7-2 指导孩子能"好好说话"的过程

下一站，社会企业？
——创造共享价值的实践者

业强化培训，并且在课程结束后再进行一轮笔试和问答考核。只有通过了前述的所有专业考核后的人才能有机会进入最后的审核阶段，即对实际为受服务者（多数是孩子）提供言语矫正帮助的过程与结果进行最终的考核。在服务反馈合格的基础上，最终，这位新人才算正式成为"倾音"团队成员，成为一名具备专业知识与技能的合格言语矫正志愿者。

"倾音"团队中有一位伙伴叫张颖，她在参与志愿服务过程中，总是能够快速地将理论知识和实际操作进行有效结合。随着她不断在这个细分领域中的进步和发挥作用，她逐步成长为"倾音"的专业言语矫正师，最终还承担起设计整套针对言语矫正志愿者培训课程和针对言语障碍者的治疗课程的重要责任。

凭着大家对于"倾音"社会使命的认同和坚持，"倾音"走过了组织最初的五年发展历程。这过程中虽然有来来去去的人，但也"找到"且"留住"了许多志愿者，继续陪伴着"倾音"成长与进步，为更多需要言语矫正者提供专业服务。现在这些伙伴与志愿者有了一个不同于以往的共同身份"voice changer"——改变声音的人。

坚定从事公益事业的信心

大三时，杜心童曾经通过学校的两岸教育交流项目去台湾地区做新闻系专业的交换生。在台湾学习期间，她感受到当地社区的浓厚公益慈善文化氛围，并深刻体会到了社会企业发展方向的"前沿阵地"能量。在台湾地区交流学习的那段时光中，她一边走访调研，考察当地社会创新创业与公益慈善发展的内容，一边也不断地思考着自己的人生价值与未来的职业发展。她从原本的梦想成为一名记者，逐步转化为想成为一名公益人。

在对台湾许多社会企业进行采访的过程中，杜心童看到了社区居民如何齐心协力地解决自己居住社区所面临的问题，看到了社会企业如何在"赚钱（获得利润）"的同时传播善，创造社会共同价值并为社区的需求提供服务。虽然记者梦已不再继续，但她找到了一条更令她"热情澎湃"的社会创新创业之路。"社会创新（创业）与公益慈善（行动），本身也是一种力量，可以传递（正能量）价值。从本质上，做公益的本质和我当初想做记者的诉求，是相通的。"杜心童一边说，一边眼中充满着光芒。

到台湾地区进行专业交流的交换生经历，给了她继续做社会创新与公益的力量和信心，于是她默默地在自己的心里下了决定，要将"倾音"作为未来的长久事业继续经营下去。

与此同时，"倾音"的志愿者队伍成员已经从杜心童的母校扩展到涵盖整个西安市的其他许多大学。而在服务市场的开拓上，"倾音"并没有刻意地进行宣传与推广，主要是跟着受助对象或服务群体的需求走，也因此，有些服务项目也已经走出了西安来到了郑州和成都等地。

随着求助者的需求逐渐增多，"倾音"的服务对象也在快速地走向多元化。面对越来越多样化的服务需求，也为了能够为更多相关类型患者提供更好的服务，"倾音"团队不断提升自己的相关专业能力，并根据种种不同的个案与状况进行相关难题的破解与攻克。

2017年，杜心童加入了由"明日公益"发起的明日执行长培训项目，"倾音"也因此成为挂靠在"明日公益"下的一个公益项目，获得了合法的社会服务的身份支持。在此之前，"倾音"受限于校内学生社团的身份，无法有效管理与组织来自其他学校的志愿者，无法向许多正规的基金会或慈善组织申请项目资助，也无法给志愿者发放活动津贴或补助。新的校外组织的合法身份的确立，为"倾音"的第二步发展创造了更多可能性与机会。

自此，"倾音"参与了更大型的创业竞赛，通过参赛的过程，"倾音"规范了组织的财务管理和项目管理体系，也因此获得了基金会资助的机会。在获得资金支持后，"倾音"如愿能够开始为志愿者提供服务津贴并招募了全职的言语矫正师。在整个进步与成长的过程中，许多事情也因此进行了改革、变化与调整，但唯一不变的仍是围绕受服务对象需求而向前推进。"倾音"相信只有通过不断地调整和改善自身产品和服务的专业度，才能逐步地实现"明日执行长项目"所倡导的"使命清晰、执行有力、财务透明、传播有效"四个目标。

在逐步扩大服务规模的同时，"倾音"发现需要开始着手将过往的所有理论知识和实践经验整合成一套可复制的组织服务运营体系，它包括课程内容、言语矫正师培养和个案数据库管理与建设等。

下一站，社会企业？
—— 创造共享价值的实践者

"倾音"每落地一座新城市，都会招募一位当地的"城市官"，然后用这套组织体系和城市官共创培育新的"倾音"团队。其中，课程体系整合了国内外相关理论与实证知识、不同医院评估量系统（表）以及"倾音"团队自己的所有实践经验。杜心童的搭档张颖则主要负责言语矫正师培养体系的构建。案例库建立的过程尤其艰辛，因为这个部分的梳理与沉淀离不开每位"倾音"志愿者的努力和用心尝试，通过统一模板的方式，每位志愿者都需要时刻将服务过程中曾经遇到的问题、挑战、解决方案、解决成效等尽可能地详细记录下来并汇总整理到案例库中。每当新加入的志愿者或言语矫正师遇到类似的问题时，便能从案例库中搜索到相应的过往案例，为新个案的有效解决提供更具体、可参考和可再提升的实施操作方案。

如今，"倾音"的服务对象范围已经从腭裂患者扩散到了自闭症患者、唐氏综合征患者、口吃嗓音障碍者、语言发育迟缓者以及听力障碍者等不同的群体，他们的需求是一致的，都需要找到适合自己状况的言语矫正服务。

图 7-3　孩子在老师的指导下配合练习口语发音

从西安到上海，从公益组织到社会企业

随着服务对象的需求增加与变化，"倾音"也逐渐成长。因为河南省境内存在数量较多的腭裂患者群体，他们落地郑州。因为成都拥有较先进的言语障碍治疗医院系统，她们为此选择落地成都。最后，决定将总部迁往上海，主要是因为上海拥有"倾音"进一步发展所需的各种资源。

总部从西安迁往上海，并获得市场监督管理局合法注册的身份后，"倾音"开始了不同类型法人的下一阶段征程。虽然，组织法人从"公益慈善"项目转往"商业运营"发展，但在杜心童和创始伙伴们的心里，"倾音"的社会创新创业仍然走在纯公益慈善的道路上，他们仍然坚持不向受服务对象收费。然而，就在参加了哈佛 SEED 社会创新种子社区训练营时，她受到了一位行业前辈的启发。

前辈问道："以现在的模式发展下去，未来五年'倾音'能够帮助多少位言语障碍者？"

杜心童略带自豪地回复道："几万人"。

"那你的初心是什么？"

"让每个人都能好好说话。"

"你认为这样做下去能实现你的初心吗？"

"好像不能……"

前辈告诉她："如果'倾音'只依赖基金会的资助，就无法可持续地运作下去。因为言语矫正服务属于家庭（责任）承担范围，并不适合由政府和（一般）基金会买单。'倾音'提供的服务能够改变一个言语障碍者的人生，为这样的家庭解决非常重要的难题，因此向正常的家庭收取（相应的）服务费用是非常合理的行为。"

当时，"倾音"已经同时在为 600 多位患者提供免费的公益慈善性言语矫正服务，培养出了 1000 多名言语矫正志愿者。与前辈交流的这一席话，让杜心童意识到，"倾音"在公益慈善领域的发展仍然存在局限且较难可持续发展。

下一站，社会企业？
——创造共享价值的实践者

思考当前的公益慈善环境，确实有许多人对公益慈善存在着错误的认知，人们很容易把公益慈善服务等同于低质量的服务，而低质量的服务就应该是免费的，长久以来，公益慈善服务、低质量的服务、免费的服务就被人们自然而然地画上等号，于是便形成了人们对公益慈善服务质量认知上的误解。"倾音"考虑到将现有手头上的社会资源分配给有能力进行购买服务的家庭确有所不妥，再加上"倾音"的公益慈善服务质量已经高于当时许多同等商业机构的事实，于是杜心童和团队开始寻找"倾音"服务走向商业化发展的道路。通过多次内外部沟通、交流与讨论后，在获得大家的支持基础上，杜心童毅然决然地注册了上海音挚健康管理有限公司，开始面向更广大的市场提供言语矫正服务。

2019年，"倾音"从公益慈善领域转型进入了社会企业领域。

转型中的变与不变

社会企业方展方向之于"倾音"，就是用一种更可持续、更健康的方式完成自己的社会使命，服务更多的言语障碍者。"倾音"认为，无论是公益慈善组织项目的身份或是企业法人的身份，这都是外壳与合法合规的法人说法，更重要的是自己所坚守的初衷，这也是"倾音"所有人必须要遵守的基本原则。要把握好公益慈善和商业资本之间的度，不能去为了赚更多的钱而损害受服务对象的权益和机会。

杜心童认为，在整个主体法人的转型过程中，主要发生变化的是团队的观念和目标以及服务对象的心态，而不是初衷和使命。与许多人的猜测相反，整个转变的过程中并不是充满负面情绪和能量的，而反倒是更充满活力，比如团队成员变得更主动积极地提出相应服务要求和期待，从而也推动了"倾音"进一步改善产品质量和服务内容。

这或许是因为转型前的充分沟通与信任，也可能是"倾音"的组织发展也刚好走到了"十字路口"的时刻，"倾音"因为有了专业投资机构的加入，不但没有改变社会使命和基本原则，反而有了更多的发展机遇和空间。

现在的"倾音"仍然保留着公益慈善板块的服务，在基金会的资助下，

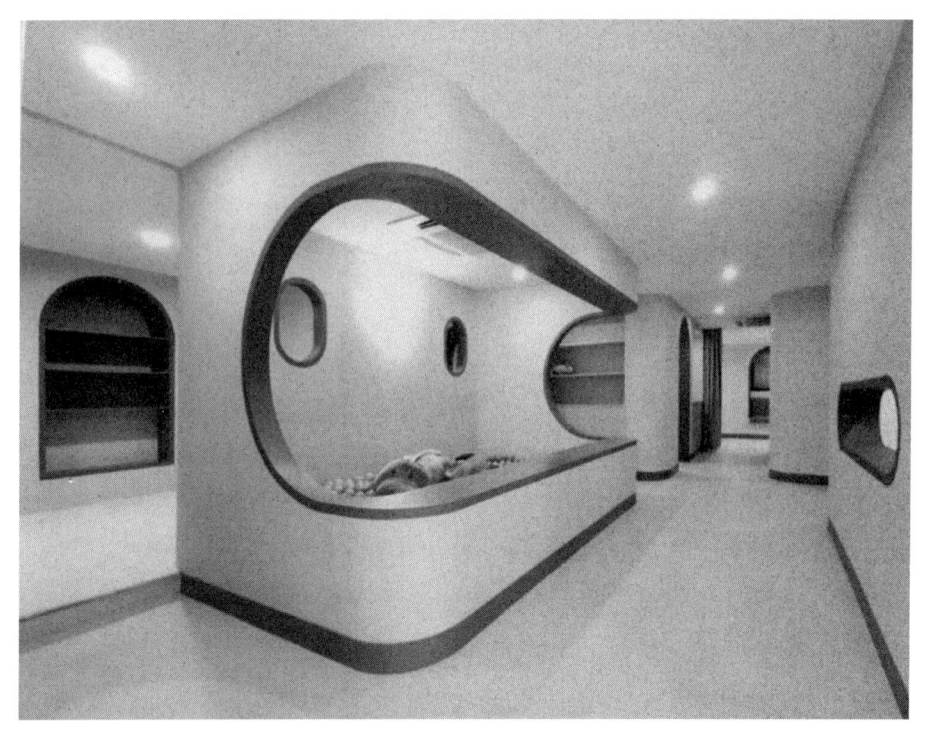

图7-4 从上海开始：第一家线下体验店正式开始运营

他们每年会为一定数量的经济困难家庭免费提供言语康复服务，与其他付费用户一样接受同等质量的专业服务。

目前，"倾音"的整个服务大致流程如下：首先言语矫正师对服务对象的基本信息进行了解，如父母每日陪伴时长及个人爱好等，接着对其进行言语测评，评估服务对象的言语障碍类型及严重程度，然后有针对性地制订练习计划。在治疗过程中，言语矫正师会定期地给孩子做进展评估，给家长布置互动练习。在课程结束时会填写一份治疗前后对比评估表，向家长说明孩子的言语矫正情况，最后收集家长对"倾音"的服务反馈，根据反馈改进服务。

目前"倾音"的内部组织结构非常扁平化，团队一共有10名全职员工，其中1位成员专门负责公益慈善项目的运营。学校社团则成为"倾音"志愿者队伍培养的后备人才库，当正式志愿者"voice changer"达到一定的服务时长和服务人数要求后，就能前往上海参加更进一步的专业培训，通过多轮考核后才可以升级为助教，最终获得转正机会。经过"倾音"这套流程所培

下一站，社会企业？
—— 创造共享价值的实践者

图 7-5　一个充满正向力量的矫正环境

养出来的言语矫正师，具备高于目前行业平均水平的专业知识与实际操作能力，这是当前"倾音"团队的最明显优势之一。

杜心童认为，"倾音"另一大优势在于团队的凝聚力。大多数成员年轻有冲劲，学习速度快，不怕失败且勇于为解决社会目标而"挥洒青春"。当被问到社会创新创业过程中曾经遇到过哪些挑战时，杜心童回答令人印象深刻："困难是常态，遇到了问题那就解决问题，不会因此而退缩，而是会一直努力寻找出路直到无路可走。"对于杜心童而言，最珍贵的是每个团队成员的认可与对"倾音"社会使命的认同，这样，整个"倾音"才能够带着共同信念为大家共同目标而奋不顾身地奋斗下去。

如今，"倾音"的服务对象已经遍布全国的 36 座城市，重复购买率长期维持在 100% 的状态。和同行业的其他类似机构相比，"倾音"专注于言语矫正及康复领域，具有更强的公益慈善理念，更注重服务对象的正向体验感。为了减少言语矫正过程的痛苦，"倾音"的言语矫正师会努力找到更温和但具备同样有效水平的言语矫正方法来进行服务。

例如,有些机构会使用口技矫正机器让孩子记住口腔中疼痛的位置,从而矫正发音,这样的做法也是根据大量科学实验验证的结果来进行的。然而,"倾音"却选择了另一种更人性化的方法——用棉签裹上孩子喜欢的果酱,然后放在需要运动的口肌部位。与"疼痛"记忆的效果相比,喜爱"口味"的愉快性刺激,同样也为矫正训练的结果带来成效。因为根据大量的实验结果,这种方法不仅能达到和前者同等水平的效果,而且能让孩子感受到开心而非疼痛,这样的改变同时强化了受服务者参与后续系列矫正训练的意愿,孩子的父母也因此更不揪心地陪伴他们孩子的"转变"与"成长"。

"倾音"对服务对象的用心付出,换得了许许多多家长及孩子的感恩和善意。有一个小姑娘还曾经告诉杜心童说:"我长大后也要(像你们一样)教别人(好好)说话。"

杜心童认为,正因为理念的不同,才使得"倾音"的服务体验优于同行

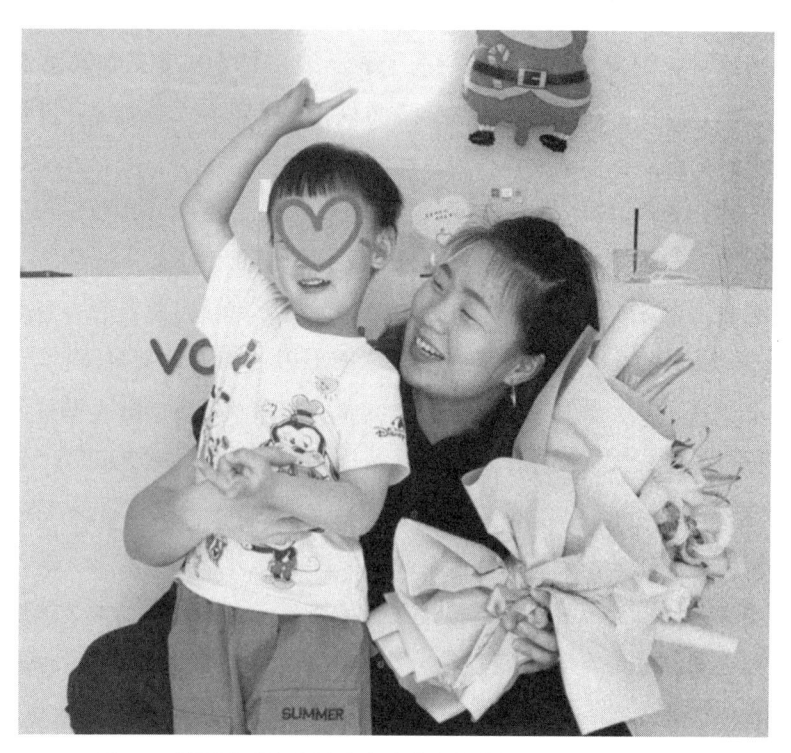

图 7-6 "倾音"的祝福来自每个成功突破言语障碍挑战的孩子

下一站，社会企业？
——创造共享价值的实践者

的其他机构，而这一点也吸引了越来越多的组织向他们学习。但"倾音"目前存在的问题也很明显。三分之二的年度收入来源于基金会和企业社会责任购买服务，只有三分之一左右的资金来源于受服务对象的直接购买服务。因此，面对当前仍然缺乏销售和运营管理专业人才加入的情况，想要获取更多服务对象前来购买服务仍面临着较多困难。对此，他们也在积极调整运营战略和市场推广方式，努力早日突破这一挑战。

与社会企业家的七问七答

作者：对你而言，社会企业是什么？

杜心童：社会企业既要实现社会价值，也要实现商业价值，用向善的商业模式解决社会边缘人群面临的问题。

作者：对你而言，社会企业家精神是什么？

杜心童：我不确定自己是不是一位社会企业家，所以我想分享我们团队中凝结的精神，那就是一股很强的信念感。我们每走一步可能都会遇到困难，但在我们眼里，只有想不想做，没有做得到做不到，我们有一股打破砂锅做到底的执着，非常清楚自己追求的社会价值所在。

作者：你对想投身言语康复行业的社会创业者的建议是什么？

杜心童：因为我不是前辈，所以很难分享一些建议。我对言语康复行业的期待是，希望从业者们能够齐心协力，凝结社会力量共同解决这一问题。希望大家能够各美其美、美美与共，抛开狭义的竞争观念，站在服务对象的角度为他们创造价值，这样才能够让整个行业可持续地发展下去。

作者：创业以来，对自己而言最大的挑战是什么？

杜心童：最大的挑战是自己的成长速度跟不上"倾音"的发展速度。作为一名创业者，有时需要放下自我，成为团队和组织需要的角色，这是我需要多多修炼的地方。

作者：你想对自己的团队说的一句话是什么？

杜心童：我对团队曾经说过"我是罗盘，你们是帆，我们在一起能走得更远"。我非常感恩能够遇到他们，未来会继续努力，不辜负他们每一个人的选择。

作者：你想对服务对象说的一句话是什么？

杜心童：我们不仅在努力治疗好你们的言语障碍，也在努力给予你们最好的服务体验。希望你们能在言语矫正的过程中感受到美好、体会到善意，继续把善意传递出去。

作者：你对中国未来社会企业的思考和期许是什么？

杜心童：希望未来中国的社会企业是从解决社会问题中、解决社会服务对象的需求中生长出来的。

倾音共享价值分析表

解决问题		言语障碍者的困境
创造共享价值	识别需求	1. 许多言语障碍者的复健不足 2. 言语康复行业的缺失
	手段	1. 研发创新言语矫正课程 2. 开拓言语康复行业，开办线下言语康复治疗中心 3. 培育言语康复师 4. 为经济困难群体提供免费言语康复服务
利益相关者		言语障碍者、基金会、言语康复从业者、志愿者
产出	社会价值	1. 培养言语康复师 2. 帮助言语障碍者提升言语表达能力 3. 缓解言语障碍者的家庭生活压力 4. 推动言语康复行业发展
	经济价值	1. 增加就业 2. 降低购买言语康复服务成本
竞争力		1. 创新的言语康复训练方法 2. 服务体验更人性化 3. 用户黏性高，重复购买率达到100%

下一站，社会企业？

中篇 | 社区中的社会企业

第八章　蓝续：守护白族古法扎染
第九章　水酷生态村：未来乡村实验区
第十章　滋农游学：共建乡村美好
第十一章　大鱼营造：助力社区可持续发展

第八章
蓝续：守护白族古法扎染

    云南白族的扎染向来以高超的针法技艺为特点，所生产的扎染布花色具有其独特的视觉冲击力和艺术魅力。在白族扎染中，大理周城的扎染最具代表性。大理周城的扎染技艺远近驰名，曾在中国扎染技艺史上作出许多贡献。然而，过去几乎"家家有染缸，户户出扎染"的繁荣景象，却随着时代的发展变迁而消失在人们的生活中。如今哪怕是在周城村，扎染技艺也逐渐不再出现在当地村民的日常生活中，即使是在白族传统节日中，低价现代化生产的传统服饰取代了需要大量时间制作的纯手工扎染服饰，也因此想要在周城村找到擅长扎染技艺的年轻人是困难的，目前还"做得动"这些传统技艺的人只剩下几个当地的老人了。从小就跟随爷爷学习扎染的"小白"，不忍心看到白族传统的扎染技艺日渐没落，于是决心回到家乡传承扎染文化，同时她还有一个更大的梦想——保护白族文化。于是，她成立了"蓝续绿色文化发展中心"，在保护以扎染为核心的白族文化的同时，希望能为人们带来一种可实践的可持续生活方式。

云游四海，回归故里

    小白的真名叫张翰敏，从小在被誉为"文旅界的理想国"——大理长大。高考后，小白去了西安的陕西师范大学就读历史学教育专业，大学毕业

下一站，社会企业？
——创造共享价值的实践者

后也顺利地回到了云南一所高中担任历史老师。

早期，小白的职业生涯规划和担任历史老师的工作是冲突的。她回想，也许是因为就读于师范类院校，她顺其自然地以为毕业后就应该进入学校当老师，过上大家所熟知的安稳简单的教师生活。但初为人师后，小白的想法却发生了很大的转变，现实中的教职发展生涯似乎与小白所憧憬的生活工作状态有所差异。因此，在工作半年之后，她选择了辞职离开校园，去尝试探索其他更多的可能。

接着，小白拎着只装有随身物品的小箱子来到昆明。在那里与高中同学阿斌重逢。那时，阿斌所在的公益慈善组织正好在招募"义工（志愿者）"。虽然当时小白并不了解"义工"，但她非常想尝试这份不一样的工作，探索跨出校园生活的第一步，看看校外的世界。于是带着好奇心和无畏的勇气，她毅然决然地跟随阿斌来到内蒙古的一个小乡村里，开始了不一样的人生经历，也正式进入了一段未知且全新的公益慈善事业之旅。

刚到内蒙古不久，可能是天性乐观开朗的特质使然，小白很快就适应了新的环境和新的同事一起工作，但想要适应新的角色却花费了很长的时间。她的新角色是一名当地社区的工作者，主要帮助当地村民脱贫，引导他们参与项目并投身能自我独立发展的事业。

在整个社区发展的过程中，小白见证了许多村民的"改变"。他们学会了新的技能，小到写项目建议书，大到整个项目的财务管理；村民们也在不断学习的过程中变得更加自信，更善于与他人合作共同完成项目。这些经历让她逐步意识到人的潜能是可以被激发的，只要有正确的引导、鼓励、赋能和陪伴，许多早期大家以为不可能的任务，都将会在大家一次次的努力和进步中，逐渐从一个思路转变为一个事实。这也让小白和同事们更加相信每个社区都拥有自我发展的能力，而团队需要做的事就是"先帮助他们打出一口好井，这样才能让村民看到未来源源不断地有水可饮"。

小白回忆说，在内蒙古的那段时光是她最美好的人生回忆，也是人生成长过程中身心最放松的一段经历。通过这份工作机会，她不仅学到了许多社区动员的相关知识、从不同维度和视角看待事物、实践社区项目开展与管理的全过程等，也为之后的社会创新创业铺垫了许多宝贵的经验与知识。

第八章 蓝续：守护白族古法扎染

2009年小白被调到了北京分部工作，在繁华的大城市过着朝九晚五的工作生活节奏。所有的状态似乎又回到了所谓的"正常轨迹"，然而，小白的心并没有因此安定下来。

有一次，小白前去拜访一位同乡的叔叔。他在北京生活了很久，也在北京建立了自己的事业。那天他很突然地问小白为什么不考虑回大理生活，小白对他的提问感到惊讶。原来这位叔叔其实很向往回归家乡的生活，只是年轻时没有人提醒他不一定要留在大城市打拼，回大理也未尝不是一种选择。所以当他看到在北京打拼的小白时，忍不住"多说了几句"，想提醒她还有回家乡发展的这一选择。

这句话虽然有些意外和唐突，但也点醒了小白内心的渴望。那时的她正与阿斌在组建家庭的过程中，小白清楚，这事现在已经不是一个人的事，而是他俩的事，必须要与阿斌好好商讨后才能决定。

相信许多人并不陌生"北漂"和"沪漂"这些词，虽然有许多人是抱持着梦想前往这些国际级大都市打拼与奋斗的，但其实他们都没有真正仔细地思考过为什么要留在北京或上海。考量到未来的生育计划，小白与阿斌开始权衡所有在北京或大理安家立业的利弊，最终结果是大理险胜。

于是小白和阿斌共同决定放下他们在北京的一切，回到大理"重新开始"。

拜师学艺，传承家乡白族文化

回到大理不久之后，小白怀上了宝宝，回到家乡周城老房子休养身体。

在老家闲来无事时，小白就会到村口和邻居闲聊打发时间。她突然发现，叔叔阿姨口中的周城故事都十分生动有趣，这激发了小白的写作灵感。于是她发挥自己的历史专业特长把这些口述故事一一记录下来，写成了关于周城几代人的地方性口述史。例如有一位九十多岁的爷爷年轻时以染布谋生，还创立过商号，也因此才能供得起一大家子的日常开销，这位爷爷对这段过往的"风光伟业"津津乐道。

令小白没想到的不仅是这些长辈们的过往经历有趣且感人，她同时还发现，所有这些故事都自然而然地围绕着染布展开。"如果这项手艺消失了，

下一站，社会企业？
—— 创造共享价值的实践者

那岂不是从小的许多美好回忆将不复存在了？"心中的声音又再次响起，于是，小白决定回家的第一个保护传承家乡文化的项目便是扎染技艺。

但想要找到解决扎染技艺消失的方案又该从何入手呢？在没有任何更进一步开展思路的前提下，小白选择了过去所积累的社区发展手段，先从调研现状开始。首先，了解周城的文化历史和经济发展情况，动员社区村民一起参加"头脑风暴"来获得更多的想法。村民们告诉小白，周城的特色有独特的美食，比如"油腐乳"，还有民俗节日"本主节"，当然村民们提到最多的还是扎染技艺。

在动员村民参与的过程中，小白逐步发现，周城以及周围所有的当地传统文化元素就像一幅拼图，需要一一深入了解情况，然后才能找到能与当前社区发展相互结合的方式，再投入资源来促进其发展，逐步构成周城总体社区发展的"新画面"。

在整个调研过程中，她发现许多当地的传统手艺已濒临完全消失的状态，主要的原因来自大量手艺人的一一离世，而仍健在的手艺人大多已年近百旬，在长时间未从事相关技艺的情况下，对过往许多技艺的操作细节与状况等记忆已日渐模糊。这让她体会到再好的传统技艺、再发达的过往产业，似乎都赛不过岁月的侵蚀。

于是小白决定"拜师学艺"，希望尽自己当下能做的最大努力，尽快从当地在世的扎染技艺最好的师傅身上传承（保留）下最原汁原味的周城传统扎染技艺，让这项传统技艺能得以传承。在找到后续的可持续发展方案前，能在"时间"上多争取到一些"空间"，为所有后续传统技艺传承的创新创业发展提供基础保障。

但是"拜师学艺"这件事情想起来容易，做起来并不容易。

刚开始村里的老手艺人并不愿意和小白交流，经过小白多次拜访，并不断说明拜师的缘由，老手艺人（小白的师傅）才慢慢放下了"防备"，最终愿意让小白正式"拜师学艺"，并毫无保留地把一生所学的手艺都传承给了小白。

已习得了一身扎染技艺的小白并不局限于传承一门扎染手艺，她的最终梦想是建立起一个富有生命且可持续运营的"白族文化中心"，推动白族文化的可持续发展。

第八章　蓝续：守护白族古法扎染

心系蓝染，白手起家

小白刚开始的运营尝试方案相对简单，攥着手中仅有的 7000 元资本，最先她想从周城村本地找扎染工坊一起合作，通过带游客体验白族扎染技艺来获得相对应的服务性收入。

然而事情进展并不如想象中的简单。尝试中她发现，当地的扎染工坊大部分都已经与其他的旅行社合作了，并由旅行社带"整个旅游团"的方式把外地游客带进村中的扎染工坊进行简单的技艺观摩并购买相关产品。为了进行市场区隔以及能起到推广白族扎染技艺文化的作用，小白希望能为游客提供"私人定制"的文化体验模式，以深入体验扎染技艺的方式吸引不同的客群。

然而"私人定制"的深度体验课程整体报价却很高，几乎是当时市场上一般以观摩和导购为主的文化参观运营模式的四倍价格。为此，许多坊主认为小白的提议不切实际，主要的理由是旅游服务已经这么便宜了，但还是没

图 8-1　植物染布

下一站，社会企业？
——创造共享价值的实践者

有吸引到大量的游客来体验；一旦提高课程的报价后，就更没有游客会愿意来了。因此许多当地的扎染坊拒绝了小白的合作邀请并且一致认为，小白的模式肯定行不通。

但小白并没有因此而放弃，她琢磨着，既然没有一家当地坊主愿意合作，那我不妨就自己来做一个扎染工坊。

虽然小白从小和爷爷学过一点扎染，但时隔数十年时光，很多相关的细节早已淡忘。自拜同村两位技艺出众老手艺人为师后，她学会了所有的相关扎染的技艺。

小白说："虽然老师傅们技艺深厚，但也存在一个缺失，就是在染料配比时只凭经验（手感），几乎不可量化，因此很难掌控最终的效果。"为了克服这项传统工艺的不足，找到能够稳定生产的纯植物染料，小白把目光投向了目前全世界蓝染工艺发展最先进的日本，于是她决定前往日本向蓝染技艺大师学习科学化的蓝染技法。

在日本学习技法的那段时间里，小白不仅解决了许多制作过程中存在的疑惑，日本师傅对手艺严谨钻研的精神也给小白带来了很大的触动与冲击。日本师傅能通过一遍又一遍的实验，把染布的每个过程进行科学量化、精细化，比如某种材料应该加多少克最合适等。这种科学化传统技艺的模式启发了小白。原来传承传统技艺与文化必须与时俱进，要跟上时代的变化需求，创新创造出更多不同可能的新发展。而这或许是日本能将许许多多本源于中国传统文化的东西，通过内化与创新进而推广到世界各地并获得认可的根本原因吧！

课程结束后，小白回到周城继续扎染技法的专研。通过日本的学习经历，她能更深入地体会到从事这项事业的价值，她在受访时曾经表示："它（扎染）教会我如何连接他人、连接自然、连接自己，对我而言，扎染不仅仅是一种手艺，更是一种生活方式。"

经过许许多多的努力，小白终于创办了属于自己的扎染工坊，开始接待游客来工坊进行深度的扎染文化体验。与其他的"扎染导览团"不同，她会亲自接待每一位旅客，除了讲解扎染技艺的工序，还会把工序背后所蕴含的传统文化以及人与自然共生的道理与体验者分享。

小白的扎染工坊运营策略是对的，有质量的文旅才经得住市场的考验，经旅客们的口耳相传，来工坊的顾客逐渐多了起来，工坊经营也终于有了一点盈利，小白就此招收了第一名员工，一位来自村里的女孩。

从一家小作坊到四家连锁门店

最初小白是以个体工商户的身份运营工坊。2014年，随着业务量的增加，小白决定注册企业，也因此，蓝续绿色文化发展中心（以下简称"蓝续"）就此诞生。

"蓝续"的"蓝"指代蓝色，这是小白从小最喜欢的颜色，也是大理白族象征尊贵大气的颜色，是代代都印在白族人心中具备文化底蕴的颜色。"续"意味着可持续，小白希望这份事业能够可持续发展，持续地把白族文化传承给后代并分享给更多人。

小白和阿斌在创业前并没有任何商业管理运营方面的经验和知识，对企业运作毫无头绪和基础。虽然有很多想做的事情，但却常处于一头雾水的状态，不知道从何做起。

幸运的是小白和阿斌遇到了一些热心人士的帮助，而这些人都是助力"蓝续"发展的重要"贵人"。其中一位是来自台湾地区具备特殊教育专业背景的老师。她认为"蓝续"在做一项十分美好的事业，扎染不仅仅是白族的文化瑰宝，还有助于培养下一代孩子的文化性格。"蓝续"在做的事情也正是他想做的事，于是双方很快就达成了一致决定，这位来自台湾的老师非常乐意给予"蓝续"发展的相关资金支持和管理指导。同时这位老师许下每年都会在6月前来"蓝续"走访与交流，哪怕身患重感冒，老师也会依然信守承诺地出现在小白的扎染工坊门前。

另外一件让小白非常感动的事情是，失联许久的小学同学得知小白在做扎染后给小白打了电话。她哭着告诉小白，传承扎染也是她的梦想，感谢小白帮她实现了这个梦，并希望能够尽所能地支持小白事业的后续发展。

这些事情接二连三地发生，让小白惊讶不已，没想到自己决定去做的事情不仅是自己的梦想，也同样是其他人的梦想。而这些来自他人的祝福、支

下一站，社会企业？
——创造共享价值的实践者

持和助力让她更坚定了自己的信念，决心要带着这些人的期望把"蓝续"做得更好，而曾经所经历的种种困难和挫折，也都在这些温暖中变得无足轻重了。

当然，现实中的挑战仍在不断地迎面而来。"蓝续"成立后，村里的其他扎染工坊都对小白的做法产生了质疑。虽然小白的所有努力并不是想做成一家独大的垄断企业，而是希望借此旅游体验平台能培育出更多"蓝续人"为传承白族传统扎染文化付出，然而，其他扎染工坊的人并不理解。当村民被外地游客问及"蓝续"扎染工坊在哪里时，一些村民会回答说"不知道"或者误导他们。小白自始至今从没有和他们计较和争辩过，而是持续伸出"橄榄枝"，主动邀请其他工坊主来参与"蓝续"的活动，比如担任每年举办的"蓝续杯"扎染比赛的评委等。

有趣的是，在这过程中还曾经有个坊主私底下向小白坦言，之前很想来"蓝续"看看，但以为同行之间会有嫌隙，才一直没好意思登门拜访。这让小白意识到，她只有更主动地和其他扎染工坊交流，才能真正消除他们对"蓝续"的敌意与误解。于是小白开始将部分的服务工作转包给其他扎染工坊执行，同时开始呼吁其他坊主一起共同努力把周城扎染技艺再次发展起来。

在小白不断的努力下，许多扎染工坊逐步放下了对"蓝续"的成见，关系也由紧张转变为和睦相处与共建。

如今游客若在周城里头迷路了，找不着前往"蓝续"扎染工坊方向，询问身边当地的村民时，他们会非常乐意指出正确的行走方向或甚至直接带你前往"蓝续"工坊。

除此以外，小白还积极参加中国非遗相关的交流会和论坛，分享"蓝续"的社会创业经验。但无论走到哪里，小白始终保持着在对外交流时只提及云南大理的"周城扎染技艺"，而非"蓝续扎染工坊"。除去了商业市场竞争性的品牌宣传表述，取而代之的是强调社区共同体建设的共享价值，这是一种更能够感染他人并获得更深刻认同感的方式。

通过与其他非遗传承人的多年沟通与交流，小白欣喜地发现，越来越多的非遗传承人也开始明白了同行之间并不存在真正的竞争对手，而真正的竞争对手其实是来自快速现代化发展的环境，以及当前社会对于传统技艺的刻板印象和"严重脱节于生活现状"等观念，这些状况才是所有非遗传承人所需要面对的共同敌人。

参照日本曾经走过的传统技艺与文化发展道路，中国非遗文化的市场潜力和行业发展空间还是很大的，但要走的路还很漫长。小白始终坚信，只要传统技艺能与时俱进、自我创新，改善并提高市场对传统技艺的认可和接受度，整个产业发展便将能更加鲜活、富有生机。

现在"蓝续"的业务主要有白族扎染新生项目、在地文化体验、公益社区学堂。2020年，他们还启动了"蓝织馆"项目，以织染为中心，开始着手梳理大理本地的所有相关扎染文化的人、事、物和历史。

● 白族扎染新生项目

这是"蓝续"的核心项目。"蓝续"采用一店一景的方式，在周城古村、喜洲古镇、大理古城打造了三个情景店铺。每个门店都提供古法扎染体验课

图 8-2　郎朗和吉娜来蓝续体验古法扎染

下一站，社会企业？
——创造共享价值的实践者

图 8-3　周城古院店

程，还会售卖相关手工织布、扎染等蓝续产品。

其中周城古院店是"蓝续"最早打造的一个以白族古院为基调的扎染院子，这幢院子原是清朝时期在周城的"举人院"，拥有 134 年的历史。而现在成了"蓝续"的扎染研习的重要基地。除扎染体验外，古院店还提供周城当地的文化历史导览讲解服务，游客通过在周城各个角落走访，了解过去到现在周城的变化以及曾经发生过的一些故事。

蓝续田园店位于白族建筑的活化石——喜洲古镇，是"蓝续"打造的以喜洲田园风光为依托的扎染生活体验店。与古院店的最大区别在于蓝续田园店为旅客提供民宿服务，所有民宿内房间的装修全部根据当地布艺的方式进行设计，为参与体验的游客提供体验布艺生活的机会。

目前"蓝续"扎染体验服务的价格仍然维持在当地其他扎染工坊平均价格的四倍。单从市场价格来看，"蓝续"并不具有显著的竞争力。但之所以还能赢得许多游客的喜爱是因为"蓝续"非常注重文化体验的细节。首先"蓝续"的扎染体验环境好，许多装饰上都可以看得出用心，在注重空间设计的前提下，还会为客人免费提供当地的茶水与果蔬。更重要的是，"蓝续"

图 8-4　蓝续田园店

每天只接待 20 位左右的旅客量，主要原因在于，"蓝续"希望确保每位前来参与扎染体验的旅客都能获得充足的空间与时间沉浸在这样的氛围环境中。第二，所有"蓝续"的课程相关讲解内容大多是由团队自主构建而成的，内容丰富多元，从扎染文化到扎染技法，再到居家染色技巧，讲解时间长达一小时。以外，课程讲解员都是经过多次培训的年轻员工，确保能以更专业的方式，引导客人真正地"动手参与"并且体验扎染每一个环节的"味道"。

小白认为文化深度体验的模式会成为未来文化旅游的主要趋势。而云南大理是全国乃至全球知名旅游胜地之一，每年都会有许多中外游客前来，而越来越多的来访旅客都愿意能有机会与当地传统社区与文化进行更亲近的接触，深入体验当地的在地文化和生活方式，由此更好地了解当地村民的日常生活状态，并与地方文化产生更深的连接感与认同感。而"蓝续"在这些方面都能很好地满足这一类游客的需求。

小白分享说，不少客人来"蓝续"体验过扎染后，对植物染布产生了强烈的兴趣。有的接连两日都来体验不同的染布技艺，有的甚至在自己的家乡还开了扎染工作室，还有一位周城女孩因此回到所就读的大学创办了扎染

下一站，社会企业？
——创造共享价值的实践者

社团。

"我的初心是想让更多人了解白族文化，没想到能培养大家对于手艺本身的热爱，甚至成为这门手艺的守护者。"当这些故事不断地发生在小白周围，小白的内心也同时默默许下了一个新的梦想——培养更多扎染手艺人。

此时已积累五年的扎染相关技艺经验的"蓝续"团队，开始着手研究更多其他白族扎染的知识脉络和传统技法。为了能让更多爱好扎染的朋友学习到白族人独有的"养蓝方式（纯天然染缸的养护方法与理念）"和扎染技巧，"蓝续"开办了白族扎染研修班。研修班的第一批学员来自不同行业。小白相信并非只有白族人才能传承白族扎染，每个人都可以成为它的传播者和守护者，这样才能真正走出传统技艺文化"脱节于生活"和"无法传承下去"的困境。

- **在地文化体验**

周城是一个具有千年历史的白族古村落、东南亚最大的白族村落，目前当地仍保留着大量白族民俗。"蓝续"的古院店除扎染体验外，还会为游客提供周城当地游览、体验白族美食和历史文化故事讲解的服务。例如带领游客了解村落里戏台下的生活集市、古老的宅院门楼和照壁。而喜洲则是古老的茶马古道重镇之一，保留了大量白族早期传统建筑群风貌，所以田园店的文化生活体验内容也同样丰富。

小白告诉我们："文化体验项目是伴随着古法扎染体验项目共同成长的，与古法扎染体验项目的发展进程相比较，文化体验项目的发展较为顺利，未来也将随着'蓝续'的（持续）成长，不断丰富内容，并以拓展体验细节的方式继续发展下去。"

- **公益社区学堂**

这是"蓝续"目前的纯公益项目，以居住在大理乡村的家长和孩子为服务对象。每月举办一次，通过与村民共同设计和开发各项活动和课程内容，让当地居住的家长和孩子共同学习与实践白族传统文化。

课程活动体系建设的另外一个重点是教导当地人们要懂得与自然和谐相

处,为此,他们与几个自然教育组织合作,帮助孩子们建立与自然的连接。

许多参与社区学堂的孩子也因此成长,更善于与人沟通,更了解自己的家乡,更亲近与了解大自然。而这个项目的核心价值主要是通过教育当地村里的孩子与家长,让懂得且愿意守护与传承白族传统技艺和文化精神的人们能够更好地认同自己。

不过当前的公益项目参与者主要都以"蓝续"团队成员的亲朋好友及当地村民为主,覆盖群体总量较小,所需成本还在可负担的范围内。但是如果未来有更多人也希望获得类似的服务,将需要重新梳理并完善整个项目规划才行,例如需要投入更多的资金、人力等。

● 蓝织馆

这是一个仍在摇篮里的项目,它将以博物馆的形式展示周城扎染和织布文化的所有面貌。

目前项目面临的第一个挑战便是较大的资金投入、较长的回报周期等。首先,创建一个博物馆需要有场地,如果当地真的找不到适合的空间,那么

图 8-5　周城古法织布

下一站，社会企业？
——创造共享价值的实践者

只能"盖"。其次，博物馆运营的难度颇高，主要体现在年营运成本大、持续投入（采购入展品）大且相应的盈利回收能力较低且慢。因此，博物馆总体的投资回报更像是做公益慈善。第三，相关专业等人力资源的短缺。如今掌握白族织布、扎染等技艺的手艺人已非常少，他们不仅年龄较大，同时较欠缺继续精进手艺的动力。第四，由于当地与周围都没有人做过类似的事情，因此，"蓝续"需要从零开始梳理白族织布等相关技艺文化，这也考验着"蓝续"在做内容上的专业水平。

但可以肯定的是，"蓝续"的发展确实为当地的扎染工坊提供了新的转型方向与成功的典范。在蓝续田园店出现之后，喜洲陆陆续续出现了几十家不同类型的扎染工坊，这也意味着当地市场竞争正逐渐加大。虽然竞争压力更大了，但对小白来说，还是件好事，这说明通过小白和团队的多年努力与坚持，确实让扎染技艺受到了更多人的关注。而"蓝续"需要做的是紧跟市场发展动向，稳固经济基础，继续创新，为白族传统技艺文化的推广和传承作出贡献。

轻装上阵，不紧不慢

小白每天都会在百忙中拨出时间钻研如何更新"蓝续"模式以应对变幻无常的市场。目前"蓝续"的业务通过线上和线下两个渠道同时运作，线下的门店会提供扎染体验服务、民宿服务和产品销售。在线上，"蓝续"通过各大旅行服务平台吸引游客前来体验古法扎染，90%的体验用户来自线上渠道。此外，"蓝续"还通过自己的微信公众号或网购平台售卖"蓝续"自身的产品。

为了打开更多的产品销售渠道，"蓝续"选择与几家知名酒店合作来宣传和售卖产品，其中包括希尔顿酒店。小白分享说："这些酒店会为'蓝续'提供展示和售卖产品的空间，'蓝续'一年合作下来效果不错。因为酒店都非常注重（产品与服务）'品质'，和'蓝续'一样都想为客户提供最好的体验，所以两方的品牌匹配度很高。而且与这样的品牌合作，对于提升'蓝续'的品牌形象和影响力也很有帮助。"未来"蓝续"计划通过更多类似的共赢合作模式把产品销售渠道扩展到更多的城市。

谈到"蓝续"的优势，小白说第一个优势是她本人的存在。小白作为周

图 8-6 "蓝续"工作人员在扎花

城人,对白族文化了解是资深级别的,加上她过往积累了丰富的社区工作经验,能够更专业地推动当地社区发展。第二个优势是"蓝续"既重视传统,也强调创新,在产品和服务的设计中不断地尝试结合传统文化和现代流行元素。第三个优势是稳定的团队。成立六年来,"蓝续"的团队成员没有离开过一个,这是让小白非常欣慰的一件事,而成员也大多来自周城。也或许是因为大多是周城人,出于对自己家乡传统文化的那份尊重与珍惜,愿意与"蓝续"一起传承白族文化。

"蓝续"的团队现在由 20 个全职员工、50 多个兼职手艺人组成。其中 90% 的员工是本地的年轻女孩,受教育水平不高。小白花费了很长的时间从零开始教授她们扎染等技能,虽然现在她们还无法承担难度较大的设计、统筹等工作,但小白相信,只要持续地培养与陪伴成长,她们的能力会持续进步的。因此,目前大部分难度高的工作主要由小白和阿斌两人分工承担。

"蓝续"每年的盈余会分别投入社区学堂项目、员工培训、风险流动资金库。遇到资金不足时,小白选择合股而非融资。她认为融资意味着需要对

下一站，社会企业？
——创造共享价值的实践者

投资者负责，而投资者绝大多数都是看着接下来的投资回报，因此，长久下来在调和多方不同利益时容易出现价值失衡的危机。

小白预估未来"蓝续"主要收入将来源于产品销售，另一部分来源于扎染体验服务。市场瞬息万变，"蓝续"的产品和服务也必须不断进行创新和迭代。为了进一步发展，"蓝续"必须扩大团队、引进专业人才。然而，现实却是人才难觅。

留在乡村的年轻人少，而且受教育水平都不高，如果要吸引外地的年轻人来乡村扎根则难度更高。除此以外，"蓝续"还面临着时代变迁的挑战，在互联网经济的驱动下，实体店的客流量已被线上销售平台与渠道抢占。想在网络消费潮流下持续运营发展，"蓝续"需要找到与互联网商业有效对话的方式，从中寻找出更多发展机会。

接下来"蓝续"将把重心放在传播扎染文化上。小白正在筹备出版白族扎染相关书籍，以书为载体让更多人了解白族扎染，未来还将开发出更多的途径推广白族文化。与此同时，还要确保资金收入的可持续，把"蓝续"小而美的模式进行复制和拓展，实现经济的增长和社会影响力的扩大。此外，

图 8-7 "蓝续"是两代人在生命重叠的时光里发生的美好相遇

小白计划系统地梳理社区学堂项目内容，希望结合组织使命研发出更多"在地性强"的课程来回馈社区，由此引导与吸引更多当地村民共同参与自己的社区文化传承建设行动。

与社会企业家的七问七答

作者：对你而言，社会企业是什么？

小白：它是一种既可以解决社会问题，又可以实现自我发展的组织模式。

作者：对你而言，社会企业家精神是什么？

小白：首先是诚信；第二点是格局，心胸要宽阔，不能太狭隘；第三点是要勇于创新，不断挑战自我。

作者：你对给想投身传统文化行业的社会创业者的建议是什么？

小白：首先要对想做的事情有足够的认知，确认自己是否想做这件事。然后要做好身体素质上的准备，更重要的是一定要做好心理准备。

作者：创业以来，对自己而言最大的挑战是什么？

小白：最大的挑战就是平衡家庭和工作。

作者：你想对自己的团队说的一句话是什么？

小白：千言万语汇成两个字：感谢！

作者：你想对服务对象说的一句话是什么？

小白：一起加油吧！

作者：你对中国未来社会企业发展的思考和期许是什么？

小白：社会企业虽然比较难做，但在未来一定会发展起来。

下一站，社会企业？
——创造共享价值的实践者

蓝续共享价值分析表

解决问题		白族文化流失问题	地方社区发展问题
	识别需求	1. 游客体验在地文化的需求 2. 当地居民就业需求 3. 扎染兴趣爱好者学习需求 4. 白族传统扎染工坊转型升级需求 5. 当地政府倡导保护传统文化	1. 白族文化传承及认同的需求 2. 当地亲子教育的需求 3. 地方传统文化的流失 4. 社区年轻劳动力的流失
创造共享价值	手段	1. 打造传统手工扎染体验馆，借助线上旅游服务平台来引流 2. 邀请其他扎染工坊共同打造白族扎染品牌 3. 举办扎染研习班，传授白族养蓝方式和扎染技巧 4. 与酒店合作，借用酒店空间陈列产品，增加产品曝光和销售机会 5. 成立蓝染博物馆，展示周城扎染和织布文化 6. 通过旅游景区门店的设立，拓展销售渠道，传播白族扎染文化 7. 聘用当地的老手艺人和青年人 8. 搜集传统白族扎染花样	1. 开办社区学堂 2. 融合当地文化教育和自然教育的社区学堂内容 3. 成立蓝染博物馆 4. 将古法扎染体验、其他地方传统技艺、民宿和社区导览相结合
利益相关者		消费者、扎染工坊、老手艺人、社区居民	社区居民、老手艺人、消费者
产出	社会价值	1. 培养传统白族扎染手艺传承人 2. 传播和保护白族文化 3. 倡导可持续的生活方式 4. 通过白族传统扎染技艺的传承和保护促进当地社区经济发展	1. 为自己家乡孩子们提供地方性的文化自然教育资源 2. 挖掘、保护和传播白族传统文化 3. 促进社区建设，加强社区融合
	经济价值	1. 增强组织自身的财务可持续性 2. 增加当地手艺人就业及收入 3. 提高传统白族扎染的品牌效益	1. 升级当地社区经济产业 2. 增加当地就业和居民收入
竞争力		1. 传统和现代创新技术相结合的白族扎染工艺 2. 自主研发的扎染文化体验课程 3. 拥有较多元的品牌宣传、营销渠道 4. 获得地方居民和政府的支持	1. 整合当地的文化资源 2. 获得地方居民和政府的支持

第九章
水酷生态村：未来乡村实验区

青山村坐落在杭州北部，是一个简单、传统且发展缓慢的普通小村庄。然而，后来这个小村子因为一群"想让这里所有人都喝上干净水"的人的到来，而产生许多变化与进步，变得与众不同。转变后的青山村也因此有了新的名字——"水酷生态村"。几年发展下来，社会企业"水酷"和地方政府、企业、村民等多方合力，不仅让龙坞水库的水质变为一类水源，让青山村及周边的居民喝上更环保且干净安心的水，还将青山村逐步打造成了多元融合的生态村落。在这里，新老村民们与当地的自然生态怡然相处，共同改善过往的环保缺失，努力打造原生态经济，探索环保乡村进步发展的更多未来可能。

因水而生的"水酷生态村"

协助青山村居民都能"喝上干净水"的组织叫大自然保护协会（The Nature Conservancy，以下简称"TNC"）。TNC目前是全球最大的国际自然保护组织之一。1998年TNC受邀来到中国，先后协助中国在四川、云南、内蒙古等地区建立了多个环境保护项目。2014年，TNC开始关注中国农村水源地保护议题，他们先后邀请了许多专家团队为此进行相关调研与分析。调研结果发现，在浙江省像龙坞水库这样的小水源地竟然多达两万多个，而

下一站，社会企业？
—— 创造共享价值的实践者

这些小水源地的小水库主要功能是为浙江省内 44% 居民供给日常用水。研究还发现，随着农村建设与经济农作产业的规模化发展，这些小水源地的水质状况正面临着农业污染的威胁。因此如果想要保护水源，就必须停止水源周围农作物的化肥、农药使用。

根据调查报告所揭示的现状，TNC 团队便开始游说当地农户的工作。他们与当地农户沟通，希望通过教育和分享说服他们停止使用化肥、农药。然而，这种方式却不如预期的有效，许多农户无法接受这样的建议，甚至认为这群人是来这里"找茬"的。

后来 TNC 借鉴了他们在南美洲运行成熟的一个水源地保护和管理模式——"水基金"。"水基金"运作的核心理念是"受益者付费"，由喝水的人来保护水源地的环境。于是 TNC 开始与当地政府、企业、社会组织、水源地居民对接，希望通过"水基金"运作模式来提高大家共同参与到保护当地水源的项目中。"水基金"模式的特点主要体现在能有效解决当地水源保护的两大问题：一是水基金信托的设置与流转具有合法性，所有利益相关方的权益都能受到国家法律的保护；二是由当地村民参与小水源地保护的模式具有可持续性。

于是，2015 年 TNC 联合万向信托以及阿里巴巴公益基金会，成立了中国第一个水基金——善水基金。"善水基金"是以信托方式设立的基金，有别于大家所熟悉的传统商业（投资）基金与商业信托（财富型信托），"善水基金"的信托方式更偏向慈善信托。此外，"善水基金"的公益慈善运作逻辑也与《基金会管理条例》中的公益慈善类型的基金会有很大的不同。简单来说，根据水资源保护项目的目标，考量所有利益相关方的需求情况，"善水基金"以慈善信托的方式来执行，既可以改善传统慈善基金会项目运作的困境，还可实现所有利益相关方共赢。

紧接着，新的团队在"善水基金"下设立了杭州水醍生态农业开发有限公司（以下简称"水醍"）。而理所当然的，青山村的龙坞水库则成为其第一个项目实施地。

龙坞水库汇水区内共有约 1600 多亩竹林，"善水基金"以汇水区为重点区域进行林地经营权的流转工作，由此共获得汇水区内 500 多亩土地的经营

第九章 水酷生态村：未来乡村实验区

图 9-1 龙坞水库水源保护区

权。通过集中管理这 500 多亩竹林，管理团队开始了"土地环保改善计划"。首先完全停止使用任何化肥、除草剂，让整片竹林处于最自然的水源涵养状态，由此，水库的水质也逐渐获得了明显改善。而对于当地农民来说，将自己承包的竹林委托给项目方进行管理后，竹林产出获益若有不足，项目方则会给予相应的补偿。

与此同时，"水酷"则开始探索与发展青山村的生态经济道路。在最初的一年里，"水酷"由来自 TNC 和万向信托的几位具有不同专业背景的优秀志愿者运营，其中 TNC 项目团队发挥了关键作用。几经努力与尝试，团队最终探索出了两条可能盈利的途径——农产品销售和开展公益团建活动。然而，很现实的是，这两条途径所能获得的收入并不算多，很难持续支持每年林地的租金成本。

从 2015 年 11 月起，阿里巴巴公益基金会在青山村成立了阿里公众自然教育基地，在这之后，有越来越多的阿里员工来到这里进行公益三小时的企业社会责任服务与团队文化建设的工作，同时为本项目提供了许多不同的专业发展建议。也有一些访客开始自发性地投入更多时间来专注项目以及思

下一站，社会企业？
——创造共享价值的实践者

考如何才能更有效地支持本地发展。而 Jill 就是所有自发性群体中的一名志愿者。

Jill 和教育的不解之缘

在大学时，Jill 看过许多 TED（Technology，Entertainment，Design）演讲以及公益纪录片，那些视频里的人物成为她的公益启蒙老师，并在她的心里播下了公益的种子，她希望未来自己也能以创新社会问题解决的方案，为社会作出自己力所能及的贡献。

大学刚毕业时的 Jill 曾经走进汶川当地做公益，在那里她看见受新闻媒体关注度高的地区和关注度低的地方，生活环境有着截然不同的变化。前者的部分灾民住上了带庭院的房子，而后者的部分灾民仍还居住在帐篷中。这些差异让 Jill 意识到"信息透明机制"与"议题宣传与倡导"在解决社会问题中的重要性。

在一次公益旅途中，她来到新闻报道常曝光的一所学校参访。让她非常困惑的是，当她拿出自己真心准备要带给当地孩子们的文具时，所拿出来的铅笔却被孩子们嫌弃："怎么不是自动铅笔呀？"这事给了 Jill 很大的触动与思考，显然，这些物质上的公益慈善并不能帮助受助者体会所谓的公益慈善精神与感恩的内涵，甚至纯物质的捐助有时还会造就错误的认知。这使 Jill 萌生了从事教育工作的想法。

后来 Jill 顺利进入了国际教育集团工作，主要负责品牌宣传及市场推广。在工作之余，Jill 也没有闲着，时常花费大量的时间在公司内部和课堂外推广与公益慈善相关的信息，希望同事或学生们能愿意把空闲时间和精力投入公益慈善实践，助力那些小而美的公益慈善机构发展，并通过不同的项目缓解或解决社会问题。

因为自身工作的需要，Jill 采访过几位常春藤名校的优秀毕业生，其中有一位女性分享了自己和同学创立的社会企业。这位社会创新创业女性的故事让 Jill 了解到原来在美国高等教育环境中流行着一种信念——"聪明的人可以更聪明地解决社会问题，而社会企业就是他们解决社会问题的途径

第九章 水酷生态村：未来乡村实验区

之一。"

有次她前往美国出差，这次任务是去采访另一批在常青藤名校就读的优秀学生。其中有一位女学生分享了她如何利用自己课余的时间创建一家社会企业的经历，她的主要目的是帮助美国慈善项目 Soup And Kitchen 解决过去曾经面临低价无法购买良品蔬果以及粮食的问题。整个采访过程中，那位女学生的一句话让她一直记忆深刻："很多人都对常青藤学生有个刻板印象，觉得她们的理想是去投行、咨询公司，享受优越的生活。但实际上，我的同学们很多想的都是如何去回馈社会，如何运用我们的所长去解决社会问题。"这就是真正推动她开始关注甚至进一步开创社会企业的主要原因。

除了兼顾课程学习与运营自己的社会企业外，这位女学生并不因此而止步于自己对社会的关心和投入。她还长期组织学生团队前往当地"草根"公益慈善组织做志愿服务工作，让学生们发挥自己的创造力，找出更有效的社会问题解决方案，例如，给艾滋病患者的遗孤制作课程视频等。其实，这些学生都拥有着非常优渥的家庭条件，即便无法在学校中获得相应的公益慈善信息与项目实践机会，他们同样能在校外获得相应的公益慈善锻炼与成长。而这些却是贫困地区学生所难以得到的教育（学习实践）机会。与此同时，她还接触到了像"可汗学院""Coursera"等一系列强调教育平等机会的网站和项目，由此，她也开始思考关于如何填补乡村优质教育资源缺位的问题。

也许你会想到"支教"，是的，"支教"常常被视为解决乡村教育资源短缺问题的有效方法之一。然而，大部分支教老师并没有经过相关专业的培训，这会导致教学质量不稳定，甚至出现教学事故等风险。Jill 就曾遇到过一些短期支教的老师在课堂上表达一些不正确的信息，例如，带孩子们用平板电脑玩非教育性（或不符合年龄段的）游戏、过分渲染与美化乡村外的世界等。Jill 认为，中国社会缺乏真正能鼓励有效且正确支教的市场机制，支教经历不会让一个人在求职中获得任何优势，反而会造成其职业的空缺期。所以改善乡村教育问题不仅仅是一个教育资源不足的问题，它更是一个综合性的问题，需要整个社会多方的参与和协同。

有一次，Jill 在纪录片里看到了一所特别的乡村学校。它是由印度教育

下一站，社会企业？
——创造共享价值的实践者

家苏卡塔所建立的"云中学校"。有趣的是，在这所学校里没有老师，只有几台电脑，孩子们可以通过视频课堂在这样的教室里持续地学习知识。此外，苏卡塔还招募了一些英国已退休的老年人为孩子们上英语课，这种志愿服务对老人和孩子都起到了一定作用，老人与孩子的双向互动创造了陪伴、关怀的氛围，起到相辅相成的促进作用。Jill认为这种模式或许也可以尝试运用到中国的乡村教育环境中，它不仅成本更低，教育内容透明，还能起到共享价值的互助与互惠作用。于是她萌发了去平等教育相关网站工作的想法。

为了增强自身互联网工作经验以及提升自己的相关能力，Jill先去了阿里巴巴工作。然而没多久她心仪的平等教育网站退出了中国市场，她只能继续寻找新的相关工作机会。

在寻找下一步工作的时候，基于阿里巴巴公司有对旗下员工每年必须做三小时公益的时数要求，她碰巧到了一个当时由阿里巴巴支持的水源保护地，她在那里看到了TED团队在当地从事环境保护的坚定和热情。她也因此有了新的决定，想要用自己的所长来帮助这样的新组织成长与发展，于是，她辞去了阿里巴巴的工作，开始进入乡村工作。

令人佩服的是，辞职后的她竟然只以志愿者的身份来帮助"水酷"的项目。志愿者服务期间，她帮助"水酷"完善了许多公益团建产品，并充分发挥了品牌宣传作用，使得越来越多人知道"水酷生态村"的存在。正当整个生态村的发展逐渐走出自己的道路时，她突然意识到"水酷生态村"未来发展潜力以及不同以往的环保可持续运营模式的魅力，这让当初原本并没有打算长期留在"水酷"的她，决定正式加入水源保护项目运营团队，成为一名名副其实的全职公益人。

在青山村居住的一段时间里，Jill无意间发现村里孩子们每当假期来临时，就只会待在家里玩游戏。一方面由于家长对孩子的教育大多属于比较放任自由，另一方面是由于当地没有像大城市里随处可见的各种知名培训机构的存在。因此，一旦学校进入放假时期，孩子们则无处可去、无事可做，而待在家里打游戏、看电视似乎就是顺理成章的事了，至少孩子们的安全是可以相对有保障的。

第九章 水酷生态村：未来乡村实验区

由此，Jill 为这群孩子的成长与受教育机会感到担忧，她认为如果孩子们的课外生活中只有游戏或电视，很容易会发生越来越沉溺于虚拟世界的情况，逐渐会产生混淆现实与虚拟世界的问题，最终可能会导致拒绝接受现实或与不愿与真实世界交流。经过思考与调研，Jill 认为能有效解决该问题的方案似乎就是开办暑期夏令营，于是 Jill 开始做起了夏令营，尽自己所能地为当地孩子提供丰富多元且有意义的课外活动。借此机会，Jill 也向孩子和家长分享了有关水源地环保的相关概念，逐步帮助当地村民树立保护水源地的责任意识。经过几次打磨与优化夏令营的内容，它——"自然幸福夏令营"，现在已经成为水源保护项目每年的固定热门项目。

"水酷"的三年成长史

在 Jill 加入之前，"水酷"的收入主要依赖和阿里巴巴的合作。无论是农产品销售还是公益团建，"水酷"绝大多数的消费者来自阿里巴巴和其他相关企业。自从正式加入水源保护项目后，Jill 开始思考如何突破这样的依赖并探索可持续的商业运营模式。

她首先决定暂停后续其他农产品业务的开发。这样的决定主要受到几方面问题的影响：首先，当地村民并没有真正采用标准化的环保的种植方式进行农务，导致许多收集上来的农产品无法符合标准进行规模化的产销与后加工作业；其次，在生鲜产品较难储存和运输的条件下，如果持续推送生鲜产品的服务，必定要投入更大成本，才能达到消费者的心理预期标准。但是仍有一项农产品业务仍然每年继续通过线上销售的方式进行，那就是网上卖竹笋。

为了能达到更好的品牌效应，每次在寄送竹笋时，团队会在快递箱内放入讲述"水酷生态村"的故事卡片。经过分析后发现，当时绝大多数的线上消费群体主要来自"曾经的"线下青山村游客，这个信息非常重要，说明只要切身体验过青山村的生态环境，游客就会成为因认同"水酷"理念而下单的线上农产品消费者。

虽然对"水酷"而言，卖笋并不能够赚多少钱，毛利润极低，但卖笋只

下一站，社会企业？
——创造共享价值的实践者

是"水酷"品牌宣传的一种方式，让购买者在家里能吃到平价又放心的环保竹笋的同时，又能不断强化"水酷"仍继续保护着水源地的品牌印象。

相较于其他农产品销售业务暂停的状态，公益团建的相关业务却被保留了下来。为了丰富游客们的青山村体验，Jill和团队收集了青山村当时存在的各项环境问题和议题，然后把问题和议题包装成公益团建项目。例如有捡拾垃圾的无痕山林户外徒步项目，有保护鸟类的驱鸟牌制作工作坊，有一次性肥皂回收再造项目，等等。

这些项目为前来青山村的参与者带来了不同程度的公益环保启蒙，并进而有机会驱动他们更愿意通过分享自己的专业能量来帮助他人，甚至主动地发起公益行动项目。例如有位女青年在参与公益团建时萌发了建设自己家乡的想法，于是她就将"水酷"的资料带回家乡，把"水酷"的模式告诉乡民们。现在来青山村参加公益团建的商业企业越来越多，还有许多政府机构也因此慕名前来参观、调研和学习。

除了原有的两项主要业务外，"水酷"团队还需要开发新的更适合当地的相关业务，于是，自然教育、环保生态研学及场地空间运营等业务相继诞生。2018年，Jill和项目团队在阿里巴巴公益基金会、万向信托和社区居民的支持下，一同对已废弃20多年的当地旧小学进行改造，改造后的小学拥有了全新面貌，并升级为一所融合传统教育机制与在地自然生态可持续发展的自然教育学校。

"水酷"开展自然教育的目的在于让城市里的孩子们认识自然，学会和自然和谐相处，树立环境保护意识以及培养环保的生活习惯。为此，"水酷"设计了丰富多元的相关课程内容，例如"生命之源"水元素课程活动、"动物栖息地"课程活动、昆虫世界探秘与昆虫地图、夜探系列活动、回收肥皂重制活动等。环保生态研学则是"水酷"的最新产品，其主题涵盖自然保护、城市发展、传统文化等，目前该项目已服务超过300名学生。

在品牌宣传与环保教育方面，"水酷"在不断地探索与发展的同时，也为当地村民增加了收入来源。自2017年起，来青山村旅游的人数越来越多。面对当时村子里还没有任何酒店服务的前提下，"水酷"的志愿者团队就说服当地村民开放民宿，通过"水酷"平台将游客一一推荐到当地村民家居住。后来"水酷"把愿意合作的村民的闲置房间纳入"自然好邻居"项目，帮助村民更有效对接游客、自主提升民宿的经营能力。当然，所有村民的收入将有10%的利润是需要"回捐"到整个龙坞水库保护项目的。

随着游客数量逐年增加，"水酷"也通过平台管理的途径一步步增加对村民所提供的民宿的服务质量，并对环保运营进行要求，例如不能使用一次性制品等。当然，在项目合作过程中，"水酷"也曾遇到过一些棘手的问题，例如村民会因为利润分配争吵，产生争抢订单的行为，或者联手几位村民开始哄抬房价等。对此，Jill和团队的有效解决方式是尽力保持合作过程的公平性，以不断提升村民的市场导向（围绕客户满意度与体验感的）思维。她每个月会给"自然好邻居"的成员开一次例会。"我会告诉村民们，经营民宿要遵守市场规律，服务越好顾客自然也会越多，然后解释保持低价的原因是为了保留青山村的淳朴，塑造青山村的整体原生态的品牌风格。"如果过度商业化，不仅会失去原本的"模样"与"特色"，还会失去消费者对于整个"水酷"品牌的信任，最终谁都没有好处了。经过不断的理念宣传与理念推广，当地村民也逐渐认可了这些理念。

图9-2 "自然好邻居"会议

下一站，社会企业？
——创造共享价值的实践者

2019年，水源保护团队迎来了创立以来的第一次蓬勃发展时期，他们有了自己的环保教育场地"自然学校"，产品业务也越来越多元且有效，受到了来自社会各界的关注，所得收入也开始能完全承担起每年保护龙坞水库所需的成本了。

成为乡村里的弄潮儿

"我从来没有将'水酷'定位为公益组织。"Jill认为公益组织常常陷入"应当或理所当然"的思维，即"因为"我们做的事情对社会有益，所以公众"应该"给予我们项目理所当然的支持和帮助。而商业思维强调"打铁还需自身硬"的道理，只有把事情做好、产品做实、服务做到位，才能真正吸引更多的资源和关注。

Jill希望"水酷"被大众认识是因为"水酷"所努力尝试并实践的事情是很有趣且有价值的，而不是因为它是一家出了名的社会企业或公益组织。所以她选择用商业经营的思维来发展建设"水酷"，从而设计出面向大众的市场化产品，平等地和市场中同类型产品和服务竞争。

作为一个微小企业，"水酷"并没有因此而局限在同一个圈层内活动。它非常开放，经常发起不同类型的跨界合作。Jill认为来到村子里的每个人都有可能也有潜力为"水酷"带来新的市场契机，因此她从来不排斥任何跨界合作机会。音乐演出、杂志拍摄、二手市集等，只要合作方在它的领域里具有一定的影响力，"水酷"都愿意尝试与之进行跨界合作的实践。

"水酷"的第一个重要跨界合作伙伴是"融设计图书馆"。这是中国第一座以传统材料为主题的图书馆，由品物流形工作室成立。"融设计图书馆"的创始人寻访全国各地村落，带回来上千种中国传统材料。当时，为了提升村民的竹制品编制工艺，本地保护团队邀请"融设计图书馆"来到村里对村民进行手工竹制品编制工艺的培训。

然而，让"水酷"团队没想到的是，"融设计图书馆"正好在准备一次品牌展览的策划活动，于是他们双方决定在青山村和村民们共创所有的展品。后来这些展品还曾获得设计界的几个大奖项，为"水酷生态村"带来了

图 9-3 "青山同心荟"在融设计图书馆

更多的新闻曝光。在这次跨界合作中,"融设计图书馆"不仅教会了村民们更精巧的竹制编制手工艺,还将展品售卖所得收入的 40% 回捐给了龙坞水库保护项目。

通过这次成功且愉快的合作后,也让设计师们决定将"融设计图书馆"搬迁到青山村。因为他们的到来,青山村摇身一变,成了一个强调自然的艺术基地。许多前来学习、参观融设计图书馆的人会顺便了解青山自然学校的发展,了解"水酷"的故事。由此,许多新的跨界合作就是通过这样的一个个来访与交流过程中逐一产生了。例如有一位来访的纽约建筑师决定为青山村的邻里中心提供无偿设计方案。还有一位设计师非常喜欢观鸟,她发现村民们为了防止鸟儿吃果子会在树上挂捕鸟网,然而鸟儿挂在网上一段时间后便会死亡。于是她就想到了以制作"驱鸟牌"的方式来代替捕鸟网的解决方法,而这个问题解决的实际行动案例也最终转变成了"水酷"公益团建的课程内容之一。

下一站，社会企业？
——创造共享价值的实践者

乡村生活也很精彩

目前"水酷"由 5 名全职人员负责运营，他们每个人都有"斜杠青年"的精神与行动力，身怀多项专业技能，爱好广泛并对世界抱持一颗善意且好奇的心。他们还有一个共同点，那就是喜欢乡村生活，希望从事一份对社会有意义的工作。除全职员工外，"水酷"每年还会招募一位"间隔年"志愿者，她将在一年的时间里负责"水酷"的所有公益活动，比如自然幸福夏令营、青山 Talk、青山二手市集等活动。

"自然幸福夏令营"每年都会集结一批来自全国各地、各行各业的志愿者老师。随着夏令营的定期持续开展，"水酷"的志愿者老师队伍也越来越壮大。他们给予了"水酷"许多支持和帮助，例如在朋友圈宣传"水酷"、利用自己的专业技能给青山市集设计 Logo、在电台节目中介绍"水酷"、和"水酷"共创一个节日，等等。

Jill 在受访中提到，虽然"水酷"团队目前并没有刻意地运营这个志愿者社群，但是会保持微信公众号"青山村 Nature Hub"每周更新最新信息的频率，分享"水酷"近期所开展的相关公益活动或各类项目发展进度，通过平台与大家保持交流与互动。

Jill 提到，当年报名夏令营的孩子已经超过了 300 人，但受限于场地面积等诸多因素，她们只选择了最早报名的 40 位孩子。为了满足剩下 200 多名孩子的需求，她们联合阿里巴巴"百年湖畔"课程团队举办了周末阅读班。在周末阅读期间，有一位阿里巴巴的志愿者给 Jill 留下了深刻的印象。他为课堂准备了两本书，一本是他讲课用的英文书，另一本是让孩子们讲给他听的漫画书。这由此启发了 Jill 在公益课堂中的另一种思考，往往人们在公益活动中把参与该活动的孩子们理所当然的视为受助者，然而，这其实是一种不对等心态的表现，也是单向灌输知识的表现，这种不对等的关系容易给孩子们带来不同程度的心理压力。因此 Jill 在后续的课堂中设置了老师和孩子"交换技能"的机制，希望能够建立起更加对等的教育学习关系。

因为"水酷"的存在，孩子们开始有机会接触到更好的教育，村民们也享受到了更丰富的精神文化生活，例如青山市集、春晚、运动会、演讲会。此外，村民们也都能自主地加入各式各样的兴趣团队，如羽毛球队、篮球队、观鸟团、动植物团等，并和来自世界各地的访客成为朋友。很多村民跟 Jill 说："以前孩子们都不爱回家，现在（一放假就）经常回来，作为青山村的村民他们感到非常幸福。"

而这一切的变化，在 Jill 的眼中都要从有一些村民开始主动承担"环境保护监督者"和"宣传公关者"的角色开始，当村民们愿意为自己的社区贡献自己的力量时，青山村便已不再是以前的青山村了。

此外，"水酷"还在"青山同心荟"中设立了一笔经费，他们会定期组织新入住的村民去参加各项活动，当这些新村民彼此逐渐熟悉后，也常自发性地组织他们自己的活动。

随着许多新闻媒体相继对青山村的报道，当地相关政府单位也开始从各方面对青山村进行相应的支持。然而，村委会意识到想要获得政府财政上的支持，还需要把方案做得更细致与专业。为了能尽早提出并规划好具体方

图 9-4 青山村新老村民在文化礼堂学习踢踏舞

下一站，社会企业？
——创造共享价值的实践者

案，村委会与各方开展协商，最终，由村委会牵头设立一个决策机制，邀请"融设计图书馆"和"自然学校"分别担任美学总监和环境总监，让他们对村里的公共场所改造计划提出专业的建议和方案，从而使这些计划更顺利地列入政府财政支出。

  Jill 认为青山村的改变不是因为特定的"某群人"的力量所造就的，而是因为有一群愿意长时间扎根在乡村的年轻人的存在。这群青年人保持着和城市一致的专业工作生活节奏，热爱生活、心怀世界。如果其他村子里也存在这样的一群青年人，他们也可能有机会发生同样的转变。青山村的成功改变也绝对离不开当地村委会的开明、远见与支持。早在"善水基金"成立之前，村主任便带着中国 TNC 项目官员张海江一一拜访当地村民，在促成龙坞水库保护项目的前置基础工作上功不可没。后来村主任还把"东坞礼堂"和"自然学校"的场地低价出租，为"融设计图书馆"和"水源保护团队"提供了稳定的栖息地，由此推动了后续一系列的项目发展与活动实践。

  "水酷"的短期目标是进一步完善每一项服务和产品来持续提升用户体验，此外，根据不同年龄层孩子的需求来调整自然教育的课程体系。由于缺乏市场资源，"水酷"选择了与渠道商合作的方式来获取用户，而中间商难免会赚取

图 9-5 青山村启动未来乡村联合工作坊合影留念

差价，这种方式不利于产品的长远发展。因此，继续强化团队获取用户的能力也是"水酷"接下来的努力目标之一。此外，他们还希望与更多的自然保护区建立长期合作关系，共同携手探索更多可持续环境问题解决方案。

原本 Jill 想上调团队的薪资水平，然而受疫情影响，只能把这些想法往后延，以保持原状的方式先度过这个关键时刻。"我们应该让解决社会问题和追求生活美好齐肩并进，而不是鼓励年轻人（大量）牺牲个人利益（来）投身于公益事业中。"她希望有一天"水酷"能够让年轻人意识到留在自己的家乡发展也能找到工资待遇好、自然环境好、有趣并且有意义的工作，这样才能做到真正吸引更多年轻人转身回到自己的家乡，"卷起袖子"投身于乡村建设的事业中。

未来"水酷"希望能够建立一所"乡村学院"，招募更多年轻人来乡村度过间隔年，为他们提供目前学校教育中缺失的另一种自主学习与自发成长的教育模式，一种可以更有效地发挥每一个人创造力的天地。"水酷"团队坚信扎根于乡村，绝不是一种牺牲，而是一种实现自我价值的途径与机会。

与社会企业家的七问七答

作者：对你而言，社会企业是什么？
Jill：用商业方式去解决社会问题。

作者：对你而言，社会企业家精神是什么？
Jill：用专业能力解决社会问题。

作者：你对想投身生态经济行业的社会创业者的建议是什么？
Jill：时不时要回头看看你当初创建这家社会企业是为了什么。

作者：创业以来，对自己而言最大的挑战是什么？
Jill：平衡环境保护跟商业发展之间的关系，以及如何处理在村子里没有足够的合适的劳动力的问题。

下一站，社会企业？
——创造共享价值的实践者

作者： 你想对自己的团队说的一句话是什么？

Jill： 我们一起来创造一个自己想要的生活。

作者： 你想对服务对象说的一句话是什么？

Jill： 希望我们所做的这些事情或多或少会让您有一些启发，或者说会让您和自然变得更亲近。

作者： 你对中国未来社会企业和你所从事的行业的思考和期许是什么？

Jill： 中国的乡村有非常多的宝藏，我希望有更多的年轻人愿意把他们所学到的东西投入乡村中，去探索两者之间的契合点。

水酷生态村共享价值分析表

解决问题		水源地生态环境问题	水源地社区发展问题	自然教育问题
	识别需求	1. 饮水安全需求 2. 政府保护生态环境需求	1. 乡村经济发展需求 2. 乡村发展的人才需求 3. 乡村与外界连接资源的需求 4. 水源地村民收入需求	1. 自然教育的需求 2. 保护环境的需求
创造共享价值	手段	1. 赚取收入补贴水基金，保护水源地所需支出 2. 举办夏令营，通过教育活动培养村里儿童保护环境的意识 3. 将村里的环境问题融入公益团建业务中，让参与者共同解决环境问题 4. 在帮助村民开展民宿业务的同时要求他们履行保护环境的义务，将部分收入回捐到水基金	1. 营销青山村的环保农产品，在线上销售，定期举行农产品市集 2. 与其他企业合作举办文娱活动，丰富乡村文化生活 3. 邀请艺术家入驻青山村工作和生活，吸引专业人才 4. 和其他组织合作，教授村民编制手工艺品售卖	1. 建立自然学校，开展自然教育 2. 开展研学活动 3. 开展公益团建活动，企业员工参与解决青山村当地的环境问题
利益相关者		村民、饮水居民、政府、社会组织、企业	村民、政府、城市居民、企业、社会组织	村民、社会组织、城市居民、自然保护基地

续表

解决问题		水源地生态环境问题	水源地社区发展问题	自然教育问题
产出	社会价值	1. 为居民提供更优质的饮用水 2. 改善水源地生态环境 3. 增强水源地居民参与社区公共事务的意识、保护生态环境的意识 4. 可持续生态保护创新模式的实践	1. 丰富乡村的文化生活，提升乡村居民的幸福感 2. 促进乡村社区建设、新老居民和谐相处 3. 可持续生态经济创新模式的实践	培养城市儿童的环保生活习惯，树立环境保护意识
	经济价值	1. 提高农产品质量 2. 保持水源地水质与土壤品质 3. 提高青山村的知名度	1. 增加水源地居民收入 2. 开展更多商业性的跨界活动 3. 增强项目自身的财务可持续性	增强组织收入
竞争力		1. 慈善信托创新模式 2. 整合政府、企业、社会组织、水源地居民共同保护水源地 3. 获得地方居民和政府的支持	1. 将外界资源引入乡村 2. 村民和村委的大力支持 3. 平衡乡村经济发展和生态保护的发展模式	1. 团队成员拥有丰富的教育经验，可整合教育资源 2. 志愿者网络输送人力资源

第十章
滋农游学：共建乡村美好

自新中国成立以来，中国政府一直重视并持续投入农村发展，从乡村建设、新农村建设到脱贫攻坚，再到"十四五"规划中乡村振兴新政策等，都是我国在实践中国特色社会主义农村发展道路的具体证明。

在多年持续发展农村的过程中，各地出现了一些成功的案例，创造出许多以社会企业发展方向为理念的组织，而"滋农游学"便是其中之一。"滋农游学"提出"引导城市再识乡土"和"协助村民共建乡土"等发展理念，能够帮助当地村民深度挖掘自己乡土社会的文化、历史、手工艺和自然环境等资源，由此开发成能够提供城市居民前来走访的深度体验游学项目。此外，"滋农游学"还推动村民将村庄内闲置空间进行民宿改造，并且提出了"民宿+在地文化体验"的设计，由此既能为城市居民前来休闲度假提供服务，也能有机会带领城市居民去重新认识生态乡村的美好，以此促进城乡融合发展。截至本案例的撰写，"滋农游学"共计在浙江、福建和四川等地参与或精研管理着5个乡村旅游景区和7个民宿项目。

困境中的生机

2008年，张琪还是就读于重庆邮电大学的一名大四本科生。临近毕业，汶川地震发生，张琪希望能力所能及地作点贡献，于是就跑到了都江堰灾区。

一路上，满目疮痍的城市和大面积房屋坍塌的乡村环境，触动了他第一次认真地思考生命的脆弱性和人活着的意义与价值。

进入灾区后，他遇到过形形色色的人，无论是打哪来的人，大家都在力所能及地帮助灾民，大爱的力量也因此化成一个个忙碌不停歇的身影，出现在视野所及的每一处角落里，从白天到天黑，从黑夜又回到白昼，周而复始地为了"抢时间救人"。在那里，他找到了自己人生的答案——要在短暂的人生里为社会做些更有意义的事情。

于是在毕业的职业选择中，张琪立即报名参加了梁漱溟乡村建设中心发起的"第四期农村可持续发展青年人才网络培养计划"，留在都江堰，做灾后重建的志愿服务工作。在汶川志愿工作的三个月里，他逐渐形成了对乡村建设和公共服务等领域的基本认识。此后，随着不同类型的项目开展与推动，他也接触到了不同社会问题背后所牵涉的种种复杂因素与关系，例如农民工问题、留守儿童问题等。他在逐渐丰富实践经验的同时，也开始对公益慈善有了更深刻的理解和思考。

2012年，张琪被团队调往福建并开始独立负责一个叫"爱故乡"的项目。他和同事们在当地共同成立了福州市汇贤公益服务中心，主要是为外地打工者开展社区服务工作，同时负责龙岩培田客家社区大学和莆田汀塘社区大学的两个乡村可持续发展项目的推动。

这些项目及活动在公益慈善基金会的资金支持下，运作顺利，后来还逐步形成了以农民为主体，通过引导与赋能，调动农民参与相关项目的积极性，培育出几个地方性的村民自治组织，并在不同村庄开办社区大学来推动相关教育服务。最终，张琪与团队成功地组织了农民合作社、妇女文艺队等，不仅丰富了当地村庄的文化精神生活，也推动了当地的经济发展。

他们还帮助一些村庄缓解了地方性教育资源稀缺的危机。例如有着500年历史的培田小学，只剩下25名学生、4位老师，面临撤点并校的窘迫处境。地方村干部和村庄乡贤一致反对撤校。当时社区大学作为当地社会组织代表也因此有机会参与讨论，张琪提出通过联合多方公益协同力量，招募志愿者老师前来学校教课，并成立教育基金资助优秀学生。通过一系列

下一站，社会企业？
——创造共享价值的实践者

改善与调整措施，学校成功吸引了许多外流的学生回来上学，也逐步提高了学校的整体办学水平。最终，培田小学获得了能够继续在当地办学的资格。

然而2014年，受到外部某些因素的影响，支持培田小学的公益项目资金紧缩，后来甚至还直接影响了张琪与同事们共同创办的公益组织的正常运作。在这关键时刻，张琪和他的团队伙伴们必须尽快作出抉择——继续投身于乡村建设事业或黯然离去。

经过多次讨论，团队成员一致认为乡村建设是一个对自己和社会都有巨大价值的事业，值得大家继续探索与实践。于是大伙最终决定继续留在乡村，探索新的实践运营模式。

也在当时，国内公益慈善事业发展正迎来一阵社会企业之风，越来越多人开始讨论这种组织概念，还引起了行业内对于"公益向左，商业向右"议题的争论。张琪就是在这样的背景下报名参加了"木棉花开社会创新家培养计划"。

在张琪看来，社会企业是能够解决当时整个团队困境的一条出路。长期以来，公益慈善事业从业者普遍需要面对长期薪资待遇较低、各类社会保障不全或容易中断等现实挑战，因此，往往需要伙伴彼此"用爱发电"才能继续坚持工作。张琪希望团队能在为社会创造公共价值的同时，也能够获得更多的经济回报和生活保障，这样才能够可持续地支撑大家继续留在公益慈善领域服务。此外，他也发现，一个乡村若想可持续发展，并不能只依靠当地政府拨款或只用传统的公益慈善方式来运作，必须要具备"自我造血"的能力。

张琪分享了一些令人有些心酸的经历。曾经有些村民虽然会感谢张琪和队友们的无私奉献，但因为团队总体收入不高且生活品质一般，便有些村民拿他们作为反面教材，告诫自己的孩子、孙子长大后"千万不要留在村里发展，要去大城市工作才能赚大钱"。

面对这些非常真实的现状，张琪的心中真是五味杂陈，但这也反映了从事乡村建设过程中的许多无奈。张琪对此也表示理解，在市场经济体制下，寻求个人利益最大化似乎是当前社会的主流，而乡建工作者的目标却与这种潮流背道而驰。由此,也推动了张琪和团队重新反思整个乡村建设的工作模式。

张琪告诉我们,在乡村建设的过程中,公益慈善组织对乡村的美好期待并不一定是村民们的期待,甚至很多时候,更多的是公益慈善组织自己的期待。其实当地村民们有自己的人生观和价值观,每一个个体也都有不同的追求,因此,村民们常常很难理解公益慈善组织眼中的乡村问题或议题。所以这种依附于外部公益基金会资金支持所设置的乡村建设计划或项目,很多时候是很难完成的,或是能完成个"样子"但却没有深入村民的心中,例如培育村民的自主性模式便很难在村里取得好效果,因为村民的主体性一直都存在,只是他们的主体性所需要的或想追求的并不等同于公益慈善组织所期待的。

为此,张琪和团队调整了心态,改变了自身在村里的角色定位,从乡村建设的协作者转变为乡村建设的行动者。"只有你自己真实地投身到乡村建设工作的场景里,并且真实地创造出价值(与利益)来,才能吸引村民跟你一起往这个方向努力,才能真正推动村民'主体性'的改变。"张琪说道。

暂时的挫败

决定转型后,张琪首先瞄准了"游学"的市场。因为培田村不仅是国家4A级景区,还是中国少数仍保持着相对完整的传统古村落之一,因此具备较好的文化旅游创业的条件。然而许多人容易误解"游学产业",以为办"游学"不需任何投资与成本,但事实并非如此,"游学"虽然是一种轻资本投入的行业,但是如果想要做好、做到可持续发展,必须要在内容上投入许多心血才行。

早期张琪曾在这个村庄开展过支教活动,而在支教过程中,他与团队曾经为了获得更多支教内容以及帮助当地孩子更好地了解自己家乡,了解了许多当地的乡土文化与历史,因而积累了许多资料,而这些资料便是能够直接转化为商业游学的最好素材。

由此张琪与团队开始了在培田村的创新实践项目。项目开展一年后的

下一站，社会企业？
——创造共享价值的实践者

图 10-1　2015 年成立滋农游学的团队照片

2015 年，又迎来了"双创"的热潮，市面上的风险投资基金比较火热，张琪与团队也在这次社会风投中很幸运地拿到了 120 万元的天使融资，注册了"滋农游学"，开始做起线上线下相结合的乡村游学平台。

为了能够为客户们提供更多优质的乡村旅游服务，团队在获得风投的短短两年时间里跑遍了 100 多个村庄，做了许多旅游发展规划工作。然而，在投入了大量时间与精力后，公司的整体营收并没有因为乡村旅游服务选择点的扩大而增加，使得公司年度总收入小于支出，最终造成了整体财务持续处于亏损状况。

第一阶段的尝试未能获得如期的效果，经由反思与分析后，张琪认为其主要原因来自内部因素。首先，团队成员不仅缺乏商业管理相关知识与经验，还缺乏旅游行业运营所需要的网络资源，因此，即便有许多乡村旅游服务选项，但市场却很难因此被打开。其次，从公益慈善组织转型为社会企业需要处理公益慈善和商业经营之间的冲突与矛盾。这包括团队内部成员对于社会企业发展方向的定位，在定位不清的前提下，内部成员在执行项目时很容易产生偏移或抓不到重点的情况，在面对组织与村民之间利益冲突时也容易产生疑惑。

比如，他们曾经在项目执行过程中发现，合作的村民为了躲避与"滋农游学"利润分成，绕过"滋农游学"和客户直接沟通并进行交易。从商业角度来看，这种行为缺乏契约精神、不讲信用，应该给予警告和制止。然而从公益慈善培育村民的视角而言，这种行为意味着村民已经认同了游学的经济价值与潜力，并且具备一定的独立承接客户的能力，应该是件值得高兴的事。

也因此，当面对这些相关问题时，团队内部常常会出现分歧，最终演变为因为理念不合而导致一部分成员离开团队。与此同时，当公益慈善转型向商业经营的方向前进时，村民们对团队的态度也因此发生变化，比如有些村民会认为张琪和团队都变了，开始和村民抢生意做了。

此外，管理风格的改变也引起了进一步的组织内部冲突。团队成员们习惯了过往公益慈善组织较为扁平且相互对等的管理风格，在项目开展与任务完成度上也没有绝对的硬指标，而这一切都与商业管理所追求的效率和行事风格有很多的冲突。

当然，除了主要的内部因素以外，也有外部因素的影响。由于当时乡村旅游刚起步，整体市场的需求并没有想象中大。再加上早期乡村旅游主要是为周边大城市居民周末短期旅游的需求进行服务，而福州作为省会城市，如今总人口虽已达780万左右，但相关的乡村旅游消费概念却仍在原地踏步状态。此外，若想把其他省市的游客吸引到距离较远的村庄，那么整个团队又缺乏相关旅游产业的专业与信息网络来进行相关的推送。面对这些问题，张琪和团队于是开始着手调整组织的整体发展方向。

回到乡村，重新出发

2017年"滋农游学"从城市的基地退回到深耕已久的培田村，只专注于提供游学内容和民宿两种服务。因此在市场推广和销售工作方面，"滋农游学"选择直接与旅游平台和渠道方合作，这样才能聚焦并发挥出团队熟悉乡村的这个优势。

下一站，社会企业？
——创造共享价值的实践者

图 10-2　第一家民宿"花泛间·滋农小院"

第一栋民宿"花泛间·滋农小院"于 2018 年 5 月正式建成并对外运营。它是由原来的公益组织办公室改造而成的民宿，设计师利用大量的在地材料修建与装修民宿内外观，这样不仅有效降低总体成本，还保留原始乡村宅院的特色。对外运营后，这栋小院持续吸引了许多村民前来参观，后来也演变成了村民们学习运营自家民宿的最好模板。

这次张琪和团队对当地村民进行了多次培训，希望由此能将修建民宿和建立标准化服务流程的相关专业知识与经验传授给村民。可能是因为从村民的需求重新定位了培训内容，因此，过往曾经不太受待见的公益培训瞬间转变成"香饽饽"的村民活动，获得当地村民的争相报名。为了避免造成利益冲突，张琪和团队还特别把自己"花泛间·滋农小院"的产品定位和价格与村民的民宿服务作明显的区别，这样一来就能减少与同村农民形成直接竞争的关系。

相比在大城市里的工作状态，张琪和团队回到并扎根于乡村的工作状态似乎又找回了当初那种熟悉的味道。因此，团队在执行任务和培训村民的过程都得心应手。在第一栋由商业众筹完成的"花泛间"民宿建成和运营后，团队又进一步开拓，与"滋农游学"的商业服务模式进行匹配，最终构建出了不同于以往的运营逻辑，也帮助"滋农游学"由原本的一家以游学为主要服务内容的提供商，转型成为以非标类民宿运营为主、游学服务为辅的一体化服务体验企业。团队接着以此经验为基础，开始了进一步的以非标类民宿的商业带动当地村民发展的模式进行扩张。

随后于2019年，第二家"大湖原舍"民宿开始投入运营；2020年6月，第三家"花沄间·乡见花竹"民宿也正式开始对外营业；2020年9月，第四家"沐云·柿子树小院"顺利开展服务。

重回乡村怀抱后的"滋农游学"团队，对张琪或团队的每一个人而言，都是重新思考自己定位与未来发展的契机。也因此，"滋农游学"的社会使命也越发清晰。他们将使命进一步梳理与归纳为"发现、分享、共建乡村的美好"，并确立组织目标为"引导市民再识乡土，协助村民共建乡土"。

张琪和团队都希望通过"民宿"和"游学"相结合的项目，从自身开始着手做示范，进而能产生带动村民们一起建设自己乡村的影响力，与此同时，也为城市居民重新回到乡村、认识乡村、体验乡村开辟出另一条路径，进而吸引更多人加入乡村振兴的事业中。

获得新身份——乡村集体资产运营商

2017年，乡村振兴上升为国家战略，各级政府也颁布了一系列相关支持政策。从实际效果上看，在浙江省美丽乡村建设的五年中重点村已经获得5000万元左右的财政拨款与投入；福建省投入重点村庄的资金也累计到2000万元左右。因此，乡村振兴在国家相关政策与各级单位的共同努力下，百千万个乡村基础设施建设都取得了巨大进展，达到基本上每个行政村都完成了"五通建设"的硬指标。与此同时，国家还发布了一系列的配套政策做进一步的农村结构改革，例如集体产权制度改革，使得新成立的股份经济联合社能更好地承担起发展集体经济的角色；集体经营性建设用地入市能帮助村集体获取更多的土地增值收益；宅基地所有权、资格权、使用权"三权分置"的改革使得市民下乡发展民宿有了更多相关制度的保障等。由此可见，这些配套政策引导了许多不同的社会资本下乡与当地的集体经济进行合作，为乡村振兴的后续发展提供了更多社会创新创业的

下一站，社会企业？
——创造共享价值的实践者

可能性。

对张琪而言，乡村振兴还应该重点讨论集体产权制度改革对乡村可持续发展的长远影响。集体产权制度改革之前，农村集体资产管理并不完善，表现在集体资产产权归属不清、权责不明、保护不严等方面。这次改革就是对集体所有的各类资产进行全面清产核资，希望借由更完善的管理制度，以避免农村集体资产向外流失，把农村集体资产折股量化确权到每一户农民，使得"村民变股东"。这样一来，大家就能在集体资产收益里获得分红，农民的收入也就能因此增加。获得感提升后，村民们由此也会更认同国家乡村振兴相关政策，更愿意参与村里的集体发展项目。

2020年7月，中国农业农村部发布了全国集体资产的统计数据。全国共计有集体土地总面积65.5亿亩。清产核资反映出我国农村集体资产的基本面貌，这是今后进一步开展相关行政管理和可持续运营的重要依据。

而农业农村部所公布的普查数据还是让张琪和团队很是吃惊，没想到"被逃离"的乡村还具有如此庞大的资产，而他们也因此看到了另一个新的市场需求，如何让集体资产保值增值？

在此背景下，"滋农游学"决定另外开辟一块新业务——运营乡村集体资产，由此"滋农游学"完成了自身业务模块上的第三次变化，由非标类民宿运营加上游学的企业，进而转型与调整为集体资产托管运营商。

2016年"滋农游学"与德清县禹越镇三林村的股份经济联合社合资成立了一家公司，负责全村30年的集体资产运营。三林村定位为"白鹭水乡·国际慢村"，而总体发展目标是将三林村打造成为一二三产融合发展的"模板"，进而在推动生态资源的产业化开发、解决乡村老龄化和产业空心化等问题上找到社会创新的突破口。

浙江德清县禹越镇三林村面积6平方千米，现有农户952户，人口3936人。2016年，"滋农游学"开始介入，完成三林村乡村旅游的总体发展规划；2017年，正式组建旅游开发公司；2018年，三林景区成功获得国家3A级景区和浙江省生态文化基地资格。截至本案例的撰写，三林村共引入浙江大学数字乡村研究院等10余个高素质人才的创客团队，吸引了10万余旅游人流量，创造了300万的年度旅游收入，为村集体经济增收了150

图 10-3 第一个整村运营的项目三林村

万元。

经过 4 年的持续探索与转型升级，张琪与团队逐步总结出三林村集体资产运营的经验。他表示，村集体资产运营是根据温铁军所提出的三级市场发展模式为理论框架，一级市场旨在通过对生态资源摸底、评估、整合、确权、确股，实现资源变资产的过程。二级市场是组建生态资源运营管理公司，引入外部市场化资金和专业运营投资商，实现生态资产向资本转变的过程。而三级市场是采用本地产权交易所构建的平台，通过集体资产信托、集体股票质押等来推进板外交易，完成乡村资源的证券化进程。

张琪在分享相关操作过程中说道，首先三林村通过村集体股份合作社，完成村庄资源的清产核资和股权量化，其中涉及园区内部土地或房屋属于私人产权的情况，会通过赎买回购或土地流转的方式进行，以确保三林村资源的整体整合工作。例如第一期万鸟园项目中的废弃厂房，是个体户所拥有，因此由村集体出资 200 万元回购，并办理产权证。

其次是整合政府的涉农资金，加大对农村相关基础设施和公共服务投资，实现资源最大限度溢价。以三林村为例，作为德清县重点打造的精准小村，有国家和省市县的相关资金共计 8000 多万元，通过资金整合，有效开展当地基础设施建设，提高地方公共服务能力，由此极大地改善了村庄整体

下一站，社会企业？
——创造共享价值的实践者

环境与生活品质。

接着是吸引外来投资，形成组合投资和三产化资源的多元开发合作。三林村股份合作社以整个村庄30年的运营权入股，同"滋农公司"所成立的德清滋农乡旅旅游开发有限公司合作，村集体占有公司40%的分红权，且保底年20万元收益。万鸟园项目为村庄开发的第一期项目，建筑面积达5000平方米，其中包括民宿、餐厅、户外露营等各种基础配套业态，另外还有150亩的市民农园作为学习、体验服务的主要场所。

最后协调金融机构，利用县级担保基金，为乡村旅游开发项目提供部分金融支持。2018年10月，德清农商银行给予"德清滋农"200万元的信用贷款。

在历时4年的努力后，三林村的项目经历了从立项、规划、建设再到运营与收成的整个过程。张琪和团队认为，三林村项目是一个在社会创新与共享价值思考下的乡村振兴案例。

乡村拥有无限可能

现在"滋农文旅"形成了既独立又相互支撑的三个品牌业务模块。"滋农游学"是滋农文旅旗下的游学品牌，以乡村体验为主要目的，通过整合当地资源，构建出深度游学项目的内容，将旅游与教育相互结合，满足周末亲子家庭寓教于乐的需求。"花沄间"是滋农文旅旗下的民宿品牌，通过投资直营和托管代运营等多元方式，助力非标类住宿，服务内容包含前期包装、后期运营管理、线上推广分销等环节，为乡村民宿点打造一站式管理服务平台。整村运营是第三块业务，主要选择历史文化和自然资源比较优质的村庄开展业务，通过协同地方政府和村集体，共同打造当地村庄的田园综合体，并根据规划逐步实现民宿、餐饮、咖啡馆、体验工坊、游学等业态的开设，满足市场的休闲度假需求。

如此三块业务的建构，逐步形成了点、线、面相结合的商业运营模式。其中，民宿是体验乡村生活的一个点；游学是了解乡村历史文化和自然生态的一条线，而集体资产开发运营则是乡村建设的一个面，它能够调动与整合

第十章　滋农游学：共建乡村美好

图 10-4　培田村的公益夏令营活动

全村资源，创造出更大的共享价值。

在公益慈善方面，"滋农游学"仍然保留了最初所成立的两家民办非企业单位。福州汇贤公益服务中心仍然专注于当地人才培养服务，他们联合福建省林文镜公益慈善基金会和《福建日报》共同发起了"大地之子乡村人才培养计划"，采取理论课堂、田间实训、外出考察、小额资助等多种方式来培养农村骨干和青年人才，希望借此获得更多乡村集体资产运营所需要的人力资源。培田客家文化交流中心也继续深扎培田村，除了开展社区教育等相关服务以外，还在社区文化等社区总体营造工作上助力。

张琪告诉我们，"滋农游学"所取得的成果离不开两个重要因素。

一是宏观环境深深地影响着"滋农游学"的发展。在国家鼓励创新创业时，他们顺利地获得了第一笔融资；在众筹成为互联网潮流时，他们通过众筹获得修建第一栋民宿的资金；在乡村振兴被政府提上议程时，他们获得了

179

下一站，社会企业？
——创造共享价值的实践者

运营三林村集体资产的机会。在"滋农游学"的每个发展阶段，外部宏观环境的变化都发挥了重要作用。

二是"滋农游学"聚集了一群愿意扎根于乡村、踏实做事的团队成员。团队已在乡村发展领域深耕了12年，拥有丰富的乡村工作经验，因为具有与村民交流及实际操作的综合能力，才使得团队在推进每一个项目时都非常顺利。

"乡村的衰败是由于追求工业化和城市化所导致三大资源净流出乡村的结果。"因此，乡村建设是一个系统性的项目，需要多种力量在多个维度的协同才有可能实现真正的乡村建设。根据"滋农游学"的发展经验，张琪提出乡建创业者至少要满足五个方面的需求：政府对于乡村振兴的政治需求；村集体对村财政征收的考核需求；村民对共享发展成果的需求；游客对于高质量服务的需求；小微创客对于资金和客流的需求。因此，农村建设需要乡村创客们以更开放、包容且共赢的心态来应对所出现的各种挑战。

现在，"滋农游学"已经在永春县协助地方政府开展实现乡村生态资产价值的试点工作，希望通过3—5年的实践，能够打通"绿水青山"就是"金山银山"的绿色经济通道，为中国的乡村振兴发展提供又一个新的解决方案。

对于"滋农游学"的下一步发展，张琪说希望能够在国家乡村振兴总体战略下，持续完成100个乡村旅游目的地的打造。未来乡村建设仍保存着巨大发展空间，正等待着"懂得价值"且"具备能力"的团队到来，实现农村发展的"华丽转身"。

与社会企业家的七问七答

作者：对你而言，社会企业是什么？

张琪：简单而言，社会企业就是用商业手段解决社会问题的企业。

作者：对你而言，社会企业家精神是什么？

张琪：社会企业家精神有两层含义，第一层含义是指要真正解决弱势群体面临的问题，第二层含义是指追求社会利益最大化，将收益重新投入于解决社会问题之中。

作者：你对想投身乡村建设事业的社会创业者的建议是什么？

张琪：我建议想投身乡村建设事业的社会创业者，不着急直接进入乡村，不妨先进入商业组织训练自己的商业思维，积累一定的市场资源，再去做社会创业。因为乡村的社会创业没有想象中的那么简单，对人的综合能力要求很高，而且要耐得住寂寞，不可能像互联网等新兴产业那么快速，需要工匠精神一点一点打磨和积累。

作者：创业以来，对自己而言最大的挑战是什么？

张琪：最大的挑战是平衡家庭和工作。公益的时候，虽然收入少，但毕竟一个人，压力小，理想和情怀更多一些。创业之后，因为早期没有积累，要白手起家，所以会出现贷款负债经营的情况，加上成家之后，各项家庭开支急剧增加，生活压力较大，且还要平衡家庭和工作之间的关系，这对人的挑战比较大。

作者：你想对自己的团队说的一句话是什么？

张琪：我们所做的事情是有社会价值的，也一定会有经济价值，相信命运不会总让老实人吃亏，我们的付出一定会有回报，加油！

作者：你想对服务对象说的一句话是什么？

张琪：希望大家能够团结起来，抛掉利益冲突和矛盾，共同建设美好乡村。

作者：你对中国未来社会企业的思考和期许是什么？

张琪：我希望未来中国的社会企业能够提出本土化的理论，总结自己的经验，讲好自己的故事。

下一站，社会企业？
——创造共享价值的实践者

滋农游学共享价值分析表

解决问题		乡村发展问题	乡村集体资产运作问题
创造共享价值	识别需求	1. 乡村经济发展与地方社会人文脱节 2. 乡村发展可持续性不足	乡村集体资产运作模式急迫的转型升级需求
	手段	1. 为城市居民提供本地乡村特色体验 2. 修建乡村民宿，向村民教授民宿运营经验	1. 与村集体股份经济联合社合作，共同打造乡村品牌 2. 提供乡村公共服务 3. 对接乡村内部和外部资源 4. 培养乡村建设人才
利益相关者		城市居民、村民、志愿者	政府、村民、乡村干部、社会组织
产出	社会价值	1. 推动乡村旅游和生态发展 2. 增加村民对可持续发展的了解 3. 改善城市居民对乡村的认知	1. 提高村民生活质量 2. 增强村民对家乡的认同感 3. 增强村民们对共建乡村的意识 4. 培养乡村建设人才
	经济价值	1. 提升村民民宿运营能力，增加乡村居民收入 2. 增加村民就业	1. 盘活村集体资产 2. 增加村民就业
竞争力		团队长期驻扎乡村，能够嵌入乡村社会网络	1. 联动内外部资源的能力 2. 拥有专业的乡村建设网络资源 3. 适应不同圈层制度规范的能力

第十一章
大鱼营造：助力社区可持续发展

社区是人们能以最低成本参与公共生活的场所。然而，伴随着城市化快速发展，如今社区居民的组成更加多元且复杂，居住群体异质性逐渐增高，加剧了居民间"原子化动向"，导致社区里人与人之间的关系变得更加冷淡，邻里关系也不再具有过往熟人社会的氛围，取而代之的是一种较为冷漠的利益关系，一旦生活中出现矛盾与误解，在缺乏有效沟通的前提下，这些矛盾与误解很容易进一步演变成邻里间冲突，比如停车难、住家与商铺矛盾、物业与业主冲突、垃圾处理问题、宠物和流浪动物等。面对这些窘境与挑战，社区居民应该如何面对？如何产生有效的处理方案？除了指望地方政府相关单位出面解决，或许，人们也可以从另一种思路来重新看待这些议题。由此，"社区营造"诞生了。"社区营造"是基于地域社会既存的相关资源，在多样化的主体参与和协作下，逐步凝聚社区利益相关方的共识和改善方案，进而对居民所居住的环境和相关议题开展渐进式的调整与改善，促进社区融合。在上海，就有这样一群来自不同专业领域的青年人团队，活跃并融入社区，除了努力优化自己所居住的社区，他们还助力许多基层政府与组织解决社区问题与矛盾。而这群青年人把自己比作一条条小鱼，向构建一个理想的"社区营造"目标不断地游啊游，为许多上海老旧社区赋予新的活力。

下一站，社会企业？
——创造共享价值的实践者

五人结盟，大鱼诞生

"大鱼社区营造发展中心"（下文简称"大鱼营造"）始于五位"80后"斜杠青年的相遇。他们之中有四位是具有建筑相关专业背景的设计师，并在不同领域创立了自己的事业，而第五位青年则是一位完全从事社区营造专业研究与实践的博士研究生。

何嘉，一名"80后"建筑师，同济大学建筑系毕业后，他选择继续深造，参加了同济大学和柏林工业大学的联合硕士培养计划。那一年是2007年，也是中国即将举办北京奥运会和上海世博会前夕，许多举世瞩目的建筑在这两座城市拔地而起。而在同时期的德国柏林，则迎来了完全不同的另一番景象，人们自发地用艺术和创作修补老旧建筑的"裂缝"，润物细无声般地改变着自己居住城市的模样。

在建筑师的眼中，新生建筑是一座城市的经济与社会快速发展的符号和象征，而历史建筑是城市文化的岁月印记。这两种具备强烈反差的情景就好似建筑之于社会的一体两面，无论向前发展、原地踏步或是向过往回顾与沉淀，一个地方的建筑物变化都能在人们的生活与工作间留下痕迹。而历史建筑所代表的当地城市文化似乎能为何嘉带来更深远的影响。

2010年硕士毕业后，何嘉进入了国内知名的建筑设计院工作。那一年是中国城市建设"黄金时期"的第十年，超高层建筑像雨后春笋般拔地而起，全国各地的高楼与超高建筑的项目也层出不穷，与此同时，大都市的房价也迅速如火箭般飙升。当时何嘉参与了许多重大建筑项目，然而当开发的建筑面积越来越大、楼层越来越高、整体规模越来越庞大时，他却感觉自己的"心"似乎离所设计建筑的本体渐行渐远。

记得在某一次地产高峰会上，他不禁发出"到底谁在为大多数人做设计"的问号。令他惊讶的是，这个自我提问似乎已经潜伏在他的心中许久了，几经思考后，当大多数人还没有意识到这个关乎人与建筑关系的疑问时，何嘉决定尝试"走出"自己的建筑设计师"圈圈"，尝试找到自己"内心声音"答案的那条道路。

于是他找到了云南沙溪马坪关的乡村营建项目，在那里他第一次接触到"社区营造"的理念，也因此逐步找到了自己的答案，原来建筑是社会价值的缩影，人们可以从当地建筑中"看见"一个地方的"社会"面貌。

有了这些不同于以往的人生体悟，在设计院工作五年之际，何嘉最终选择了辞职，回到乡村建设项目中，继续探索、体会与实践自己所追求的"人与建筑关系"。在乡村营建项目结束后，何嘉参加了日本社区营造的游学活动，也因此结识了活动发起人——金静。

从小生活在上海老弄堂里的金静，对上海老弄堂有很深的情感，也因此，本科生毕业论文主题围绕上海石库门里弄的内容，探讨里弄"保全"与"更新"的相关议题。然而金静在实地调查后却发现，当时居住在老弄堂里的上海人其实大多都希望通过动拆迁搬到更好的居住环境，因此多数居民对于里弄地"保全"与"更新"的项目并不感兴趣。此外，她在调研中还发现，大多数居民对于这些老弄堂的想法更多是"破旧"与"过时"的，对于自己所居住的老弄堂抱持着"珍惜"与"重视"想法的人并不多见。最终，她的研究目的与当时居民的需求处于完全背道而驰的状态，这样的结果让她大失所望。

在寻找解决方法的过程中，她了解到了一种既能保护旧建筑又能提升居民幸福感的方案——社区营造，并为之深深吸引，于是她决定赴已在社区营造领域发展多年并卓有成效的日本一探究竟。也因此，何嘉与金静在这次日本社区营造游学活动中相遇，他们相互交流，与彼此分享着社区营造在中国实践的看法。

虽然何嘉才刚接触社区营造的理念，但他很快便发现社区营造与他所追求的"人与建筑关系"的思考不谋而合，由此，何嘉也开始认同社区营造并学习如何实践。回国后，他与金静一同参与了国内许多社区营造游学活动。随后两人为了进一步实践在国内的社区营造梦想，成立了个人栖社建筑事务所，希望通过参与式设计的方式逐步推动社区公共空间的更新和改造。

2017年，何嘉与金静又先后认识了尤扬、武欣、罗赛，不到一年的时间里，五个持有一样理念与愿景的团队便联合创立了大鱼社区营造发展中心，主要核心理念便是以"社区营造项目"为中心所衍生、延伸或相关联的

下一站，社会企业？
——创造共享价值的实践者

社会需求为业务。

尤扬是一位"80后"建筑师。与何嘉类似，她在2015年辞去了原本的设计事务所工作，创建了建筑自媒体"AssBook设计食堂"，希望通过分享跨界有关建筑的洞见，启发人们思考建筑设计与人文社会的关系。2017年，尤扬还曾经发起了一个节日——城事设计节。

首届设计节便以愚园路的微更新任务为目标，当时汇集了地方政府、企业、建筑设计师、媒体等多方力量，希望通过"更好的设计"来增进当地居民与城市、人与人之间的相互理解和交流。在发起与参与愚园路微更新项目的过程中，何嘉、金静在此相遇了另外两位重要伙伴，尤扬与罗赛。刚开始，他们自发地组建了一支名叫"大愚小余"的青年社群，希望通过走街采访店主、居民、路人等方式，把当地充满烟火气的街坊故事记录下来，为后续的地方文创储备更多内容，由此为愚园路微更新项目找到更具当地人文特色的方案。

有趣的是，在工作交流过程中，武欣与何嘉突然发现，她俩有一样的"身份"与"专业背景"，都是新华路街区的居民，早期也都曾参与过城市规划相关工作。在城事设计节之前，他们并不相互认识，但因为这些共同点和对城市规划理念的热忱与执着，他们很快便开始讨论起自己所居住的番禺路状况。原来大家对居住小区周围环境的看法是如此的一致："既然我们都是有相关专业能力的当地住户，我们何不也一起来为自己所居住小区周围环境奉献一些力量呢？"

当时武欣居住在整个街区环境较杂乱无序的番禺路222弄中的一个小单位房子里。怀孕后，她开始关注家门口这条街道对于出行的友善度问题，因此逐渐萌生了希望发挥自己的专长，在自己孩子出生前，看看能否有机会改善所居住的小区环境。

于是她动员街坊邻居、居委会、街道共同参与街道环境改造规划的活动，活动期间建立的微信群，后来逐步发展为新华路街区居民的交流平台，群成员逐步增长到500人。

凭借着她对改善小区生活环境的信念，她不断积极地推动提案进展，逐渐获得许多小区利益相关方的认同与支持，提案最终一步步落地，真正地把

第十一章　大鱼营造：助力社区可持续发展

改善自己居住小区环境的理念变成了事实。武欣这样欣慰地说道："毕竟这个小区是大家每天居住且共同生活在一起的小区。"这个由社区居民牵头所完成的小区优化设计提案后来在2018年上海城市设计挑战赛中获得了第二名和公众参与奖。

罗赛毕业于同济大学建筑系，他既是一名建筑设计师，也是一位餐饮创业者。他的餐厅主打豆腐料理。也因此，为了寻找新鲜的食材，他会追根寻源地了解食材的产地。在接触社区营造后，他发现自己的理念与社区营造的追求完美融合，因此，开始逐步参与许多社区营造的相关活动，最终结识了这四位"大鱼营造"伙伴。

"大鱼营造"是在第二届城事设计节中诞生的。这项市一级的活动集结了政府、企业、媒体、设计师等多方参与主体，然而，唯独缺少了社会组织的参与。根据社会治理与服务的政策需求，许多社区治理成功案例大多与社会组织的参与有关，因此，新华路街道办事处建议尤扬可以考虑创立一家社会组织，在社会治理参与中挑起作为第三方调和多方力量的重要角色。于是尤扬向另外四位伙伴提议共同合力创办一家关注于社区营造议题的社会组织。这个社会组织不仅能提供许多商业企业社会责任，实现在地化社会服务，也能为各自所服务的公司提供与专业相结合的项目。五个社会创业合伙人就此达成共识后，希望从创业的那一刻开始，大家持续投入相应的资源，共同为推动社会使命的实现努力。当他们领到了民办非企业单位法人的证书后，曾经的"大愚小余"已经逐步长大成了"大鱼营造"。

大鱼的成长轨迹

"大鱼营造"五位发起人的专长各不相同，资源网络也有所差异，刚好满足了社区营造多元化专业的系统协作需求。金静是"大鱼营造"的学术智囊，目前仍在进行研究工作，主要负责社区营造的学术交流和传播活动。尤扬是"大鱼营造"的孵化者，拥有较为丰富的建筑设计行业资源，她主要通过"AssBook设计食堂"与"大鱼营造"开展项目合作。武欣是一名空间规

下一站，社会企业？
——创造共享价值的实践者

划师，经营着个人的事务所，她为"大鱼营造"提供了能够执行社区规划项目的专业支持。罗赛喜欢探索空间运营的新玩法，既注重细节又能把控整体空间应用的全局，在"大鱼营造"中扮演空间运营者和谈判手的角色。

过往"大鱼营造"曾经负责采集居民对新华路街区改造的需求意见，他们一户户地走访，希望能有效动员居民和周边商户共同参与街区改造项目。何嘉和武欣作为新华路街区项目的在地设计师，通过参与式设计完成了街区建筑空间的两处改造工作。街道政府对这两处的改造成果感到十分欣喜。一方面参与式设计有助于培养居民参与社区自治的能动性，另一方面通过专业设计师们的"巧手"能把公共空间改造得更加美观、实用与人性化。

有趣的是，在整个项目过程中，何嘉和武欣既是当地居民、在地设计师，还是活动发起人，这项多重身份的张力也为他们带来了许多舆论压力和心理负担。面对居民或利益相关方的抱怨、质疑和不信任，他们选择身体力行，以行动来说明一切，不轻易地被这些负面的因素所影响，因为他们同时也获得了多数居民和利益相关方的支持与赞赏，有些居民更是因为自己的需求得到聆听而感到开心。

虽然"大鱼营造"在这个项目中取得了不错的成果，但他们五人也看到了其中的局限——项目的不可复制性。每个社区都有自己的"生态"与"魂"，虽然社区治理的政策方向是一样的，但想要接地气地把社区治理做到深处，便需要从社区营造的方式着手，让社区其他利益相关方共同来参与。

于是"大鱼营造"将目光转向了政府购买服务领域。具体而言，"大鱼营造"的参与式设计方法符合政府所提出的公众参与社区治理概念，实用主义设计风格也顺应了政府提升公共服务效能的需求。何嘉说道："公众参与是打破目前公共空间改造恶性循环的（关键）出入口，这种方式既能（真正）满足居民自身的需求，也能（有效）避免公共资源的浪费，还能促进并改善邻里关系。"因此，下一阶段的战略发展方向就此展开，这将是一个充满着许多未知挑战的方向，五位创始人也都知道，"大鱼营造"在解决多元利益相关者冲突的方面还有许多要提升的地方。

除社区营造项目外，"大鱼营造"还承接了上海市长宁区团委的社区规划师培力项目。区团委希望为更多青年人提供学习社区营造的机会，进而帮助这些青年在参与社区治理、为社区服务过程中能够发挥社区营造的作用，把社会治理做得更细致到位。针对这项业务的需求，"大鱼营造"制订了相关专业课程+实地项目操作的培育计划，希望通过"知行合一"的锻炼，有效提升学员的社区营造与规划能力。

就像前文所提到的，社区营造不仅需要处理好建筑和人的关系，更是探讨人与人之间的互动关系，因为居民才是社区的根本，而居民与当地的其他利益相关方对社区公共议题的参与性、活力才是实践社区营造的最终目标。而这一切的工作需要一支跨专业且综合能力强的团队，这样才能有效地打破专业壁垒的限制，具有创新性地为社区居民与利益相关方提供针对复合型问题的解决方案。

目前"大鱼营造"的工作业务可分为三大板块：

第一大板块是社区规划。接到项目后，"大鱼营造"会进入社区，收集居民的需求和建议，通过参与式设计完成社区的规划，如空间设计、社区文化、社区服务等。

第二大板块是社区更新。根据居民的需求和建议对当地小区的建筑进行改善设计，通过物理空间上的微更新提高居民对社区的认同感和归属感，搭建起社区居民来往互动的关系，实现居民能在自己的小区拥有公共交流场所的愿望。

第三大板块是社区营造。"大鱼营造"会将有意愿参与社区事务的居民街坊拉入社区微信群。然后通过举办社区节、共创社区刊物等活动为居民创造交流机会。随着社区活动的开展，微信群的人数会不断增长，最后此平台会逐步发展为居民能自主提议的平台。"大鱼营造"注重通过这些平台来培养与找出社区治理能人，希望通过进一步的赋能，帮助他们逐步成为当地居民参与社区治理的主心骨。

现在，"大鱼营造"正在拓展第四业务板块——街区创生。他们希望能够通过建立"社区经济"和"社群活力"的方式实现社区的可持续发展。这样一来，当社区营造项目结束后，社区居民依旧能在营造的基础上持续参与社区治理，形成社区治理的可持续运作。

下一站，社会企业？
——创造共享价值的实践者

疫情过后，许多人开始更加关注小微商业的生存问题，这对街区创生是一个契机。何嘉和团队都认为，要实现这个目标，就需要为社区自治组织注入经济能力。由此，"大鱼营造"正在探索通过成立社区基金会或建立街区商户联合会等方式来构建社区经济的可持续发展机制。虽然这些想法目前还不够成熟，实践过程也会遇到许多挑战，但"大鱼营造"团队相信，唯有尝试过了才知道怎样才能做出成效。因为，无论是社区营造或是社区经济发展，"大鱼营造"总是在不断地与社区接地气的过程中，从居民与利益相关方身上找到最好且最适合的当地社会创新及改革方案。所有意想不到的社会创新点其实都来自社区的人们，而"大鱼营造"要做的事，就是把这些"点"以专业的方式规划、推动与实践。

它是一个"青色"组织

随着项目的逐步增多和业务规模的逐渐扩大，"大鱼营造"开始招募新成员。第一位员工毕业于新闻学专业，负责内容产出工作；第二位员工毕业于社会学专业，负责社区协调和社群运营工作；第三位员工毕业于景观设计学专业，负责空间运营的业务；第四位员工毕业于可持续设计专业，负责服务设计和项目运营等内容。

规模扩大后的团队，管理问题变成首要解决的任务。虽然团队的每个成员都有很强的责任心，都愿意认真努力地完成工作。但"大鱼营造"去中心化的管理风格和人人平等的组织结构仍然容易导致团队松散、决策效率低等问题。

为解决这些问题，何嘉曾经尝试从书中学习"青色组织"概念。他认为未来的许多组织也许都有可能成为去中心化的自我进化型组织。而组织成员的能动性将主要来自使命或价值驱动的状态，因此，帮助成员们保持高度自治和灵活敏捷便成了关键要素。于是他引入了"合弄制"的团队管理原则，不以人划分层级，而是以事划分层级。围绕工作来定义角色，权利则被分散到各个不同的工作圈和角色身上。员工可以根据个人的能力、经验以及兴趣

图 11-1　大鱼营造两周年的团队合照

等与工作圈产生双向的角色选择，并且可以同时担当多个角色，每个人的角色和工作都将被"可视化"。这样一来，团队和个人都能拥有决策权，进行自我管理，充分发挥个人价值。为了解决分工的张力，可进行必要的调换角色，团队也固定在每周会议中举行一次相关的探讨来及时应对并解决问题。

在 2020 年疫情期间，许多小微组织纷纷停工，而何嘉和团队刚好借此机会进行跨领域协作方面的研究，于是便发起了线上开放式志愿合作行动。他们以"孤岛相连"为议题发起了"CAN 计划"，并建立了线上多个互助群。没想到的是，"大鱼营造"在短短时间内，便召集了全国各地 300 多名志愿者。"合弄制"的管理模式正好符合开放灵活的志愿服务的特征，提高了跨界合作的可能性。然而，这样松散的志愿服务团队虽然因为议题、兴趣和对自己所居住社区的关注很快组成，但是真正要能实现项目投入产出效率却面临着很大的挑战，成效不如预期。经过复盘与反思，"大鱼营造"发现，除了"合弄制"仍有许多部分需要持续实践与改善之外，线上志愿者管理确实比线下或小区内的志愿者管理更加有挑战。

下一站，社会企业？
——创造共享价值的实践者

那些年改造过的社区

- 新华路街区营造计划

2018 城事设计节落地在新华街区，其中一个改造点就是武欣所居住小区的弄堂，这也是整个街区最脏乱差的弄堂。令团队头疼的不是街道的卫生问题，而是解决不同类型的利益相关方之间的矛盾和冲突，例如，城市治理过程中许多弄堂违章建筑拆除引起的商户与政府的矛盾，地域歧视引起的本地居民与外地（非上海市）居民的矛盾，生活商业空间重叠引起的商户与居民的矛盾等。这些矛盾和冲突才是阻碍该弄堂发展与原有项目设计方案落地的关键。

此外，因为社区改造的总体经费主要来源于地产商的企业社会责任赞助，为符合地产商的品牌形象需求，赞助要求是希望能将项目设计得"新颖有趣"，并且强调成果必须具有视觉上的冲击感。为了符合赞助商的需求，团队最终设计出了以小猪佩奇粉色与亲民欢乐的主题色调，完成街道项目

图 11-2　在更新后的番禺路 222 弄举办的美好社区节

第十一章　大鱼营造：助力社区可持续发展

改造。

　　刚改造后的"小粉巷"颜值高，瞬间变成了网红打卡点，居民们也都非常欢喜。以往整条街大量的闲置物、垃圾、破旧的公共设施已不复存在了，取而代之的是一个明亮、宽敞、安全且适合居民老人小孩使用的生活公共空间。

　　可惜好景不长。三个月后，小区随后经历了两次不同单位的相关工程改造，导致街道逐步变得杂乱不堪，堆满了许多不同工程所留下的建筑垃圾，原本亮丽的粉色空间，已逐渐变成了脏兮兮的灰黑色，失去了往日风采。后来当地街道政府承担了相应的责任，对街道进行了修补工作。

　　此外，为了有效维护"小粉巷"，居民们也发起了弄堂自治管委会。由居委会牵头，招募居民志愿者定期开展活动，例如清扫街道、整理环境等。不过可惜的是，"小粉巷"的整体状况似乎依然还无法完全回复原貌。"大鱼营造"因此也对此项目进行了深刻反思，主要原因是设计前期没有与街道的其他相关部门进行过深入交流与沟通，导致了后续几次不同单位施工信息不对称，因而造成了"小粉巷"许多不可逆的损伤。此外，应该在"小粉巷"

图11-3　大鱼营造创办的街区刊物《新华录》

下一站，社会企业？
——创造共享价值的实践者

完工之时，便同时成立弄堂自治管委会，从头便开始维护自己的社区，而不是等到破坏发生后再来补救。

何嘉和团队成员都对新华路街区有着特殊的感情。这里是"大鱼营造"诞生地，也是"大鱼营造"办公所在区域，几位创始人还是当地的居民。通过这个项目的推动与磨合，他们已与街道办事处及许多当地居民建立起了坚实的信任关系。现在，街道办事处在制定来年规划时，都会邀请"大鱼营造"参与。

- 虹仙"闲下来"合作社

和第一个项目不同的是，这次"大鱼营造"是以"外来人"的角色进入社区，因此团队对该社区的了解十分有限。经过多次实地勘察与调研后，"大鱼营造"发现社区里有一块闲置的1100平方米的地下闲置空间。于是团队向街道办提出建议，将这块空间整建出来给年轻人使用，进行活化设计。

可是，如何在一个老年化社区里寻找年轻人呢？项目负责人张欢想出了一个方法。她带着社区规划的展板在小区蹲守，邀请路过的年轻人参加地下空间的使用调研。然而，几天下来只获得了20多名年轻人的参与，绝大多数居民（年轻人）都表示拒绝参与。这次经历让张欢理解了，为什么居委会说"社区里没有年轻人"。

接着，张欢改变策略，以地下共享空间活化为议题举办了一个工作坊。这个工作坊吸引了30多名社区外的空间设计师、服务设计师、教育工作者以及社区工作者前来，而社区的年轻居民只来了5位。起初，工作坊没能有效地获得更多当地年轻人的参与令张欢有些失望，但既来之则安之，现场来了许多相关专业的人士，于是出现了每5位相关专业人士围绕1名青年居民进行工作坊讨论的场景。

在这样的"不期而遇"的场景下，这5位青年居民感到前所未有的"礼遇"对待，"受宠若惊"之外还使他们感触良多，会后都纷纷表示，没想到自己的居住生活需求（问题）竟然受到这么多专业人士的认真对待，而他们自己却是消极对待，并认为没有什么改善的可能性。后来这5位居民就变成了"大鱼营造"的"小喇叭"，积极动员身边的人参与"大鱼营造"的社区营造相关活动。

也因为这次经历,张欢改变了策略,懂得通过举办小型活动,例如二手市集来吸引当地年轻人的关注与参与,还有动员社区幼儿园的孩子们参加墙绘活动来吸引年轻家长们参与到社区活动中。通过多次且持续的行动,虹仙居的社区微信群人数终于上涨到了100多人。

在张欢看来,该社区的年轻人参与社区营造的积极性仍然是比较弱的,因此,不如把空间开放给公众,通过外部活跃的青年创作群体在社区里开展活动,以此来带动社区内部青年社群的组成。于是就有了"平行时间 | 虹仙好邻居日"这个有趣且多元的社区艺术活动。通过艺术共创的形式发挥闲置空间的价值。

最终,这个计划成功吸引了40多位艺术家、青年社群以及社区居民的参与,大家将一个普通的周末变成"无信号的地下节日",将地下防空洞转变成了高大上的艺术展览场所。通过这次活动,张欢终于顺利地把这个社区闲置空间对接到了许多对空间营造感兴趣的青年人。

基于过去一年不断累计的青年社群经营心得,张欢团队决定将地下室的部分空间让渡给真正对社区有参与度的年轻人,并因此创办了"闲下来"合作社,希望通过低成本的空间使用来支持青年群体的持续创造,同时青年人们也需要承担部分社区参与的工作,这样合作共赢的新模式让这群青年人能更有效地"扎根"社区并对该社区产生认同感,成为这里的"新居民"。"闲下来"合作社已于2021年初正式开幕,现已成为当地青年人参与社区治理工作以及发挥出青年人创新活力的"超级连接器"。

● 岐山村老洋房内部空间更新

这个项目是当地政府交给"大鱼营造"的一个研究课题,目的在于探索老洋房内部公共空间更新的机制,并选择一栋老洋房作为改造的试点。

通过筛选,岐山村一栋居住着14户家庭的老洋房成了此次研究及改造的对象。然而改造工程并不如想象中的容易,居民们用许多隐形的"三八线"将公共空间与活动范围进行了局部切割,根据实地研究发现,这栋老洋房里的公共空间被切成了14块区域。有趣的是居民们都默默

下一站，社会企业？
——创造共享价值的实践者

地遵守着不成文的"边界规范"，当然，有的边界规范大家相安无事好多年，但仍有些边界规范存在各种不同立场的争议，过去邻里之间也产生过摩擦。

根据研究发现，在正式着手开始改造这栋老洋房的公共空间之前，必须首先"重塑"老洋房里的公共秩序，因为这才是该项目的关键所在，也是整个项目最难的部分。如果这个改造项目仅仅止于"硬件"上的调整，那么不只是改造方案很难获得所有居住家庭的认同，改造项目的成效也将大打折扣。缺乏对改造"软件"认知上的进步，再多的"硬件"改善方案，也很难为居民带来通过改造所能获得的幸福感。

"大鱼营造"团队后续也发现许多居民为保护自身利益坚决不退让，这种现象直接拉长了协商流程，后来经过无数次的磨合与讨论，所有居民终于达成了共识。

"大鱼营造"团队首先通过溯源方式，厘清房屋产权的分配状况，然后建立公约，让所有住户一同维护公共空间的卫生与环境。接着针对居民需求定制厨房使用的相关设备与产品，例如给每个灶台上加装机械式翻盖，当邻居不使用灶台时便可以将翻盖盖上，为其他居民提供额外的厨房操作平台，

图 11-4　在岐山村 48 号老洋房进行的居民"家宴"

也就是把空间进行重叠式利用，这样一来厨房的公共空间在不改变实际面积的前提下，每个使用厨房的家庭都获得了更多使用空间。

当这个项目于2019年告一段落时，"大鱼营造"邀请老洋房的所有家庭一同做了一顿"家宴"，庆祝这个改造项目阶段性成果厨房的完工，这也是居住在这栋老洋房里多年的14户居民第一次聚餐。从大家脸上的幸福感不难想象，过往的摩擦和隐形界限已成为过去式。这也让"大鱼营造"团队、所有居民和相关单位认识了设计不仅能改善环境硬件设施，也能带来新的共居理念。

2020年，老洋房更新项目再次启动，为了邀请更多共建方，比如基金会、品牌方、空间运营方等不同的社会利益相关方一起关注上海老洋房更新的议题，"大鱼营造"集结了来自各个领域的设计师力量共同为老洋房个案进行改造，希望共同为该项目提供真正的"焕然一新"工程。相比于以往纯硬件升级的改造范式，"大鱼营造"的计划在追求另一种理想生活共创的改造结果。2020年底，岐山村老洋房内部空间改造正式落成，它集合了政府、居民、社会组织、基金会以及品牌方等多元资源的力量。也因为这样用心改造的成功落地，整个项目的设计理念与改造方案还成了2020年上海家博会上的公益板块案例，并获得展示与传播的机会。

未来，"大鱼营造"希望能与更多公益基金会、各大家居品牌一同携手参与到上海老洋房内部公共空间改造计划中。

- **大学路街区共创计划和发生便利店**

大学路是上海独特的复合式街区，既有商业街，又有办公区和居住区。2019年，地方政府对开在办公区的餐厅进行了整治工作，也因此导致了许多餐饮店的流失，影响了大学路整体的发展活力。

这个项目的服务对象是大学路街区的开发商。在此之前，"大鱼营造"的收入大部分来源于政府购买服务，小部分来自品牌的企业社会责任的支持，因此，这个项目是"大鱼营造"创建以来第一个正式的商业合作项目。开发商希望"大鱼营造"能够重新激发大学路的整体活力，重构商户、居民与办公人士群体的互动关系。

下一站，社会企业？
——创造共享价值的实践者

图 11-5　大学路上的发生便利店

于是"大鱼营造"便提出街区共创计划。他们邀请了在街区生活与工作的人们，还邀请了周边高校师生一起来参与共创工作坊。最终，工作坊的成果落实到了几个地方，首先以 26 个字母重新定义了所有利益相关者心中的大学路并据此绘制出了大学路的街区地图；其次，将一间闲置的店铺改造成街区的公共客厅，它还有个特别的名字——"发生便利店"，寓意是鼓励大家来到这里"发出声音""做出行动"，真正开始参与到整个街区营造的改造计划中。

接着，"大鱼营造"通过招募"联合店长"、开放空间使用权限的管理方式引导当地居民参与并共同运营"发生便利店"。居民可以申请免费使用便利店空间开展各类活动，只要活动内容是积极正向且符合社区需求的，都会获得审核通过。

在过去经营的 5 个月里，"发生便利店"里头发生了许多有趣、温馨的，并证明了参与社区发展的活力正在逐步的提升过程中。根据统计，短短的 150 天中，共举办了 100 多场活动。绝大部分活动由街区居民、当地商户、周边师生发起，其中只有 3 场活动来自"大鱼营造"。"发生便利店"里的活动内容十分多元，包括义诊、瑜伽、街舞课程、学术讨论、用回收毛线制作手工作品、电影鉴赏，等等。"发生便利店"为街区的多元角色开设了一个公共空间。虽然这个项目后来因为开发商的中途变卦而未能进一步推进，但是，"发生便利店"的成功实验，证明了社区治理的基础来自居民与当地利益相关方的积极参与，同时完成了一个用价值驱动和规则引导的社群自组织实验，不仅有效地调动了社区内外更多群体的参与和支持，还能很明显地看见未来社区发展的多种可能性。

组织进化与未来规划

"大鱼营造"的优势在于团队成员年轻，专业领域各不相同又相互补充，具有较强的专业整合能力和社会创新思维。团队的形态处于去中心化，组织架构扁平，因此，和"大鱼营造"合作或共建的方式很多元并充满着想象空间，而这种敢于创新、接受挑战、爱好学习沟通与共建的组织文化，都与五位创始人对于社区营造理念的追求与实践精神有关。

何嘉强调，"大鱼营造"不追求组织发展速度和经手项目数量，而是更愿意脚踏实地地把每个项目做到"好"，持续地为各个社区赋能与搭建居民参与社区治理的公共空间。这也是社区营造的核心价值所在，必须从内而外地培养才能真正地调动起社区真正的活力。

近期，"大鱼营造"迎来了一位新的理事朱丹，她是服务设计领域的专家。在疫情期间，朱丹担任新项目"CAN 计划"（社区防疫互助网络计划）的产品经理。她得心应手地与上百名志愿服务设计师组成了线上协作社群，产出了多种多样的社区服务工具包，例如社区生活防疫工具包、社区快递整理工具包等。也因此，在项目告个段落后，朱丹接受了何嘉的邀请，成为"大鱼营造"的第六位理事。

"CAN 计划"的顺利开展不仅提升了"大鱼营造"的社会影响力，也为他们带来了许多新资源——挂靠到具备公募资格的公益基金会，这样"大鱼营造"将成为公益基金会下的一个助力于社区发展的项目（专项基金）。在何嘉眼中，与公募基金会的联动将有助于解决许多过去常面对的一些制度障碍，例如募款、获得捐赠等。为了"大鱼营造"下一阶段的发展，团队也持

下一站，社会企业？
——创造共享价值的实践者

续努力地开拓更多不同于政府购买服务的来源，并同时探寻"大鱼营造"的社区营造计划未来发展方向。或许他们会尝试成立一个青年社会创新平台，支持和孵化社会创新项目和组织。

一直以来，何嘉和团队都以社会创业者的心态经营这份社区营造事业，没有固定的"大鱼营造"未来发展路径，也没有任何过往的案例可以为他们提供成功轨道。但是，面对议价能力弱、员工激励资本少等挑战，他们也在思考是否要再成立一家商业企业，面向市场提供相应的产品与服务，增加团队的收入来源，这样才能实现可持续发展的目标。未来"大鱼营造"可能逐步会从项目执行者的角色转变成社区发展推动者，尝试长期经营自主发起的品牌或项目。

与社会企业家的七问七答

作者：对你而言，社会企业是什么？

何嘉：社会企业是既能自我造血又能实现多方共赢的组织。

作者：对你而言，社会企业家精神是什么？

何嘉：社会企业家具有社会使命感和强大的价值自驱力，然后要持续地打破已有的知识体系，重新建构新的知识体系。另外社会企业家还需要具备开放包容的精神，敢于改变游戏规则，推动社会事业的可持续发展。

作者：你对想投身社区发展型社会企业的创业者的建议是什么？

何嘉：我认为他们需要开拓思路，多开展合作。他们需要夯实核心能力，重塑价值体系，而不是一味地追求增长速度。

作者：创业以来，对自己而言最大的挑战是什么？

何嘉：一方面要面对组织发展的不确定性，另一方面需要平衡组织增长速度和组织社会价值。

作者：你想对自己的团队说的一句话是什么？

何嘉：希望大家能反复地去相信自主性，相信开放合作，然后把未来的发展抓在自己手上，实现更多元的价值。

作者：你想对服务对象说的一句话是什么？

何嘉：希望政府可以看到共同协作、公民参与设计的价值，从更可持续的角度规划社区发展，未来和我们一起创造更多元的价值。然后想对居民说，每一个人都有能力和权利改造社区，美好的生活需要自己来创造，希望大家能够行动起来。

作者：你对中国社会企业的未来的思考和期许是什么？

何嘉：我认为社会企业的理念和政府提出的共治共享方针具有高度的一致性，所以中国社会企业发展的土壤会越来越好。而我们需要做的就是夯实土壤，培养土壤的肥力。我一直相信似慢实快这件事情，虽然稳健的步伐看似缓慢，实则能走得更远。还有一点就是破圈非常重要，"大鱼营造"的每一个项目都涉及多元的利益相关方。只有突破圈层，创新技术、思维和运作方式才能应对当前的复杂挑战。

大鱼营造共享价值分析表

解决问题		社区建设问题	社区应急管理问题
创造共享价值	识别需求	1. 社区治理政策 2. 社区公共空间改造的需求 3. 居民参与社区公共事务的动力不足 4. 社区建设专业人才的紧缺 5. 社区商户参与社区建设的意愿低	社区居民的防疫需求
	手段	1. 运用社区营造理念，通过社区相关利益方参与式设计推动公共空间更新和改造 2. 建立社区社群，举办社区活动，培养社区能人 3. 开办社区规划师培训，把项目变成学习机会 4. 引入社区商户参与社区建设的机制	1. 建立线上志愿者社群 2. 合作共创防疫工具包 3. 传播防疫知识

下一站，社会企业？
——创造共享价值的实践者

续表

解决问题		社区建设问题	社区应急管理问题
利益相关者		城市社区居民、社区商户、政府、社区组织、企业	社区居民、志愿者
产出	社会价值	1. 增加居民对社区营造及参与式设计的了解 2. 提高居民参与社区事务的积极性 3. 促进社区融合，改善邻里关系 4. 改善居民社区生活环境 5. 培养更多的社区规划人才 6. 解决社区长期存在的问题和矛盾	补充政府防疫工作
	经济价值	1. 提高房价 2. 降低公共行政管理成本	无
竞争力		1. 扎根社区，获得政府的信任与支持 2. 参与式设计提高相关利益方对社区改造方案的信任度 3. 跨专业的社区营造团队	1. 从社区营造探索社区应急的先锋者 2. 具备当地社群工作基础

下一站，社会企业？

下篇 | 行业中的社会企业

第十二章　联谛：让每个人平等享受科技
第十三章　灵析：数据与公益的邂逅
第十四章　益加益学院：站上公益与商业的讲台
第十五章　MSC：跨越鸿沟的创变者

第十二章
联谛：让每个人平等享受科技

当前中国至少有超过2亿的"障碍人群"，其中包括1.76亿65岁以上的老年人和8500万残障人士（取得残疾证的群体）。"障碍人群"是个相对概念，相较"无障碍群体"而言，"障碍人群"在日常生活中会遇到许许多多的困难，而这些"障碍"常会在"无障碍群体"想象不到的地方发生。若真想体会与了解"障碍人群"的生活状态，只有等到年纪大了、身体衰老了，或者就是因为一些短时间的受伤，在治疗等待康复的过程中，才会有机会短暂地走入"障碍人群"世界，深刻体会到"无障碍环境建设"的重要性。然而与真正的"障碍人群"相比，短期受伤为人们带来的障碍感受与体验只是一时的，而对于"障碍人群"而言，那是每一天的事，甚至是整个人生或剩余人生的事。为了让更多"障碍人群"可以无障碍地享受互联网科技进步所带来的各种便利，深圳便有这么一群为广大"障碍人群"谋福利的人，在深圳市注册了联谛信息无障碍有限责任公司（下文简称"联谛"）。自成立以来，"联谛"已经为60余个主流网站和应用软件平台等科技产品提供了信息无障碍解决方案。在他们的不断努力下，许多障碍用户终于能享受到互联网科技所带来的生活便利。比如能够用打车软件完成独立出行、通过电商平台进行网上购物、在社交软件上进行无障碍的沟通与畅聊等。

下一站，社会企业？
——创造共享价值的实践者

联合社会力量

"联谛"的联合创始人戴杰是土生土长的深圳人。从深圳大学毕业后，他受家人的影响加入了社会组织"深圳市信息无障碍研究会"（简称"研究会"）实习。当时"研究会"整个团队只有几位成员，主要的工作是开展与无障碍相关的公益倡导和学术调研。戴杰加入研究会时，恰逢团队正在策划如何才能更快地推动中国信息无障碍进程。

研究会自2005年成立起便持续开展互联网技术（Internet Technology, IT）培训项目，项目本身的目的便是教导视障者使用读屏软件等辅助功能，希望通过读屏软件的帮助，使得视障者也能够和视见者一样使用电脑和手机，享受互联网科技所带来的生活、学习、工作上的便利。

通过不断努力、尝试与克服挑战，研究会获得了许多进步，读屏辅助软件的出现大大改善并提升了视障者使用手机和电脑的效率，使得视障者在互联网上能无障碍地畅游。这个项目也因此获得了广大的视障伙伴支持，越来越多的视障人士相继学会了相关基础操作并就此联上了网。

项目的顺利推展确实为视障者带来了许多福利，此外，团队也在项目推展过程中发现了另一个重要的使用人群——老年人。随着年龄的增长，任何人都将面临身体各项机能的逐步退化，届时老年人在生活上将面临的各种不便利状况其实和残障人士有许多相似之处。因此，团队希望自身的工作能够为社会上的所有面临障碍的人们提供信息无障碍环境，让每个人都均等地享受互联网科技所带来的生活便利。

然而，团队同时发现眼前还有一面巨大的阻碍墙摆在眼前，绝大多数的互联网相关软件、界面、操作以及辅助系统等产品在设计之初根本没有考量到障碍群体的使用需求，因此造成了大量互联网相关工具无法被障碍群体正常且顺畅的使用。

面对这个亟待解决的社会痛点，团队做了许多探索与尝试，最终团队意识到，想要破除障碍群体使用互联网障碍，关键就需要对现有产品进行信息无障碍优化。因此，要做到信息无障碍优化工程的全面实现，绝对离不开与当前许多互联网相关企业进行交流与合作。

然而，在走访与联系许多互联网相关企业后，团队发现部分企业其实已经注意到了这些障碍群体用户的需求，甚至还有少数企业已经尝试为这些障碍群体用户提供一些技术上的配套支持。然而，这些关注与支持的力度仍小，有效性非常局限，几个尝试的个案大多处于小改、小调，比如有个大型互联网企业，只是内部几个员工自发性地尝试在现有系统中加入一些功能来帮助相关障碍人士解决使用上的问题。面对这种状况，结合团队过往的实践经验与大家共同的使命目标，戴杰和团队认为有必要针对信息无障碍为企业提供相应的优化方案服务，与此同时，团队也开始构思如何通过成立以信息无障碍为主题的联盟，将信息无障碍优化的社会需求做更好的推广。

然而，当戴杰和团队走入企业并提出具体的信息无障碍优化相关方案时，很多企业的第一反应是对障碍人士使用互联网产品需求的重要性和真实性质疑。原来，当前社会绝大多数人对于障碍群体的了解是不足的，除非自己是障碍人士、家里有障碍人士，或与障碍人士交流互动较多的相关专业人士才会对障碍人群使用互联网相关产品的障碍状况有所了解。

为了能够证明障碍人群市场的实际需求，研究会决定发起调研工作，希望用调研数据回应这些认知上的短缺。因此，团队开始了面向障碍群体的用户调研工作，通过调研结果向这些企业展现庞大的障碍用户市场及其背后充足的经济与消费能力，并将信息无障碍优化后能为企业带来的价值进行数字化处理与呈现。团队希望，在清晰数据的支持下，企业应该能够看见这个有待开发且具有潜力的市场，由此开启相关合作。

然而，现实还是很骨感的。虽然有了数据支持，但面对国内普遍缺乏与信息无障碍相关政策与法律法规的情况下，加上社会对障碍人士的诸多刻板印象，人们对无障碍相关正确认识的缺失成了团队在推广业务上的一个巨大挑战。

由于整个社会环境以及相关行业的不成熟，团队只能希望通过坚持与努力，慢慢地"教育"市场明白无障碍群体的市场实力，改变企业对障碍人士需求的忽视，帮助人们逐步意识到相关产品或服务在进行信息无障碍优化后

下一站，社会企业？
——创造共享价值的实践者

所能带来的商业利益与社会价值。信息无障碍优化并不只是一件做公益慈善的事情，而是一件大家都获益的事。

2013年，研究会成功联合了腾讯、阿里巴巴、百度、微软（中国）共同发起了"信息无障碍产品联盟"（以下简称"无障碍联盟"）。在无障碍联盟成立仪式上，团队成功地邀请到了许多知名国际组织、政府机构及企业代表参加。无障碍联盟的横空出世为戴杰和团队带来了许多肯定，经过了多年不断地努力与尝试，信息无障碍优化的概念逐步获得了认同。

成立社会企业

和其他团队成员一样，戴杰认为中国的信息无障碍事业发展仍有很多空白需要填补，互联网能够帮助障碍人士享受科技所带来的便利，使他们更好地融入社会，因此互联网相关企业的产品及服务是否能达到信息无障碍化水平尤为关键。从解决社会问题的动机出发，戴杰认为信息无障碍是一份值得干一辈子的事业，同时这份事业也能创造许多的商业价值，这是他不计薪资待遇选择加入团队一起创业的最主要原因。

联盟成立后，团队随即组建了国内第一支视障信息无障碍工程师团队。三年多的时间里团队成员逐步扩充到了近20人。视障工程师团队的主营业务集中在提供信息无障碍的专业系统性解决方案，同时通过持续探索，努力找出各种能够推进信息无障碍事业发展的路径。

组建视障工程师团队，主要是考虑了信息无障碍优化工程的特殊性要求，此外，视障工程师本身就是用户，因此不仅可以从专业工程师的视角提出相关建议，也能从用户体验的角度发现产品和服务中所存在的问题，形成IT专业技术和信息无障碍体验相结合的信息无障碍优化方案具体内容。同时，团队还邀请了许多位相关行业专家作为外部顾问，为团队整体发展与相关战略决策提供更多元的建议。

然而过去发展的那段时间里，作为一家社会组织法人的"研究会"，经常会被别人误以为所提供的专业无障碍服务是免费的，很多人似乎把社会组织服务（非营利组织）与公益价值或免费之间画上了等号，因此在许多项目合作交流的最初阶段，大多数企业只看到这里面的公益价值，很少看见其中的市场体量与潜力。团队也发现，大多数企业在面对这个"陌生"群体需求时，也都会认为障碍群体具有人少、低经济水平的错误印象，同时绝大多数都不了解如何利用专业技术手段来有效地进行正确的优化与改善。为了加快推进我国信息无障碍进程的节奏，团队开始探讨是否能够以社会企业的发展模式来推进这项事业。

于是，2016 年，戴杰和团队伙伴一起注册了"深圳市联谛信息无障碍有限责任公司"。这个名字取词于"联结"的"联"，加上能分辨世界万物真假的灵兽"谛听"的"谛"，寓意是希望联结社会力量，让障碍人士的声音得以传达。

图 12-1　联谛 Logo，英文 Link Accessibility 的缩写，意为无障碍联结一切

当时在国内，社会企业还是个非常新潮的词，而且信息无障碍被单纯地认为是公益慈善领域的事情，因此团队很难找到相信"联谛"商业前景且愿意投资的机构。不过，幸运的是，陪伴团队成长的顾问都非常认同这项事业的价值，给予了启动资金上的支持。在决定以社会企业模式运作后，为了让这份事业有一个更扎实的载体来实现可持续发展，戴杰和团队还在股权架构和公司相关运作机制上做了许多努力，希望不断完善组织运作机制来支持"联谛"的持续发展。

走上社会企业发展道路是受到谁的影响呢？戴杰回答道是受到残友集团创始人郑卫宁的影响。最初研究会是郑卫宁创立的，郑卫宁是中国非常知名的社会企业家，戴杰和团队伙伴也自然而然地受到他的影响。再加上考量各种现实挑战与环境因素等，团队最终毅然决然地选择走上社会企业发展道路。

下一站，社会企业？
——创造共享价值的实践者

后来，"联谛"还多次参与国内外社会企业相关的比赛和评选，希望通过这种方式，能够获得更多外部资源与发展的建议，同时能不断地检验自己当前的运作模式是否符合社会企业的标准，从而优化组织结构和各项业务开展模式。

平等对待残障人群

在加入团队之前，戴杰对于障碍人群的认知确实是空白的。加入团队后，在日常工作过程中，他逐渐体会和意识到，身体缺陷并不应该成为我们区别对待障碍人士的必然因素，他们和大多数人一样，不需要过度和特别的关爱，而是希望能获得人们相互尊重的对待。

"联谛"成立之初，主要的业务是提供信息无障碍测试服务，帮助服务对象找出产品或服务中所存在的障碍问题。在服务企业的过程中，"联谛"发现这些企业经常会遇到一个相同的问题，即由于缺乏与障碍群体实际接触的机会，因此对障碍群体的行为理解多停留在想象状态，造成企业自身产品或服务的无障碍功能设计存在与实际不符的问题，常常造成努力了大半天却不符合障碍群体的实际需求。例如，为了让视障人士更好地获取网络平台相关信息，某一互联网平台竟然为此增加了许多冗余的操作步骤来描述各项相关信息，画蛇添足的结果反而为视障用户带来更多不便，进而无法有效地实现提升这类型用户的体验感。

针对这类问题，"联谛"开始投入更多精力研究与无障碍相关的标准和技术，而这些相关研究发现与实践经历的持续积累也在不断滋养着"联谛"团队的总体专业度。团队也因此常常通过各种方式把这些正确的相关知识逐步传递给合作伙伴。例如，在提供的无障碍问题列表中可以增加代码来简化解决方案；对产品开发团队进行与无障碍相关的培训；翻译、制作无障碍技术手册；提供咨询服务，随时解答与障碍群体相关的疑惑或提问等。

随着许多相关业务的持续推进，许多合作伙伴对障碍群体的了解也逐步加深，越来越多的企业开始认识到信息无障碍优化能为自身的产品与服务带

第十二章 联谛：让每个人平等享受科技

来更多样化的价值，也因此衍生了许多后续不同业务的服务需求。面对这些衍生性需求，"联谛"为此提供信息无障碍解决方案的升级服务。除了基础的信息无障碍测试服务以外，还增加了帮助服务对象探索自身产品或服务的整体无障碍规范流程、品牌营销、相关政策达标等方面的业务。"联谛"的服务与业务也从较为单一的测评服务业务，逐步迈向能提供更完整体系化的无障碍咨询服务。

很多企业在不了解无障碍相关正确知识的时候，常会误认为产品的无障碍优化只是一项一次性工作。例如，只要对某一版本的产品或服务进行信息无障碍优化便可以完成终身信息无障碍的需求，或者干脆一劳永逸地专门为障碍用户开发一个特殊版本来解决障碍群体的市场需求。然而，这些做法和想法都不太现实，同时还容易产生资源浪费的现象。比如说，当产品或服务随着市场发展需要进行功能或版本升级与更新后，都需要对新的产品或服务状况进行重新评估并做必要调整，才能持续地维持障碍群体的使用满意度。又比如，当一般的互联网产品或服务进行换代升级时，针对障碍群体设置的同等产品或服务是否也应该同时进行换代升级呢？若答案是"否"，那么一般与针对性服务或产品的服务内容与质量能否等同？障碍群体所获得的消费体验感能否与非障碍群体保持一样好？若答案是"是"，那么特殊版本的换代升级也需要进行重新评估并做必要调整才行。由此可见，信息无障碍优化方案服务的业务内容逐步发展出具备时间性与衍生性两个不同维度的可持续服务内容。

"我们一直对于所有服务对象的产品团队传递一个理念，无障碍不是一蹴而就的事情（而是件持续的事业），因为障碍（残疾）群体所需要的不是特殊版本的产品与服务，而是平等与尊重，因此建议客户不要区别对待用户。"戴杰说道。"联谛"鼓励更多企业直接就现有的主流产品或服务平台进行信息无障碍优化，让障碍群体能够同非障碍群体一样使用到最新版本的产品功能或服务平台，享受同样的产品服务体验。从长期发展需求计算，这样的方式能帮助企业节省许多不必要的额外开发、维护成本，获得障碍群体的认同与使用，同时能够更进一步促进社会融合。

为了让组织可以持续地推进信息无障碍相关工作，"联谛"也正在探索

下一站，社会企业？
——创造共享价值的实践者

一套无障碍工作的闭环流程体系，希望从产品项目设置、研发、设计、测试、评估与检验反馈等各个环节都能帮助客户构建出具备开发信息无障碍的内部认知环境，这样一来，企业所有的后续新产品或更新改版服务所需要的信息无障碍服务优化的依赖性才能逐步降低，由此整个社会的信息无障碍环境与社会融合进展才能达到常态化水平。

团队是最重要的基石

"联谛"招募员工的标准很简单，那就是必须拥有一致的价值观并且认可信息无障碍这项事业的价值。此外，"联谛"在障碍员工的招募和工作标准也与非障碍员工一致。"联谛"希望在自身团队中便可以实践社会融合环境的状态，为团队成员提供彼此尊重、信任的环境。戴杰和同事们都认为所有的无障碍环境都是从自身开始做起，在每一个平凡的工作日践行着平等、尊重对待障碍群体的理念。

视障群体是信息无障碍的核心受益者，也是加入"联谛"团队最多的

图 12-2 "联谛"部分障碍员工合影

障碍群体。许多加入"联谛"团队的小伙伴也因此获得了不同以往的职业发展际遇，因为这份工作既能通过自己的努力获得稳定收入，推动更多相关科技产品与服务的发展，又能助力相关产品与服务进行无障碍优化工程。因此，"联谛"吸引了一批优秀的视障工程师加入，他们专业、优秀、勤奋并且热爱自己的这份工作，希望通过这个同时具备社会与商业双向价值的组织，帮助更多人正确了解障碍群体的需求和信息无障碍的重要性。

目前联谛共有 40 余名全职员工，各个部门都可以看到障碍员工活跃的身影。其中技术团队的视障工程师比例是所有部门中最高的，他们克服了许多无障碍技术优化过程中的困难。

除了为合作企业的产品与服务提供信息无障碍咨询以外，联谛的成员们也都非常乐意通过各种场合倡导信息无障碍与社会融合理念，以及分享相关专业信息与技术要点。例如为障碍伙伴们提供互联网相关产品的操作、代码开发等专业技能培训服务，参与并支持每年全球信息无障碍宣传日的公益倡导活动，等等。

社会价值与商业价值并存

现在，"联谛"已经逐步形成了较为全面的信息无障碍解决服务体系，主要包括产品无障碍优化技术支持、咨询培训、品牌推广、用户研究、政策达标等服务。

"联谛"一直努力地在提升、迭代和优化自身的服务体系，通过定期向客户提交服务报告、汇报合作内容和展示服务成果，帮助客户能更直观地看见团队服务的专业性，同时更进一步看见信息无障碍所能带来的更多商业与社会价值。同时，许多客户的反馈也是促进"联谛"更加完善自身服务体系的主要渠道之一。

戴杰提到，根据相关数据，目前中国有 1700 多万视障人士、2700 万听障人士，而读写障碍者占总人口约 11%，这些群体都是产品或服务信息无障

下一站，社会企业？
—— 创造共享价值的实践者

碍优化的直接受益者。据《支付宝 2019—2020 可持续发展报告》数据，截至 2020 年 1 月 1 日，支付宝所统计出的障碍用户比 2018 年提升了近 300%。"障碍用户对于支付宝来说，其实是个庞大的市场。如果没有意识到这群障碍用户的需求，重视他们的产品或服务体验，支付宝将会直接面临障碍用户流失的问题。所以信息无障碍优化对于企业产品和服务来说，必须同时'看见'巨大的社会和商业价值。"戴杰说道。

其实每个人都会是信息无障碍的受益者。因为我们每个人都在逐渐老去，身体机能也会随之退化。目前中国有 1.76 亿 65 岁以上的老年人，许多人在使用互联网产品时，也会需要不同程度的无障碍支持。而在日常生活中，我们也都可能遇到临时性或情境性的障碍挑战。例如开会时不便听取微信语音信息时，就可以采用语音转文字功能，"阅读"语音信息。由此可见，这些信息无障碍相关功能的推出，同时满足了听障人群的线上交流需求和一般非障碍人士的日常需求。从宏观层面来看，信息无障碍的受众或许能惠及每一个人。

"我们一开始就知道信息无障碍的受益者远不止视障群体，但'教育'市场需要耐心、时间与技巧，需要经过一个由浅入深的过程。"视障群体能最直观地体现信息无障碍的重要性，因此"联谛"在与其他企业交流合作过

图 12-3 "联谛"部分合作产品

图 12-4 "联谛"的知识产权成果墙

程中,首先以它为切入点,推动大众和企业关注视障群体的互联网产品使用需求。然后以此为基础,逐渐"分享"与企业有关听障群体、老年人群体等其他障碍者群体对产品与服务的更进一步需求认知,逐步引导企业构建出正确的无障碍理念,进而协助企业一步步完善各项产品与服务的无障碍功能。对"联谛"而言,只要有助于达成团队的最终使命目标,"联谛"团队都会愿意尝试。

当问及市场中是否存在同类竞争对手时,戴杰表示他们其实更希望有越来越多的相关企业加入这个市场,共同为推动信息无障碍事业发展助力。这种理念与一般商业企业的思路不同,是种共益观念的表述,而不是竞争或竞合的想法。当然,"联谛"也具备一定的竞争优势。首先,"联谛"拥有一群信息无障碍领域的专业人才,具备一支经验丰富的视障工程师团队;同时,"联谛"也持续大量投入相关技术的研发,由此积累了多项信息无障碍解决方案的相关技术专利。另外,在国内"联谛"是目前信息无障碍领域的先行

下一站，社会企业？
——创造共享价值的实践者

者之一，与相关政府单位、各行业头部企业已经开展长期稳定的合作，并且已经具备了一定社会知名度与影响力。

坚持社会企业初心不动摇

成立之初，"联谛"开展相关业务时还需要向服务对象（企业）"扫盲"大量的信息无障碍相关概念。随着许多头部企业对自身产品与服务进行信息无障碍优化后，有越来越多的企业开始意识到信息无障碍优化的重要性，也开始主动寻求与"联谛"合作。信息无障碍就像一圈圈涟漪，从最早的一项服务单品逐步向外扩散出去，进而产生了其他相关服务产品。不仅如此，许多政府机构、事业单位、公益慈善组织也开始关注信息无障碍的需求与重要性，"联谛"的服务对象由此也逐渐多元了起来。

目前"联谛"是技术型社会企业，属于轻资产类型的企业，主要成本投入在人力资源和相关技术研发上。此外，"联谛"已获得许多国内外相关专业资格认定。"联谛"的主要收入来源于合作企业及政府单位的信息无障碍解决方案的购买，当前主要利润仍全部投资在企业可持续发展及信息无障碍技术领域的促进上。

"联谛"的工作，从一开始的不被看好、不被理解甚至是误解，到现在受到越来越多的关注，戴杰和团队经历了无数的艰辛。接下来，他们计划推动信息无障碍与前沿技术的结合，希望使用人工智能技术、物联网技术等进一步解决过去无法解决的问题，为更广大的障碍群体的工作与生活带来便利。

戴杰非常肯定的是，无论未来整体环境如何变化，"联谛"的社会使命绝不会发生"漂移"，因为，整个团队对于愿景的坚持都是"刻骨铭心"的。

与社会企业家的七问七答

作者： 对你而言，社会企业是什么？

戴杰： 社会企业是一种可以加速解决社会问题的方式，可以很好地展现商业价值和社会价值的结合。

作者：对你而言，社会企业家精神是什么？

戴杰：社会企业家首先是关注社会议题的，能通过自身的力量、结合市场资源，运用创新的方式来解决社会的痛点。还有很重要的一点——持之以恒。

作者：你对想投身信息无障碍事业的社会创业者的建议是什么？

戴杰：信息无障碍是一个非常广阔的领域，可以与许多不同的行业相结合。建议创业者可以根据自身资源优势，找准切入点并坚定地走下去。

作者：创业以来，对自己而言最大的挑战是什么？

戴杰：信息无障碍这个领域，大众认知程度不高，因此常常会面对很多的不理解和不重视。如何协助自身、协助团队、协助市场克服这个问题，需要强韧的心态和持续的理念倡导。

作者：你想对自己的团队说的一句话是什么？

戴杰：希望团队能保持初心，我们有信心一起达成愿景。

作者：你想对合作伙伴说的一句话是什么？

戴杰：信息无障碍对于企业和产品来说，是一件社会价值与商业价值共存的事情，值得更多的重视和投入，每个用户都应得到平等对待。

作者：你对中国公益事业信息化的未来的思考和期许是什么？

戴杰：信息无障碍一定会是公益事业信息化的必经步骤。公益行业更应关注和支持信息无障碍的发展，支持每个人平等参与社会生活。

下一站，社会企业？
——创造共享价值的实践者

联谛共享价值分析表

解决问题		障碍人士无法使用互联网软件产品
创造共享价值	识别需求	障碍人士使用互联网的需求
	手段	1. 为互联网企业提供信息无障碍解决方案 2. 招募视障工程师，组建信息无障碍专家团队，开展信息无障碍技术研究 3. 培训障碍人群使用互联网产品 4. 参与障碍人群相关政策的制定
利益相关者		障碍人群、政府、企业
产出	社会价值	1. 提高社会对信息无障碍的认知 2. 推动中国信息无障碍事业专业化 3. 让障碍人士可以使用互联网产品及服务 4. 为障碍人士提供就业机会
	经济价值	1. 帮助障碍人士就业获得收入 2. 拓展企业的服务群体，增加收益
竞争力		1. 由多位视障工程师组成专业团队，提供专业的信息无障碍解决方案 2. 是较早进入信息无障碍领域的企业 3. 与信息无障碍研究会关系紧密，长期研究信息无障碍技术

第十三章
灵析：数据与公益的邂逅

优秀的软件不仅能帮助企业提高工作效能，还能为企业搜集、统计和分析相应的数据，提供相应的分析报表，从而为制定未来发展战略或决策提供依据。但是公益慈善事业的相应软件开发至今仍然处于洼地状态，国内还有大量的社会组织仍多停留在电脑初级设置阶段，造成绝大多数公益慈善从业者只能使用一般通用性基础软件开展工作。这种状况不仅限制了我国公益慈善事业发展的进程，也使得许多有价值的数据毫无用武之地。站在公益慈善与互联网科技发展的岔路口，"灵析"团队敢为人先地着力解决这个问题。从2012年成立至今，"灵析"已通过专业软件的开发，为9万多个社会组织提升了综合管理能力、外联效率，解决了筹款、品牌传播、项目活动等与数据管理相关的问题。"灵析"团队希望通过专注于软件开发来进一步推动我国公益慈善事业的进步，让"每个智慧公益背后都有灵析"，让中国公益慈善发挥出更多社会能量。

三个技术宅的公益梦

"灵析"的三位创始人，玛丽、郭润苗和侯正春，都毕业于北京邮电大学。以往，作为"技术宅"的他们从未想过自己毕业后会从事与公益慈善事业相关的工作，更无法想象他们正推动着中国公益慈善事业数字化的进一步

下一站，社会企业？
——创造共享价值的实践者

图 13-1 郭润苗、玛丽和侯正春（从右到左）

发展。

郭润苗和侯正春两位创始人都是主修计算机专业的，他们是同班同学，毕业后两人都顺利进入中国亚马逊工作，一起成为软件开发工程师。这是份待遇不错、有面子且靠谱的工作。然而，在繁忙且高压力的工作过程中，他们始终觉得内心深处有一股对于事业发展的想象力无法在工作中得到释放。那时正值"大众创业，万众创新"的热潮，考虑到内心深处的"呼唤"，结合当时公司的发展状况，最终两人决定辞职，加入朋友创办的一个从事房地产行业的软件创新公司。

另一位创始人玛丽曾经在国际广播电台就职，工作闲暇时间她加入了外企志愿者协会，除了参与一般性的志愿服务活动，她也积极从事与志愿者管理相关的行政工作。这些志愿服务与工作的投入不仅充实了玛丽的业余生活，给予了她许多快乐，也为她带来了出乎意料的人生际遇。

在一次协会年度评选优秀志愿者的工作中，她突然发现，由于大多数的志愿组织并不具备搜集与管理志愿群体相关数据的意识，现有的相关信息大多处于零散、不连续且缺乏系统性管理的状态，因此导致在关键时刻无法有

第十三章 灵析：数据与公益的邂逅

效查找所需要的志愿者服务的具体信息与记录，最终，仅能凭记忆和印象的方式选出当年的优秀志愿者。这件事情玛丽看在眼里，也在她内心深处埋下了未来发展的种子。

后来玛丽通过朋友介绍找到了郭润苗和侯正春，她希望通过郭润苗和侯正春的专业能力开发一个志愿者服务管理系统，用于记录志愿者的相关个人信息及所参与的公益慈善活动等相关数据。在获得邀约并了解了开发这个系统的社会价值与意义后，郭润苗和侯正春都认为这项工作的难度不大且可行性高，如果开发顺利，后期效果好，这个系统甚至可以推广给所有的公益慈善组织使用，成为一个行业通用的系统，于是他俩很快便答应了玛丽的请求。

在开发系统之前，必须要先进行市场与用户调研分析，这样才能更有效地掌握新开发系统的定位、功能、设计内容与开发路径等。首先，他们拜访了几家社会组织，并针对社会组织管理与运作相关流程进行了系统性的了解与分析。

他们发现，绝大多数社会组织并不具备负担市场上各种IT公司的产品和服务费用的能力，令他们惊讶的是，当时中国市场上也没有一款针对社会组织的相关信息管理软件，而"量身定做"的价格只有更高，因此，大量社会组织的信息管理水平处于非常传统的阶段，大多采用人工记录或结合相关通用电脑软件来进行信息处理，例如用Word、Excel。如此落后的信息管理状态，不仅影响了社会组织管理的日常运作效率，还阻碍了社会组织的未来发展。

站在公益慈善事业发展与互联网技术飞速进步的岔路口上，他们三人总结了调研结果。相较于政府管理与商业公司在信息化技术上的使用率和普及性，公益慈善事业的信息化技术发展仍处于未开发市场状态，这个重要发现，带给了团队惊喜，也指引了他们未来的道路。

于是在2013年，郭润苗和侯正春离开了朋友的房地产软件公司，在玛丽的牵头下抱着为中国社会组织提供IT技术服务的想法创办了佳信德润（北京）科技有限公司（简称"佳信德润"）。

友成基金会是"佳信德润"成立后所服务的第一家行业代表性社会

下一站，社会企业？
——创造共享价值的实践者

组织。友成基金会每个月都会给捐赠人、志愿者、媒体等利益相关方发送"月报"。友成基金会希望通过"月报"这样的电子信息系统能够更有效且快速地把每月与友成基金会相关的重要新闻与信息分享给所有利益相关方。但主要的挑战来自当时友成基金会邮箱的功能有限，无法一次性地发送数千封电子邮件，必须依靠人工的方式进行一轮轮的发送，造成工作效率低且容易出错的状况。因此，友成基金会希望"佳信德润"能解决这个问题。

很快地，"佳信德润"为友成基金会开发了第三方邮件群送工具，不仅解决了单次发送电子邮件数量限制的问题，还增加了邮件自动替换收件人姓名、记录收件者打开电邮情况信息等其他好用又有效的附加功能。由此，友成基金会的"月报"传送不再是以往的群发式官方电子邮件，而是能够为所有相关利益方提供更好的"月报"分享。

正当该工具开发完成，碰巧遇上了2013年的四川雅安地震，而这一小小的辅助创新工具直接为友成基金会当年的赈灾募捐带来了更好的用户（捐赠者）体验。"佳信德润"的这款产品也因此受到了很多好评，顺利获得了国内公益慈善界的认同与传播，也为团队带来了许多业务和收入。郭润苗回忆道，对于团队而言，这项产品的开发成本并不算高，难度也不大，但没有想到的是，技术上的一点点改进就能为社会组织带来如此大的进步。这个项目的成果让团队更加坚信智慧公益这条路是值得继续走下去的。

在项目一炮打响后，越来越多的知名基金会，如南都基金会、阿里巴巴公益基金会、阿拉善SEE基金会等陆续向"佳信德润"抛出了合作的橄榄枝。而这些令团队感到十分惊讶的邀约，竟然都来自企业背景的基金会。接触后才发现，原来企业型基金会找到"佳信德润"合作的首要原因是企业内部找不到合适的解决方案；其次是由于"佳信德润"的服务较市场上许多软件开发公司性价比更高且更了解公益慈善事业的状况。由此可见，"佳信德润"的出现，刚好弥补了国内在这个细分需求领域的空缺，这让团队更加清晰地看到了在这条发展道路上的许多机会。

其实在2014年时，国内许多社会组织已经开始尝试使用相关的专业工具和软件处理日常工作，但由于这些专业工具和软件的功能相较单一，实际操作过程中常常需要同时使用多款软件，不仅信息无法有效统一处理，也因此增加了许多工作量。此外，许多与组织相关的数据也因此分散在各种不同软件或工具中，甚至是停留在相关工作人员的脑子里和手机中，一旦发生内部人员异动，组织过往所积累的相关数据便会因此而流失。这些现状都会直接影响整个社会组织的可持续发展。

另外，当时中国市场上能够提供对应性解决方案的商业数据管理服务费用都很高，绝大多数社会组织是无法承担这样的费用支出的，就算负担得起一年的费用，也很难保证往后的支付能力。这也因此造成了当前我国公益慈善事业发展行业信息化发展程度普遍较低的状况。

针对这些问题，郭润苗和团队希望能开发出一款全新产品"灵析"，"灵析"是一款社会组织日常运作的管理平台软件，主要目的能满足绝大多数社会组织日常工作需求，例如利益相关方信息管理、邮件发送管理、项目评估调查管理、活动数据管理、公益慈善筹款与募捐管理等。而且用户可以根据组织发展需求，自我管理所有与业务相关的数据，通过相应的统计分析功能，还能生成相关报表与统计清单，为社会组织在进行战略制定或决策时提供信息参考。

相比于"佳信德润"之前为社会组织提供定制软件或工具服务的费用，"灵析"的总体使用费用更低，即便小型社会组织也可以负担得起；与此同时，"灵析"的可塑性也更大。为了助力我国社会组织管理的持续发展与进步，"灵析"预留了许多软件升级空间，这样一来，"灵析"可以根据组织发展需求和社会变化进行后续额外功能的增加与系统性的改版，这样一来不仅能帮社会组织省下重新购买的成本，也能兼顾与时俱进的发展需要。

那这款产品为什么叫"灵析"呢？其实团队一开始给这款产品命名为"灵犀"，是"犀牛"的"犀"，寓意是和用户心有灵犀一点通；用户需要什么，这款产品就能满足需求。但后来根据市场分析，产品的主要功能逐步集中在数据搜集和分析等方面，尤其强调系统在数据分析上的功能，因此团队最终决定将"犀"换成了"分析"的"析"。团队希望"灵析"能够确实帮助我国许许多多社会组织积累起属于自己的数据库。

下一站，社会企业？
——创造共享价值的实践者

从公益门外汉到公益先行者

最早，三位创始人对于我国公益慈善事业发展的了解与大多数人一样，多停留在比较浅的状态，仅曾经参与过捐款和志愿服务等相关活动，只有玛丽是这三位创始人中唯一参与公益慈善较多的人。那么这几位公益慈善领域的门外汉，又如何通过IT手段帮助公益慈善事业进一步发展呢？首先，他们开始大量学习和借鉴国内外互联网领域较为先进的技术和经验，并且讨论如何将这些技术和经验应用到中国公益慈善事业的发展中。团队通过观察与分析后发现，中国社会组织在筹款方面存在较多与IT相关的问题。例如互联网平台的筹款功能并不透明，因此造成所有通过互联网平台进行筹款的社会组织无法获得捐赠给自己项目、活动或组织的捐赠人相关信息，而这些捐赠人相关数据是与社会组织的可持续发展息息相关的，其中除了利益相关方角色中的话语权差异外，还与社会组织对IT相关专业认知上的不足有关，这都不利于社会组织自身的发展。与此同时，目前公益慈善事业中还存在许多公益基金会在筹款资质共享以及月度对账方面的相关操作流程问题、捐赠人生命周期维护困难等挑战。

这些普遍存在于当今中国公益慈善事业发展中的挑战都与缺乏IT相关专业工具有关，结合团队前期的市场调研，现实的情况就是，目前中国绝大多数的公益慈善组织没有太多资本来获得符合自身业务发展需求的专业IT软件，专业的软件开发商也看不上这些"小单"，而当下的通用或免费系统又不能有效帮助社会组织解决相关困难。更要命的是，许多社会组织甚至还没有意识到专业IT软件对于自身组织发展的重要性。因此，团队对于"灵析"的开发寄予厚望，希望"灵析"的出现，不仅能有效帮助国内社会组织提升工作成效，还能帮助中国公益慈善事业发展向更专业化发展的道路前进。

针对这些当前事业发展的情况与需求，"灵析"开设了筹款功能。使用"灵析"产品后，捐赠人只需要点击链接就能直接跳转到官网捐赠入口，捐赠完后还能在捐赠信息公示中实时看到自己的捐赠信息及捐赠金额记录。这样一来，社会组织能有效与这些捐赠者进行对接，方便后续的沟通与交流。例如捐赠人可以更方便地了解公益项目或活动的进展情况，而社会组织也可以定期向捐赠人发送项目或活动的最新信息。

针对非公募社会组织（不具备公众筹款资格的社会组织）缺乏筹资渠道和发布筹款相关信息平台的问题，"灵析"在产品中加入了联合劝募功能。他们能与具备公募资格的基金会与具备互联网筹款资质平台联手合作，如新华公益、帮帮公益等。团队希望通过这种帮助社会组织"抱团"的方式，与两类平台方合作，构建所有利益相关方共赢的协作模式，这样不仅能帮助不具备公募资格的社会组织有效对接愿意接纳合作的公募基金会来开展自身项目或活动的筹款工作，还可以将筹款项目或活动信息通过具备网络募捐资格的平台方进行推送与发布，这样一来公益慈善项目或活动的筹款与用款便能更好地"接上"，捐款与受益者的关系也能更近。

当"灵析"的普通筹款功能使用逐步稳定后，"佳信德润"又获得壹基金的邀请，希望能在"灵析"的基础上，进一步开发出"月捐"功能。"月捐"，顾名思义就是捐赠者每个月都会固定进行捐赠的行为。

目前我国的"月捐"行为并不普遍，"月捐"在国内还属于新鲜事物。在郭润苗看来，"月捐"对于社会组织发展而言是很重要的，"月捐"能为社会组织带来较稳定的捐赠资源、黏度较高的长期捐赠者，而"月捐"的情况也常常能够反映一个公益慈善组织、项目或活动的口碑与成效，因此"月捐"是我国社会组织应该推广的一种筹款方式。

"月捐"相较一次性捐赠而言更长期且稳定，这对社会组织的可持续发展至关重要，能降低社会组织对企业捐赠、政府购买服务的依赖，还能把捐赠者、社会组织与受助者之间的关系联系得更紧密。为此，"灵析"也希望通过产品不断的优化来辅助和促进当前社会组织发展。无论是筹款还是运营方面的新功能开发，"灵析"都会努力持续不断地根据社会组织发展需求进行功能增加与产品升级。随着创业的进程，三位创始人对于我国公益慈善事业发展的理解也越来越深。

下一站，社会企业？
——创造共享价值的实践者

开启智慧公益

在"灵析"开发初期，社会组织购买 IT 专业服务的意识和意愿都非常弱，甚至还有些社会组织会误以为"灵析"就应该设定为全免费的软件和服务模式，这样才符合公益慈善精神。然而这些认知都没有充分考虑到组织自身的可持续发展与后续售后服务更新的需求，试问有多少款免费软件在无任何后续服务与更新的前提下，还能持续长期地受到使用者的信赖与支持呢？因此，"灵析"的服务从最开始设定，便坚持服务付费原则。为了让更多的社会组织能购买得起这样的 IT 专业服务，在产品早期，团队把产品价格压低了许多，希望通过后续产品升级、功能增加、个性化需求定制等服务来获得收入，补贴前期标准化产品研发的成本。

相较许多过往的管理操作平台，"灵析"从一开始便考虑到了公益慈善事业发展的多样且变动性，因此，团队在"灵析"最初设定阶段，便选择了投入成本较高但具有较强扩展性的设计架构，以适应不同类型社会组织的不同特点。例如企业型基金会更侧重于在母企业内部开展公益慈善项目与活动的传播，较少有参与公开募捐的需求。而公募基金会则侧重向基金会外部进行自身项目或活动的社会传播和筹款，由此更需要与捐赠者们建立良好的互动关系。

根据团队过往开发各式相关软件与系统工具的经验，"佳信德润"团队对我国社会组织发展近况的了解程度也在不断增加，到后来，他们还能进一步根据服务机构的发展和业务增长现状，为社会组织评估未来业务管理过程中的新需求变化，从而在设置对方工作平台软件时能清楚拿捏好哪些功能需要固定、哪些功能未来还会有变化的需求。这样一来，就能帮助社会组织提高平台软件的使用率和使用成效，并延长平台软件的使用寿命，让社会组织在提升工作效率的同时还能节省资源。

当然，团队也遇到有些社会组织过于放大软件作用的情况，还有些社会组织管理者期待通过一套专业的信息化系统来根本性地解决组织内部所有的项目管理、人力资源管理、业务管理和所有利益相关方的问题。这种观念神话了软件的价值，也高估了软件本身所能起到的作用。郭润苗说："软件是被使用出来的，而不是被设计出来的。它（软件）需要在使用的过程中不断优化迭代。真正（懂得）使用软件的机构负责人认识到他们不仅仅是使用软件本身，其实更多是（在于）积累（机构自身发展的相关）基础数据，为未来的工作打基础，这些都需要时间才能证明出它（软件）的价值。"

在软件设计过程中，团队会先从社会组织自身的管理制度和流程标准化程度出发，判断社会组织对软件的使用需求，进而调整服务内容与方法。例如，团队会推荐社会组织先支付小部分预算来开发所需软件的核心功能，解决组织发展中最痛点的问题或最急迫的需求。等核心功能产生一定成效后，再根据组织发展的其他需求，逐渐增加软件的其他功能。这样既能帮助社会组织把资金花在刀刃上，又能提高团队使用软件的信心，培养使用习惯。

"佳信德润"的团队不把收入和业务量放在第一位，而是希望自己的产品和服务能为中国社会组织创造出真正的价值，大家共同成长，一起进步。所以团队不会为了追求项目利润最大化而一味地为社会组织提供目前还不是那么急需或关键的平台功能。

目前，任何一家社会组织都可以根据自身的财务预算和工作需求选择不同功能和版本的"灵析"服务。这样量身定制却又经济实惠的创新服务模式，便是"佳信德润"为解决中国绝大多数社会组织发展过程中所面临的管理软件缺失所带来的解决方案。

"灵析"还提供免费期限的适用版本来帮助公益慈善组织尝试数字化管理，所提供的基本服务软件套装也已能覆盖大多数公益慈善组织日常使用的需求，其中包含相关表单、活动签到、群发邮件及联系人管理等功能。在费用上也十分"亲民"，每年只需要299元便可以拥有，这对于资金特别紧张的公益慈善组织而言，也算是用心了。当然，如果组织有更多特殊的管理需求，如具备活动收费、群发短信等功能，能以加购功能的方式增添至原有的基本服务软件套装上，这样的软件架构设置充分考量了软件应用场景的可持续性和长期费用。而有更多高端管理软件需求的公益慈善组织，可直接选购功能更强大的软件套装，其中功能包含但不限于在线公开募捐、月捐、微信活动中心、筹款中心、公众参与查询平台等。此外，"灵析"还提供一对一

下一站，社会企业？
——创造共享价值的实践者

行业顾问、劝募大使、活动传播资源支持等定制化服务的专业版。团队希望通过"灵析"的推广使用，能够帮助许多社会组织了解 IT 技术应用对于公益慈善事业发展的重要性，同时也倡导组织认识自己的发展需求，把有限的预算做最理性的消费。

支持每一个公益理想的实现

和其他互联网筹款平台相比，"灵析"的筹款工具可以为社会组织提供所有捐赠数据，以便于社会组织在劝募活动后期能联系捐赠人，建立更好的互动关系。

和其他定制化的筹款服务相比，"灵析"的筹款工具性价比更高。他们将筹款服务转化为几套标准化产品，使得所产生的费用更低。此外，团队也会持续地投入成本，根据环境变化与实际需求来迭代该产品的相关功能，优化产品服务体验。当然，定制化产品是需要承担额外的改进迭代费用的。

团队始终怀着"每个智慧公益背后都有灵析"的使命，"灵析"致力于为公益慈善事业的各类组织提供信息化服务和技术支持。也因为这样明确的定位，使得"灵析"这款软件有别于传统商业软件开发公司的产品和服务。

"我们灵析做着做着有点像'四不像'，但是后来发现'四不像'正是我们的优势所在。因为一个机构（社会组织）只有在（具备）完整的（相关数据汇整）平台（软件）状况下，它（社会组织）才能沉淀它自有的完整数据。"郭润苗说道。

目前"灵析"的产品功能比较丰富，包括群发邮件短信、表单工具、活动管理、筹款等，虽然每个功能都能在市场中找到相对应的竞品，但市场上的相应竞品都无法有效帮助大多数公益慈善组织完整且系统地应对日常业务需求、完成所有数据搜集与分析的工作，进而发挥出数字化管理所带来的价值。例如，参与公益慈善活动的人也往往是潜在的捐赠人，这部分人群也可能是社会组织某一项目的精准传播者。由此可见，只有当所有的数据都汇总在一起后，社会组织才得以利用这些数据分析出如何提高业务效能和为所有利益相关方创造出更多的社会价值。

"灵析"还定期举办免费的工作坊，教授社会组织从业者如何使用产品、阐释信息数据对于机构发展的价值、分享成功用户案例和普及公益慈善筹款的知识。郭润苗分享说，有些组织学习完后就决定使用"灵析"的产品，团队的自信心也因此获得提升。

自 2019 年开始，中国公益慈善事业里出现了更多愿意开始尝试"月捐"这一筹款形式的社会组织。因为"灵析"的"月捐"功能，帮助许多社会组织用户能够更便捷地与捐赠企业做联动。"工具给社会组织提供了很多更便利的可能性。我们通过培训和辅导实践，把过往的种种可能性（逐步的）变成了一个个现实。"郭润苗说。

由于筹款行为涉及《慈善法》等相关法律法规，"灵析"团队在开发软件时也会咨询相关的法律顾问和专家，查询法律条款和政府文件，并与民政部发布的慈善组织互联网募捐信息平台进行合作，以确保整个筹款流程都能遵从国家相关政策与法律法规。

此外，团队也极为重视信息安全和客户数据保护。为了让用户持续地使用"灵析"从而达到数据沉淀，团队在设计产品时会关注用户不同发展阶段的不同需求。在"灵析"的陪伴下，现在已经有越来越多的社会组织开始重视自身数据积累和相关技术的应用，为自身未来的发展做好准备。

由于当前的社会组织内部管理还存在各部门间的协调问题，例如筹资部门负责筹到钱，项目部门负责资金有效支出，财务部门负责资金的核算，各部门之间的数据缺少统一管理，很容易出现部门之间的数据不一致。为此当需要核算统计的时候常会出现反复沟通和二次计算的情况，除了浪费人力资源，反复沟通和计算也容易出错误。

针对这个问题，团队正在"灵析"的基础上研发资金和项目管理系统。虽然这项任务艰巨，"灵析"团队仍然充满希望，因为一旦能够成功实现，这套系统将能够更有效地连接起公益慈善项目（活动）与捐赠人，让更多的公益慈善组织、项目和活动能被社会"看见"。

郭润苗分享道，其实许多社会组织的运作十分透明，并且愿意向捐赠人们公开相关信息，但为何我国目前愿意完全透明化捐赠资金使用方向的组织仍显少，主要原因是社会组织财务彻底透明背后的相关人力成本很高，大量

下一站，社会企业？
——创造共享价值的实践者

人力物力的投入仍然有产生误差的风险，一个小数点的标错，很可能就酿成"重灾"。所以，"灵析"的新功能开发势在必行。

探索信息技术带给公益的无限可能

目前"灵析"团队有将近 30 位全职员工，核心工作是产品研发和客户运营。在招募人才时，"灵析"不会设置 IT 相关专业背景的硬性要求。"我们（也）不要求对方具备公益慈善领域专业知识和经验，但他们（新成员）必须认同'灵析'的价值观，客户至上。"郭润苗说，"此外，我也非常认可阿里巴巴的人才观：聪明、皮实、乐观、自省。"互联网是开放、透明、自由的，因此互联网人才需要具备既大胆又严谨的品质，其他方面都不是关键的。

成立后的四年里，"灵析"并没有设置严格的绩效考核与评估标准，主要依靠负责人与员工之间的信任和默契，每个员工都热情满满地参与各个项目。每次看到团队伙伴的成长和进步，从被动地接受任务，到主动地为服务对象着想，都会令几位创始人感到十分欣慰。近两年来，随着人员逐步增多，过往的责任制也逐渐不够用了，于是团队开始搭建属于自己的评估体系，希望大家能围绕公司使命和目标更好地凝聚在一起，为社会创造更多的价值。

到目前为止，"灵析"已经经历过两轮天使融资，得到了 IT 行业和公益基金会的投资和认可。未来如果有相关的投融资需求，郭润苗希望能够与认同并了解这一行业（公益慈善事业的 IT 发展）的投资者合作。

中国的公益慈善事业发展在近几年仍然呈现上升势头，但发展速度明显放缓，一方面可能与相关政策与社会需求有关，另一方面也可能是中国公益慈善事业发展正逐步走向质的发展阶段。但就目前而言，我国社会组织的主要需求之一便是如何更有效地对内协同组织的相关人力、资金、项目和活动，对外协同所有利益相关方，共同把可持续生态链构建起来。而信息数据化管理能够有效帮助社会组织的协同管理。对此，"灵析"希望能够继续引进更多有志的专业人才，提升技术水平，优化当前产品，让中国社会组织的数字化高效管理成为可能。

与社会企业家的七问七答

作者：对你而言，社会企业是什么？

郭润苗：我还没有仔细思考过这一问题。

作者：对你而言，社会企业家精神是什么？

郭润苗：社会企业家精神是指企业家重视客户、员工和公司三者间利益平衡和关系优化，既要满足客户需求，创造社会价值，又要让员工实现个人价值、过上舒服的生活，公司也能伴随社会发展，实现可持续发展。

作者：你对想投身科技服务类社会企业的创业者的建议是什么？

郭润苗：首先，SaaS ToB 服务一切以客户价值为核心，满足客户需求。然后，一分耕耘一分收获，有些客户的需求看起来微不足道，但只要找准方向坚持下去，依然能开拓一片新的天地。

作者：创业以来，对自己而言最大的挑战是什么？

郭润苗：虽然我一直待在"灵析"，但我的工作岗位发生过多次变化。我的本职工作是产品研发，但经常需要承担市场开拓、内部管理和战略决策职能，这方面对我来说是个挑战，但是挑战也是机遇。时时保持创业心态，积极面对。

作者：你想对自己的团队说的一句话是什么？

郭润苗：Do good. Be proud. Make history.

作者：你对中国公益事业信息化的未来的思考和期许是什么？

郭润苗：我希望公益机构能够围绕组织使命公开透明并可持续发展，为社会的更加美好发挥应有的价值，另外我也相信社会组织的信息化是实现这两个目标的基础保障设施。

下一站，社会企业？
——创造共享价值的实践者

灵析共享价值分析表

解决问题		社会组织工作效率问题	社会组织捐赠信息处理相关问题
创造共享价值	识别需求	1. 社会组织使用信息技术的需求 2. 市场缺乏社会组织可以负担的信息技术服务 3. 已有的信息技术服务方缺乏对社会组织需求的了解	1. 社会组织受捐信息发布需求 2. 从受捐到受助者的信息实时更新 3. 社会组织维护捐赠者关系的需求 4. 非公募社会组织缺乏筹款渠道 5. 当前筹款平台不愿为社会组织提供捐赠数据
	手段	1. 为社会组织提供一款内部运营的工具软件 2. 提供数据化分析服务 3. 提供产品定制化服务，满足更多个性化需求	1. 提供捐赠信息处理相关解决方案（软件功能开发） 2. 搭建捐赠相关利益方合作平台，将需要筹款的社会组织对接给公募基金会 3. 举办工作坊，教授产品使用方法，分享筹款知识
利益相关者		社会组织、学校、企业	社会组织、捐赠人、捐赠中介组织
产出	社会价值	1. 提高社会组织工作效率 2. 帮助社会组织储存工作数据、发挥数据的价值	1. 提高捐赠人对社会组织的信任度 2. 为非公募社会组织提供筹款渠道 3. 提高社会组织捐赠流程信息的透明度 4. 提升社会组织与捐赠人的互动性
	经济价值	1. 降低沟通成本 2. 加快工作流程进度 3. 提升工作评估效率	提高捐赠效率
竞争力		1. 社会组织可负担的产品及服务 2. 产品的持续更新迭代性 3. 满足社会组织核心业务需求和管理需求的服务 4. 提供捐赠利益方合作平台服务	

第十四章
益加益学院：站上公益与商业的讲台

"益加益学院"成立于2012年，最早的概念是"1+1"，指一个公益身份＋一个商业身份，是一家由一群银行管理咨询师和公益人利用工作之余创立的公益咨询培训机构。8年来，"益加益学院"一直在实践中探索如何更有效地结合公益与商业，渐渐地，加入"益加益学院"的每位伙伴都被周围的朋友们贴上了商业和公益双重身份的标签。以商业作为组织可持续生存的基础，以公益慈善作为组织愿景的精神追求，"益加益学院"一边帮助企业履行社会责任，一边帮助公益组织实现自身的可持续发展。在整个"益加益学院"的运作机制中，团队伙伴们的志愿投入不仅帮助了许多服务对象（公益慈善组织），也因此获得了许多个人成长与收获，同时还助力了整个中国公益慈善事业的进步。

一边做商业一边做公益

郭晓冰是"益加益学院"的创始人。十余年前，她因为不甘于平淡的生活而离开工作了22年的银行，只身来到深圳这座充满活力的城市，开始了不同于以往的另一种打拼生活。

当时她尝试撰写一些有关银行管理知识的文章，希望通过输出自身过往工作所积累的体悟和发现获得收入，但未曾想踩了许多坑，吃了不少亏，但

下一站，社会企业？
——创造共享价值的实践者

她并不气馁，仍然持续努力着。在那段时间里，郭晓冰空闲时都会往贵州跑，去支教，身体力行地资助那里的贫困孩子们上学，哪怕自己的生活有些窘迫。在回忆自己过去的那些事情时，郭晓冰认为也就是因为自己对于公益慈善的投入，让她的心灵获得了极大的安慰，就像一帖良药，帮助她在人生最艰难的转折点上获得了力量，不仅坚守了信念，也持续保有一颗善良的心。

这些尝试让早期虽然从事银行管理咨询师工作的郭晓冰慢慢地结识了许多认同公益慈善的伙伴们，于是，大家决定组建一个公益慈善团队。最初，该团队的运作方式较为松散，没有固定的上下班时间，也并没有成立任何法人，和许多大家所熟知的自由职业工作者的工作状态很类似。

因为热爱公益慈善，郭晓冰闲暇时常常会去参与公益慈善活动。2004年，她参加了中山大学朱健刚老师举办的公益组织研修班。在研修班的整个学习过程中，郭晓冰对于国内公益慈善组织发展有了更深入的认识，也使得她更坚定了自己所选择的公益慈善道路。虽然郭晓冰很热爱公益慈善，也愿意持续地为这项事业作出力所能及的付出，但为了养家糊口，权衡现实利弊后，她仍然没决定全身心地投入公益慈善事业，而是选择了一条看似奇特但却合情合理的职业发展路径，一边创业一边做公益慈善。

2012年的冬天，郭晓冰开设了第一堂有关培训技巧的课，这堂课受到了很多学员的欢迎，也树立了培训课程的口碑。2013年，和她一起做银行咨询项目的几位老师也加入了进来，希望在工作淡季时能尽自己所能地为社会做些善事，于是大伙便开发了一系列面向公益慈善组织管理的课程，如思维导图、罗伯特议事规则等，这些课程都是免费分享的。

当系列课程设计好后，那么谁来听（学习）课呢？于是，他们通过张贴小广告、熟人圈邀请等方式，顺利招募到了第一批听众（学员）。第一次系列课程顺利结束后，获得了很好的反馈与评价，团队也还意犹未尽，希望还有机会继续做这样的公益慈善培训活动。于是，郭晓冰找到了朱健刚老师，由朱老师牵线，郭晓冰与广州807创新空间负责运营的贾蔚老师取得了联系，当时，贾蔚老师正好筹到了一笔捐款，主要目的是用于开展一系列的公益慈善人才培训。郭晓冰和贾蔚老师相谈甚欢，希望通过807创新空间负责

第十四章　益加益学院：站上公益与商业的讲台

图 14-1　益加益学院参与发起的"木棉计划"

运营、郭晓冰团队负责培训内容开发的方式，把这个公益慈善人才培训的项目运作起来。

而这一运作就做了8年，大家共同为这个项目命名为"木棉计划"，木棉花也称英雄花，寓意这些致力于改善世界的公益慈善人都是"社会英雄"。

在设计课程的过程中，郭晓冰团队成员发现公益和商业具有很强的相通性。因此，他们就针对公益慈善组织的需求调整与改动了原有的课程体系，例如将商业营销课程改造为公益筹款课程。首期"木棉花开研修班"获得了学员的积极反馈，此后，该培训课程每年都会定期举办，成为我国公益慈善圈内知名的公益慈善人才培养项目。

后来，郭晓冰和团队被越来越多的公益慈善组织邀请去上课或做培训。就这样，他们一边为商业组织提供相关专业的培训，一边为公益慈善组织进行相关知识的授课，在商业和公益慈善两个社会身份中来回切换，成为周围伙伴们口中的"两栖人"。

培养公益讲师，助力公益伙伴

随着培训和咨询的业务量越来越大，郭晓冰和团队也逐步意识到，或许

下一站，社会企业？
——创造共享价值的实践者

需要通过成立一个正式法人的方式才能够更好地开展服务工作。因此，2015年郭晓冰正式注册了一家民办非企业组织"益加益学院"，名字蕴含着"让他人受益的同时自己也会受益"的理念。为此，整个团队也重新针对组织结构和相应功能进行了梳理，希望能在不忘初心的前提下，继续发挥团队的更大社会效益。

团队确定了"成为公益（慈善）讲师成长的平台"的愿景，以"培养公益（慈善）讲师、助力公益（慈善）伙伴"为使命，通过培养公益（慈善）讲师来帮助更多的公益（慈善）组织成长。

"益加益学院"的组织名称不仅简单易记，所有加入团队的成员也各自设定了属于自己的数字化"益名"。在参加公益组织研修班时，郭晓冰为自己取了个"益名"叫小一，因为她相信一个小小的市民虽然力量很小，但只要市民们能够团结起来，便能汇聚成一股力量，再难的社区问题都能因此获得有效的改善。

许多团队成员都具有银行业背景，对数字具有一定的亲近感，因此，为了体现"益加益学院"团队特征，其他老师也纷纷按数字顺序排列给自

图 14-2 融益板块核心团队

第十四章 益加益学院：站上公益与商业的讲台

己起了"益名"，分别为"不二""木三""利四""初五""顺六""子七""洪八""长九""美十"和"铃铛"。而且每个数字人还能在自己的数字里发展团队，让每一个数字也都成为一个小团队，这样一来，整个"益加益学院"的组织框架与人力资源管理体系便完成了。而这样的组织架构与人力资源体系也在后续的实际操作中体现出许多属于"益加益学院"的自身组织文化，例如，"每次讲师们只要提到自己来自'益加益学院'，就会有学员问他是哪个数字的，非常有趣"。郭晓冰分享说。可见组织架构与人力资源体系的设置，不仅与组织文化息息相关，对于组织或项目品牌的传播也能起到事半功倍的作用。

郭晓冰特别分享了"铃铛"的故事。铃铛是一名"90后"，还是学生时期就参加过"益加益学院"的公益慈善课程，也因此受到了许多启发，获得许多进步，毕业后就业，"铃铛"便顺理成章地选择"益加益学院"，成为"益加益学院"第一位全职成员。

"铃铛"从加入"益加益学院"后便不断地进步与成长，从刚开始的一名实习生一直做到今天能够独当一面的重要成员。"铃铛"的所有成长进步，郭晓冰老师都看在眼里。郭晓冰说："她从最初对公益（慈善）什么都不了解（的情况），到后来不仅了解公益（慈善）事业的现状，还了解公益跟商业之间的关系，并且致力于研究企业社会责任、社会企业、共益企业。不要看她年纪轻轻，（她）在这个领域（行业）里，已经对如何把公益与商业进行有效结合、如何对周遭环境产生更有价值的社会影响力等都有很深的理解了。有时她的理解还比我们团队其他成员都来得深刻。"

从最初对公益慈善一无所知的"小白"，到如今能够妥善处理公益与商业关系的专业人士，铃铛的成长和"益加益学院"培养人才的理念与方式密不可分。

新人刚入职时，需要紧密地跟随老成员一起干活，有点像师徒制的方式，以此希望新成员能够通过不断观察和学习，从老成员身上汲取相关专业知识，逐步建立起对中国公益慈善事业较完整的知识体系。郭晓冰总结这项人力资源管理经验时表示："在商业领域，为了降低成本，能一个人做的事不让两个人做，而在公益（慈善）领域，能两个人做的事不让一个人做，因

下一站，社会企业？
—— 创造共享价值的实践者

图 14-3 益加益 2019 年年会合影

为传播和影响一个人做善事和好事，是最大的社会效益。"由此可见，"益加益学院"的工作氛围是平等融洽的，每个成员都能得到充分展示自己的机会，从而慢慢培养出独立运作不同公益慈善项目的能力。

此外，为了进一步强化团队每一位成员的综合素养与组织领导力，早期"益加益学院"还与众不同地以每年更换秘书长和理事长方式来锻炼成员的领导力。然而，超前的理念却无法获得有效的实践，同时并非所有成员都适合且有意愿面对这样的挑战，经实践后发现，频繁更替领导者并不利于整个组织的稳定发展及工作经验的传承。

因此，走过弯路的"益加益学院"在实践过后再次决定，把团队领导者岗位的更换频率调整为三年一换理事长、两年一换秘书长的方式进行。这样不仅能兼顾有意愿的团队成员进行综合领导力的提升，也能维持经验的传承与组织发展的稳定性。

走社会企业道路

在服务许多公益慈善组织发展需求的过程中，郭晓冰发现绝大多数的公

第十四章 益加益学院：站上公益与商业的讲台

益慈善组织普遍存在着资金问题。一方面是公益慈善组织的运作资金大部分来源于社会捐赠或政府购买服务，这方面的资金绝大多数有限定性的使用要求，留给公益慈善组织的管理经费是非常有限的，甚至是无；另一方面公益慈善组织必须严格遵循相关法律法规的要求来使用这些资金，因此，公益慈善组织的资金受到国家行政体系的约束，能够弹性使用的资金非常有限。

然而，想要更有效地服务于社会的复杂需求与缓解多元社会群体的困境，公益慈善组织除了需要在有限的资金上完成大量的相关工作以外，组织的可持续发展也急需额外的资金支持。如果一个公益慈善组织缺乏对自身发展的投资，那么该组织是很难走得久远的。由此可见，资金的现实问题已经成为我国公益慈善组织可持续发展的主要挑战之一。"益加益学院"也不例外地遇上了同样问题。

郭晓冰还发现另一个令人难过的现象，过去"益加益学院"曾经为许多公益慈善从业人员提供免费服务（咨询培训课程），但服务并没有得到服务对象（受培训者）的珍视，长久下来，这种现象也反过来影响到了团队成员的服务热情与投入度。

就这样，服务者与被服务者都因为免费服务而产生恶性循环的情绪与行为，并且直接影响了最终服务成效，这不仅违背了团队成立的初衷，也破坏了公益慈善组织咨询培训的良好生态。相比之下，市场（商业）化运作的培训服务都建立在制定双方都认可并具有清晰的服务内容、标准与成效的基础上，服务质量与成本相当，服务购买者会更认真用心地参与学习，培训者也会尽全力地去做好相应的服务工作，因为一旦服务成效不达标，不但会砸了自己的服务口碑，还会影响整个团队的认同感。

经过多年经验的积累，郭晓冰和团队发现，培训课程质量的关键在于老师（培训师）。然而，由于当前公益慈善事业的相关培训资源普遍紧缺，"益加益学院"很难招募到拥有丰富管理咨询与培训经验的优质人才。

面对这些挑战与困难，"益加益学院"团队必须尽快寻找到一个更为合理且有效的组织运营形态。团队经多次头脑风暴后，仍然没能够找到所有团队成员都满意的答案，就在这时，郭晓冰想起了在哈佛大学慈善研究班上学习过的社会企业，这种模式和她的想法非常契合。

下一站，社会企业？
——创造共享价值的实践者

为了实现组织的可持续发展，扩大组织规模以解决更多的社会问题，2017年郭晓冰和团队选择了走上社会企业的发展道路，在过往的法人基础上，又注册了大舍小瓦文化发展有限公司（以下简称"大舍小瓦"），将所有的相关业务都进行商业法人和公益慈善法人的分割，从此早期的"益加益学院"团队正式进入双法人的组织发展与运转模式。

公益四重奏

"大舍小瓦"主要业务是为商业组织，尤其是为银行业提供相关咨询服务，团队成员以职业管理咨询师、培训师为主。"益加益学院"的资金主要来源于"大舍小瓦"讲师每次培训所得收入的回捐以及政府的购买相关服务。由此可见，"益加益学院"的运作并不依赖于社会捐赠，少了社会组织资金来源的不稳定因素。

除了对"益加益学院"回捐每次培训收入的3%外，"大舍小瓦"讲师还会参与"益加益学院"的公益慈善服务，这不仅完成了"大舍小瓦"的企业社会责任的公益实践，还能为"益加益学院"提供为公益慈善组织进行培训服务的人力资源。此外，若遇到严重缺乏资金的公益慈善组织，"大舍小瓦"也会根据实际状况为培训服务提供相应的弹性价格，而公益慈善组织则会以分期偿还费用或回购服务的方式给予回报。

为了鼓励"大舍小瓦"的讲师为公益慈善组织提供相应的咨询培训服务，郭晓冰和团队根据"益加益"原则，在既让他人受益的同时自己也因此受益的逻辑基础上，设计了一条闭环式的课程产品线，让商业与公益慈善真正地互动起来。

这个课程产品线包含了四类主题课程，其中包含益童课、益生活、益添翼、益添力等课程。每类课程服务对象不同，服务目的也因此不同。因此，这些课程不仅能让不同群体受益，还能让讲师们受益。

- 益童课

益童课的课程设计最为简单，适合培养讲师们的基本授课素养。这门课原本是团队为回馈客户所设计的，例如针对孩子们的财商课等，银行客户的孩子大多生活条件宽裕，但这些客户并不了解如何教导自己孩子认识财富，而大多数这类家庭背景的父母都会很重视为孩子提供有关财富教育的课程。因此，郭晓冰就和团队共同设计出了这门针对孩子的财商课程，帮助孩子体验赚钱不易与学习做好理财计划等。课程一经推出后，就获得了许多家长和孩子的积极参与。许多家长还惊喜地发现，参与培训后的孩子开始理解父母赚钱的辛苦，懂得珍惜财富。看到课程如此受欢迎后，郭晓冰和团队决定继续组织其他儿童教育类的课程，使课程内容的多元化。最终，团队共研发出了 15 套儿童相关课程，这才有了现在的固定课程类型——益童课。

益童课不仅在全国许多城市获得家长、孩子及老师的认可，还走进乡村，发挥素养教育和扶贫教育的功能。而这一切的努力也为"益加益学院"带来了更多意外的惊喜。于 2016 年，"益加益学院"的乡村素养书院项目获得中国新乡贤大赛的银奖殊荣。

● 益生活

益生活的课程授课对象与益童课有很大的不同，目标对象从孩子转变为成年人，也因此，无论在授课内容或是技法上的要求都有所提高。但讲师可以根据自己的特长、专业、兴趣爱好等来设定授课内容，例如播音主持、酒文化、物品收纳整理，等等。益生活的主要目的在于拓展授课对象在生活各个方面的知识和体验，因此，益生活的课程多半课堂学习氛围轻松且有趣。与此同时，这类课培也能够帮助讲师培养向成年人授课的能力。针对成年人授课的锻炼，有利于培养讲师与听众、学员交流互动的能力。有别于过往传统式的纯讲座方式的培训，"益加益学院"的所有课程均强调与培训对象的互动，这样培训课程的内容才能活起来，所教授和分享的内容才能与学员产生共鸣，进而提升培训课程的成效与作用。

● 益添翼

益添翼的课程是"益加益学院"的整个培训课程体系从免费课程转向收费课程的重要课程。这个课程的讲师主要向担任公益慈善组织或社会企业的

下一站，社会企业？
—— 创造共享价值的实践者

法人提供专业培训。比如，"木棉花开研修班"是"益加益学院"讲师的主要公益慈善培训平台，参与这类课程的讲师不仅能获得自身能力的提升，更重要的是还能对"益加益学院"团队的运作逻辑及使命产生更好的认同感，进而增强讲师团队与整个组织的向心力。此外，通过这个锻炼和服务阶段的讲师也将正式成为"益加益学院"团队长期讲师团的一员。为了能够确保讲师的培训内容保持与时俱进的状态，授课效果也能保持较高的成效与水平，"益加益学院"要求这些正式讲师必须保持每年更新30%的培训课程内容，希望通过这样的制度来促进授课对象的学习成效，并帮助讲师时时刻刻保持最佳状态，维护整个培训团队的创新精神与竞争力。当然，这些讲师的授课内容也会出现在"大舍小瓦"商业领域的培训服务中，除了收费标准不同以外，培训的对象也将从一般的公益慈善从业者转变为商业营利组织的成员或主管。

● 益添力

作为"益加益学院"（与"大舍小瓦"）所有课程体系中最高级别的课程，益添力与益添翼课程的最明显区别在于服务对象的特殊性。例如团队会使用"私董会"的方法来帮助社会企业、公益慈善组织或社会组织的创始人、牵头人或负责人提供陪伴式的咨询服务，再根据各个组织的情况为该组织解决问题、挑战、困难、疑惑和未来规划等进行助力。

通过以上四类相关培训课程体系的介绍，读者们应该可以很容易发现，"益加益学院"的讲师团队与相应的培训课程是如何一步步构建起来的。简单来说，公益慈善培训的付出与志愿服务为讲师们创造了锻炼综合能力与进一步提升课程内容的机会，这不仅增强了讲师们的自信心和幸福感，也为他们提供了一种能通过输出自身专业来回报社会的渠道，还能拓展讲师们对"公益＋商业实践"的更深入思考与体会。"在这个过程中，讲师们可以更快速地成长，在丰富的实战中提升自主思考、发现问题与解决问题的能力。我们有一位'95后'讲师川二老师，他只用了两个月的时间便完成了整套培训体系，从一名咨询培训'小白'，转变成已经能够独当一面、独立做咨询培训项目的专业人士。"郭晓冰分享道。

但是伴随着商业领域的相关业务持续增多,"益加益学院"的组织发展又迎来了另一个新挑战:许多讲师无暇参与公益慈善服务。面对这样的挑战,对于团队而言,一则以喜,因为"益加益学院"将获得更多的配捐资源,一则以忧,能够参与到公益慈善培训课程的人次越少,将会阻碍整个"益加益学院"运营体系的良性运作,因此,团队必须正视这项挑战。

通过观察与调研,团队发现,虽然许多培训讲师可能因为商业咨询培训业务较繁忙而一时没法拨出时间参与志愿服务项目,但培训讲师仍然会在许多场合自发地向周围的群体进行公益慈善知识的宣导,例如有些讲师会在商业培训过程中分享自己对公益慈善的理解与经历。而这些无心插柳的举动也直接发挥出了积极传播公益慈善理念的作用,后续还进一步带动了整个商业企业更深入地参与并履行企业社会责任的意愿。

这些发现让"益加益学院"整个团队意识到公益慈善理念传播的重要性,因此,在随后的一次理事会上,监事长礼周老师就提出将"传播公益(慈善)理念"加入组织使命中。这样一来讲师参与专业志愿服务时长的统计指标也就变得更加丰富,大大地缓解了许多讲师因自身商业项目过于繁忙而无法履行所承诺志愿服务时数的焦虑感,也把"益加益学院"和"大舍小瓦"的业务互动性进行了更紧密的连接。

三个组织相辅相成

成立之初,"益加益学院"只有两位伙伴负责所有的行政运作,其余的伙伴包括郭晓冰本人都是以志愿者的身份参与,因此,团队总体运作成本相对较低。然而,该阶段的最关键问题就是资金和培训对象短缺。郭晓冰回忆道:"当时团队成员们最常讨论的话题就是,如何获得能维持组织可持续发展的资金,如何寻找更多需要他们咨询培训的服务对象。"

"益加益学院"获得的第一个项目和第一笔资金是来自政府购买服务。当时中共深圳市委宣传部文明办邀请"益加益学院"策划深圳日行一善大型公益活动。也因为郭晓冰和团队的专业和投入,该活动不仅成功举办,也因此获得连续三年的政府采购项目,从而让团队获得了启动资金。

下一站，社会企业？
——创造共享价值的实践者

然而，"益加益学院"团队也发现，想要在政府项目资金支持的这三年里实现自我造血功能，并没有这么容易，还必须利用自身商业背景的优势与银行及各类商业营利组织合作，才能逐渐构建出自我造血的机制。"益加益学院"首先尝试利用自己的财智蒙童课，帮助银行（或企业）履行社会责任，开展企业内部或社区财商教育业务。其次是通过提升社会影响力服务项目，引导银行（或企业）关注更多社会需求，使银行（或企业）进一步向"大舍小瓦"购买其他相关服务。

比如在义乌联合村镇银行项目中，"益加益学院"与"大舍小瓦"团队协助银行设计了一款连接社区银行和公益慈善组织的产品"善心贷"。银行可以根据当地志愿者志愿服务的积分适当降低其贷款利率。志愿者贷款成功后，银行还将根据贷款金额大小回捐一小部分收益给当地的公益慈善组织。

随着品牌影响力的持续提高，越来越多的社会组织来找"益加益学院"或"大舍小瓦"购买所需要的培训课程，"益加益学院"的自我造血能力也因此越来越好。

在早期发展阶段，我国社会组织从业人员的薪资水平普遍偏低，这让"益加益学院"团队很难招募到合适的新伙伴，也因此，"益加益学院"早期只聘用了两位负责管理的全职人员。为解决人力资源的问题，"大舍小瓦"的项目应运而生。"大舍小瓦"的出现解决了优秀讲师招聘、培养与长期留任的问题。当"大舍小瓦"与"益加益学院"的模式相互结合后，团队不仅可以接公益慈善项目，也可以执行各类商业项目。人才与资金来源的问题都解决后，讲师们的薪资待遇也提高了。

目前，"益加益学院"和"大舍小瓦"的团队由三个梯队成员组成：第一个梯队是核心的全职人员，共有16名，其中仅有3名受薪人员；第二个梯队是由每个核心成员所领导的咨询培训小组，有50多位成员；第三个梯队是各个地区的志愿者，有1000多名。

其中，第三梯队的志愿者是第二梯队的人才备选库，郭晓冰和团队会从中挑选出明显认同"益加益学院"价值观、对组织黏合性强的志愿者进行深度培养。如果这些重点培养的志愿者能在后续的项目参与中具备"商业加公益慈善"理念，并且通过考核，将会被正式录用成为第二梯队甚至是第一梯队成员。

"传统的员工招募方法就像相亲后直接结婚,而我们的模式就像自由恋爱后再结婚。"郭晓冰解释着。在这种情况下,招募的组织能够更从容地找到适合自身组织理念的人,进一步提高了匹配的成功率。除了志愿者渠道外,郭晓冰还与自己所资助学生的服务公益慈善组织建立招募渠道,希望通过这些渠道能够找到那些淳朴、吃苦、耐劳且努力上进的学生进入这个特别的咨询培训服务行业。

郭晓冰还计划建立一条囊括公益慈善组织(社会组织)、社会企业和商业企业的全产业咨询培训服务链。其中"益加益学院"是公益慈善组织形态,专注于公益慈善讲师的培养;"大舍小瓦"是社会企业形态,专注于为社会企业等提供战略规划和管理咨询服务;新注册的"财智管理咨询有限公司"(简称"财智")则是纯商业企业形态,未来将承担整个产业链条中主要的营收角色。

目前的设置是,"益加益学院"和"大舍小瓦"这两个组织不以营利为目的,"赚钱或造血"只是为了维持组织的可持续发展以及更好地完成社会使命。而"财智"虽然是设定为以营利为主要目标的商业组织,但并不会为了赚钱而违背相关社会责任与道德原则,而"财智"想要强调的重点是减少过度的绩效考核,坚持人本主义的运营理念。

为此,郭晓冰团队搭建了一条叫"财智学院"的产品服务链(如图14-4所示)。这条链囊括了"益加益学院""大舍小瓦"和"财智"三个法人组织的所有产品。其中"融益团队"负责的银行培训是"财智"的核心业务,这部分收入占所有产品服务总收入的95%;而保险培训是近几年从银行业培训中分离出来的一项服务;"善益团队"负责的企业培训是"大舍小瓦"的核心业务,"善益团队"的服务内容主要是社会企业培育;政府培训和社会责任仍然是"益加益学院"的主力产品,主要为地方政府提供相关的咨询培训服务。

和纯商业营利组织相比,郭晓冰认为公益慈善组织的可持续发展虽然面临着许多挑战,但同时拥有许多独特的优势。因为公益慈善组织一般涉及的利益冲突较少,因此能够更加敏锐地发掘社会问题、多元群体的需求。此

下一站，社会企业？
——创造共享价值的实践者

图 14-4　益加益学院产品线

外，虽然目前我国公益慈善项目的配套资源很难维持社会组织的可持续发展，但公益慈善项目的有效开展是提升该组织社会影响力的最关键要素。所以如果有人能够有效运作公益慈善项目所带来的无形资产，加上创新的商业运营模式的配合，将能够彻底解决公益慈善组织以往的发展困境。

简而言之，"益加益学院"为"大舍小瓦"和"财智"完成人力资源获取和培育的艰巨任务，同时也为整个产业链提供有效的社会影响力；而"大舍小瓦"在满足自身可持续发展的基础上，能更进一步为需求方提供更专业的商业咨询培训服务，从而应对不同委托方（组织或法人）的组织发展问题；最后"财智公司"则为"益加益学院"提供更有效的发展资金支持。此外，"大舍小瓦"和"财智公司"的发展也为"益加益学院"团队留住了许多优秀的培训人才与咨询师。三个组织因此而和谐共生、相辅相成，形成良性循环。

转型后的未来

郭晓冰认为，一家理想的社会企业应该具备的四个要素——好团队（有一批有情怀的团队成员）、好客户（培育一批愿意采购公益慈善和社会企业产品和服务的用户)、好产品(设计品质精良价格适中的产品)、好渠道(多样化的销售渠道)。

目前国内社会企业普遍存在的问题主要体现在产品质量不过关以及不善于营销等方面。郭晓冰在培训时将销售的本质总结为拼概率:"你要向100个客户去营销产品,可能有25个人不反感,有8个人会感兴趣,只有4个人会购买。但是很多时候做不到(向)100个人(行销),这4个人就出不来。"郭晓冰坦言,"大舍小瓦"也同时存在销售功能薄弱的问题。主要原因来自目前团队成员以讲师居多,团队缺乏行销专业的伙伴加入,同时也没有设置专门负责销售的成员。

基于"不以盈利最大化为目的的使命","大舍小瓦"愿意与专业的咨询培训公司合作,放弃市场销售的利润空间,与专业的咨询培训公司形成生产与销售产业链分离但利益共享的模式。然而,在这种发展路径上"大舍小瓦"仍然需要面对自身明显的局限,比如目前"大舍小瓦"团队较擅长面向银行推销相关咨询培训服务产品,但缺乏且不擅长面向其他类型的社会企业、社会组织或商业企业进行服务产品的推销。于是"大舍小瓦"团队就有了与其他销售公司合作的想法,先挑选几家发展理念相符的销售公司,通过合作的方式打开对其他咨询培训服务对象的销售渠道。

除此之外,经过多方努力与尝试后,"大舍小瓦"也探索出了另一条合作发展路径。例如和国内知名的社会企业服务平台"社创星"合作、参与807创新空间共创"木棉花开社区公益组织人才培养计划",等等。实际情况表明,通过参与社会企业相关服务平台和公益慈善人才培力计划等活动,"大舍小瓦"的服务能有效助力项目发展,也能获得有效推广自身专业服务的机会。

除了开展上述的咨询培训服务以外,"大舍小瓦"还在社会企业发展的道路上探寻不同的经营管理模式。例如乡村体验项目,这个模式的想法最早是受到咨询培训对象的影响。2014年,木棉花开研修班的张琪是福建"滋农游学"的发起人,这家社会企业在培田修建了几栋民宿,由此开展了"滋农游学"的可持续发展运营实验。几位"大舍小瓦"的成员在参与一次实地调研后便喜欢上了这种乡村生活,由此而萌发出在培田做民宿的想法。由于地

下一站，社会企业？
——创造共享价值的实践者

理位置等现实问题，这些伙伴最终没有在培田落地这个民宿创设计划，但这也让团队在日后的工作业务中形成了相关认知基础。

后来团队在深圳大鹏的一个小村庄找到了一栋老房子，并最终把它改造成了武侠主题的民宿体验馆。其中一部分空间就被用来做"大舍小瓦"的办公场地和员工宿舍。紧接着又经朋友推荐前往山东济宁的微山岛上租了十个院子做文化教育体验空间。在过往所积累的文化教育基础上，"大舍小瓦"尝试把咨询培训服务的业务内容延伸到乡村建设、民宿经营和研学体验等服务上。

尝试与转型不仅意味着从零开始，还意味着要放弃原本营利稳定、人力资源充足的业务体系。在这个过程中，"大舍小瓦"需要面对重重困难和挑战。

在过去两年时间里，由于这些新尝试都与固定资产投资相关，投资成本较高且无法在短时间内盈利，再加上团队中也缺乏具有乡村项目运营经验的专业人才，因此整个项目的进展十分缓慢，资金也变得越来越紧张。

受到新冠疫情的影响，"大舍小瓦"的主要业务都被迫暂停，收入大大减少。内忧加外患下，团队成员开始焦虑起来。但郭晓冰与团队却将这次危机视为组织整体转型的契机。一来团队能有充足的时间进行新产品研发，为转型做更完整的铺垫工作。二来这次疫情让原本反对转型的成员意识到了单一业务所存在的巨大风险，使得越来越多成员开始支持组织整体转型。而在这段时间里，郭晓冰梳理了转型业务和原有业务之间的关系，她发现，新的业务板块可以是旧业务板块的有效延伸，两者若能够有效结合可以促进彼此的发展。

现在的"益加益学院"不只是培养公益慈善讲师，还能培育和孵化社会企业；"大舍小瓦"也不只为银行进行相关培训，还会为银行的客户提供社会创新创业所需的各类咨询培训服务。从本质上来看，"益加益学院"和"大舍小瓦"并没有改变原本的服务内容和产品核心价值，只是扩展了服务范围、增加了服务对象而已。郭晓冰还提到，任何组织转型就像是重新一轮的再创业，起步阶段是最为艰辛的，需要从千万头绪中找出可发展的那一条创新之路，幸运的是整个团队成员都愿意为组织的变革牺牲部分个人利益，一起同舟共济渡过难关，这或许是拜公益慈善组织和社会企业的独特基因（社会价值与使命）所赐，无论是"益加益学院"或"大舍小瓦"，整个团队

图 14-5 益童课活动剪影

都能齐心协力地为大家所认同的使命目标努力，这也许就是郭晓冰所向往的温情与商业共舞的社会创新创业发展状态吧！

与社会企业家的七问七答

作者：对你而言，社会企业是什么？

郭晓冰：不管是公益组织还是企业，只要能解决社会问题，都是社会企业。我认为社会企业会是未来企业的一种理想经营状态。

作者：对你而言，社会企业家精神是什么？

郭晓冰：社会企业家精神就是要有担当，以解决社会问题为使命，围绕社会使命来设计商业模式，而不是单纯为了赚钱。

作者：你对想投身公益培训或咨询行业的社会创业者的建议是什么？

郭晓冰：第一，要有担当；第二，要有解决社会问题的思路；第三，要有团队精神，愿意为了团队舍弃私人利益；第四，要重视知识的更新，不断地吸纳知识；第五，吸纳知识后要学会输出，输出能够让人快速成长。

下一站，社会企业？
——创造共享价值的实践者

作者： 创业以来，对自己而言最大的挑战是什么？

郭晓冰： 最大的挑战是如何让团队成员接受你的想法，统一团队的思想。

作者： 你想对自己的团队说的一句话是什么？

郭晓冰： 看未来不看眼前，希望与你们永远在一起。

作者： 你想对服务对象说的一句话是什么？

郭晓冰： 让机构坚持活着，你就一定能够达成目标。

作者： 你对中国未来社会企业的思考和期许是什么？

郭晓冰： 我希望政府能够制定鼓励社会企业发展的政策，例如降低银行贷款门槛、减免社会企业的税收等。希望社会企业的伙伴们能够将公益思维转变为商业思维。

益加益学院共享价值分析表

解决问题		社会组织从业人员专业问题	组织发展可持续性问题
创造共享价值	识别需求	1. 社会组织从业人员专业能力不足 2. 社会组织从业人员能力建设政策	1. 社会组织管理水平落后，专业能力不足 2. 社会组织、社会企业发展不可持续问题 3. 商业企业管理和企业社会责任需求
	手段	1. 举办公益人才能力建设培训班 2. 培养跨界志愿者 3. 组建公益讲师团队	1. 为社会组织和社会企业提供战略规划和管理咨询服务 2. 为商业企业提供管理培训和企业社会责任咨询服务 3. 与平台型社会组织合作，孵化社会企业 4. 开发民宿产品线，将其与培训业务相结合 5. 培养跨界志愿者 6. 组建公益讲师团队

续表

解决问题		社会组织从业人员专业问题	组织发展可持续性问题
利益相关者		社会组织从业者、志愿者、讲师、政府、社会组织	社会组织、社会企业、商业企业、志愿者、讲师、消费者
产出	社会价值	1. 提升社会组织从业者的专业知识水平 2. 拓展社会组织从业者的跨界运营合作视野 3. 培育更多的专业公益人才、公益讲师和志愿者	1. 助力公益组织和社会企业成长 2. 培育更多的专业公益人才、公益讲师和志愿者 3. 推动商业企业履行社会责任，促进商业企业的可持续发展
	经济价值	1. 节省社会组织人才培养成本 2. 增强组织自身的财务可持续性	1. 拓展组织自身的财务收入来源、增强组织自身的财务可持续性 2. 提升服务对象的可持续性收益
竞争力		1. 多元且专业的公益讲师团队 2. 组织自身的可持续财务机制 3. 满足利益相关方需求的运营机制	1. 拥有规模较大的公益讲师和志愿者网络 2. 较为稳定的平衡商业和公益的运作模式

第十五章
MSC：跨越鸿沟的创变者

自改革开放以来，在国家一系列相关政策的引导下，大量的企业伴随着经济的发展实现了自身发展的目标。然而，在很多商业组织的发展过程中，逐利的商业本性却与其自身的社会身份产生巨大的矛盾与冲突。追逐利润最大化的商业资本，常常会选择忽视相关方利益、损害周围生态环境的方式来获取最大利益。如何平衡商业与社会（公共）利益？如何更好且更有效地把两种目标完美地结合在一起？这些问题难倒了众多商业企业精英。谭亚幸与几位伙伴便由此创立了 MSC 可持续咨询公司，希望通过自身团队的努力，帮助国内商业企业在总体社会生态系统中扮演好"社会人"的角色，更有效地担当起自身的社会责任。相较于过去企业社会责任局限于公关或人力资源部门的狭隘格局，MSC 咨询团队致力于将商业与公益融合，并且努力把企业社会责任提升到企业的市场营销和企业战略发展的层面，帮助企业有效解决商业发展问题，同时还能创造更多的社会影响力，最终实现商业企业、利益相关方和整个生态环境的共同可持续发展目标。

与 CSR 结缘

谭亚幸出身于浙江省绍兴市的一个普通家庭，小学毕业后，进入杭州外国语中学。虽然成绩被许多优秀的学霸同学碾压，但还能够保持基本水平，并积极参加课外学习活动，甚至还曾前往印度尼西亚参与植树的公益活动。这些丰富的课外志愿活动不仅帮助谭亚幸提升了对于世界多元化的认知，培养了良好的外语基础，也帮助他借此了解了不同国家的公益慈善活动情况。

也许正是这样多元开放的学习与成长环境让谭亚幸始终保持着对各种文化的好奇心，高考后他按兴趣选择到日本学习比较社会与文化专业。

在日本留学的这段时光，谭亚幸尝试了许多新鲜事物。他成立了全校第一个讲英语的社团，获得了 Business Case Challenge 国际赛事的冠军以及日本 Business Entrepreneurship Contest 的冠军，成为 AYDPO（Asian Youth Development Program in Okinawa）的唯一华人导师，也由此有机会参与为日本内阁的环境战略建言。此外，他还借着前往英国交换留学的机会，成功成为第一个进入欧洲最大零售商马莎百货（Marks & Spencer，M&S）的伦敦科尔尼百货公司（London Colney Premier Store）实习的中国人，而这段实习经历对他后来的职业发展选择影响颇深。

在马莎百货实习期间，谭亚幸被分配到了企业社会责任（Corporate Social Responsibility，CSR）部门并参与了 Plan A 计划——为伦敦的街头流浪汉提供职业培训与食宿的项目。这个项目的最终目标是希望借助有效的职业培训帮助伦敦街头的流浪汉"华丽转身"，变成马莎百货的员工。简单却不同以往认知中的企业社会责任项目让谭亚幸"眼前一亮"，原来企业社会责任是可以这样做的，项目本身的社会价值让他初次真切地体会到了"授人以鱼，不如授人以渔"的真正意义。

毕业后的他并没马上进入职场工作，而是想借此机会让自己去体验更多不同国家的风土人情，于是，谭亚幸开始了为期一年的旅行。从澳大利亚打工换宿开始，再到东南亚八国穷游，后又前往塞舌尔共和国做随行翻译。完成旅行计划后，谭亚幸回到国内，紧接着他参与了创思易社的中国青年社会创新远征计划，更加深入地观察与了解国内的社会问题与社会创新状况。远征计划结束后，为了继续深入走进地方了解风俗民情，同时也想挑战自我，谭亚幸选择了独自从西宁徒步到拉萨的旅程，旅途过程中经历了许多困难与风险，但最终顺利地到达目的地。这一切经历不仅开阔了谭亚幸的视野，锻炼了他的意志，也逐步地对他未来的人生发展方向产生了影响。

下一站，社会企业？
——创造共享价值的实践者

图 15-1　谭亚幸在曼谷受到泰国前总理阿披实·维乍集瓦（Abhisit Vejjajiva）的接见

　　完成了所有学习、体验与挑战之后，谭亚幸回过头来梳理这些经历，希望借此找出自己接下来想追逐的方向。对谭亚幸而言，印象最深刻的似乎都与企业社会责任有关。得到这样答案后，谭亚幸着手了解当时国内各个与企业社会责任相关的企业，然而，他却并未能找到符合自己期许的公司。最终，他毅然决定要自己创业。为凸显团队"用咨询的方式创造商业+社会影响力"的特质，谭亚幸将团队取名为"MSC 咨询"（以下称"MSC"），MSC 的缩写来自 Maker Sustainability Consulting，直译的话就是可持续发展咨询创客（变）者。

　　创业初始，首先要把团队建立起来。谭亚幸与许多创始人找团队的方式不同，具备互联网思维的他，在中学同学的帮助下，将自己的故事和招募

图 15-2　"MSC" Logo 每个字母中暗含着一个"in"，代表着 insight（洞察）

团队的需求发在了自己所运营的公众号上，出乎意料的是，这样"创新"的招募团队方式顺利地为谭亚幸带来许多关注，吸引了2000多人加他为微信好友。

为了挑选到最合适的创始合作伙伴，谭亚幸设置了三层筛选关卡。首先，他给这2000多人提出了几道思考题，目的是想了解他们参与这个团队的想法和对于企业社会责任与可持续发展关系的理解，例如："如何理解企业社会责任与可持续发展？""为什么想一起做这件事？""希望在团队中扮演什么角色？"在收到200多人的回复后，谭亚幸又给这200多位候选人发出了一封"坦白信"，信中明确地介绍了其自身的状况和创业相关的优势与不足。当时谭亚幸既没有完成公司注册的申请，也没有任何客户或业务在手，可以说只有想法，处于刚起步状态，因此谭亚幸认为有必要向有意愿合作的人坦言并打好创业风险的预防针，他希望这样与众不同的分享能更有效地找到"对的"合作伙伴。

经过几次筛选后，只剩下了不到20人。谭亚幸随即邀请他们线下见面并与他们分享自己的创业规划，分析未来可能遇到的最困难的情况等。最终，仍然选择留下来的几位伙伴也就顺利成为MSC的创业合伙人。

做可持续发展咨询行业的探索者

创立咨询公司所需的主要成本来自办公场地及人力资源，由于创立之初的创新招募方式，MSC在刚成立时并没有遇到太大成本上的困扰。对MSC团队而言，更关键的发展困境在于获取客户。这时谭亚幸想起了自己曾在马莎百货工作时所认识的可持续发展部门的主管，他首先向该主管发出了一封电子邮件，主要内容是分享自己正在做企业社会责任与可持续发展咨询的创业情况，希望该主管能够给予推荐和支持。由于谭亚幸过往的工作表现受到这位主管的欣赏，为了支持谭亚幸的创业，该主管便将这封邮件转发给了中国联合利华与联邦快递的企业社会责任部门的负责人，希望经由这次引荐能为MSC团队带来一些咨询业务。

此外，团队积极想方设法地拓展MSC业务渠道来获得本土企业客户。

下一站，社会企业？
——创造共享价值的实践者

出生在杭州的谭亚幸也希望能够争取到阿里巴巴的业务。由此团队积极地调研分析有关阿里巴巴的企业社会责任相关材料，并整理出几个未来发展的可行性方案，希望能借此获得阿里巴巴的购买服务机会。然而，想要获得像阿里巴巴这样级别客户的期许是极其困难的。

MSC 团队的企业社会责任服务方案主要希望对现有的传统企业社会责任的累赘模式进行创新性突破。MSC 团队认为一个好的企业社会责任服务方案不单单是把企业、政府、社会组织、受助者单位和受助者进行供需对接，也不仅仅是完成企业社会责任年度报告、上几篇新闻报道、拍了几张志愿者或捐助活动的照片，而是应该更有效地在结合企业自身核心价值能力的基础上，提升社会问题解决成效，促进企业与所有利益相关方的共同可持续发展目标。

然而，在当时这样相较前沿的企业社会责任发展理念却很难获得企业方的理解，造成整体国内企业社会责任发展进程长期处于"老派"作风的状态，很多企业或主管企业社会责任业务的负责人都对企业社会责任的观念停留在"花钱的事"等刻板印象上，对于企业社会责任的投入与关注度普遍抱有消极态度，也因此造成了许多企业社会责任咨询服务方多以企业方的要求完成任务，也就是说，按照企业方对企业社会责任的传统理解与刻板印象的方式执行项目。因此，咨询服务方若想要借承办业务的机会向甲方（企业方）进行正确的企业社会责任教育和创新的企业可持续发展战略探讨几乎是件不可能的任务。但这却恰恰是 MSC 想要做的事。

困难还不仅仅如此，咨询行业界的品牌（名牌）效应也是 MSC 在初创时期急需攻克的挑战。初出茅庐的 MSC，并不像其他知名企业社会责任咨询服务机构（公司）一样已经积累了很好口碑和拥有较多的客户资源。因此 MSC 想要获得知名企业购买相应的咨询服务确实困难。

由此可见，想要获得阿里巴巴的业务是件多么困难的事情。然而，谭亚幸和 MSC 团队却不愿放弃，始终相信自身的"创新性企业可持续发展"理念能帮助企业发展更上一层楼。团队除了持续积极地做好所有提案准备工作，通过人脉渠道获得推荐机会，还秉持着"精诚所至，金石为开"和"初生牛犊不怕虎"的精神，一次次地与阿里巴巴进行交流并表达诚意。最终，

第十五章　MSC：跨越鸿沟的创变者

皇天不负苦心人，MSC 团队终于迎来了契机，阿里巴巴愿意让 MSC 团队参与一个相关的项目，给予了 MSC 展现实力与实践理念的机会。

有了为标杆性知名企业服务的经历，MSC 的后续业务也因此逐步打开。此后，MSC 团队顺利获得了与腾讯及其他企业的合作机会。MSC 自此也在创立初期逐步站稳了脚跟。

在谭亚幸看来，咨询行业和律师行业的商业模式相当，业务开展模式也较为固定，相比互联网行业的商业模式变化与系统的快速迭代升级，咨询行业的整体商业架构变化是缓慢的。最开始让谭亚幸和团队感到困惑的是市场对于可持续发展战略咨询（包括企业社会责任相关咨询）的需求处于非常传统与保守的状态，主要精力和资源都花费在企业社会责任报告上。但谭亚幸认为这项业务并不符合企业自身的可持续发展需求与组织的使命愿景。由此，MSC 希望通过更创新的方式，帮助企业通过更有效的企业社会责任方案来实现可持续发展。

也因此，MSC 本质上是一家战略咨询公司，能帮助企业解决商业问题，创造新的商业机遇。所以，MSC 在进行咨询服务的过程中更关注接下来该如何做才能"走"得更好，产生出更大的社会影响力与社会价值，帮助企业变得更积极且可持续。

在不断摸索、实践与突破的过程中，MSC 逐步明确了自己在我国咨询行业内的定位——可持续发展领域的探索者。实践证明，MSC 所提供的这种有别于传统的咨询服务能很好且有效地应用在企业战

图 15-3　谭亚幸在新势力大会进行主题分享

下一站，社会企业？
——创造共享价值的实践者

图15-4　MSC的部分客户表单

略规划的方方面面，如供应链、GR、营销、PR、产品、人力资源，等等。而MSC的客户也因此不断拓展，有国家电网、阿里巴巴、华润集团、可口可乐、腾讯、欧莱雅等，累计超过200家国内外知名企业曾与MSC进行合作或购买过他们的咨询服务。

也因为MSC对于组织可持续发展的创新理念，MSC在为客户进行咨询服务时，常会以重构客户对于组织未来的可持续发展认识开始，因此常常会表现出较为强势的乙方状态，因此有部分企业方并无法接受这样的做法。谭亚幸解释道："合作的基础是信任，若与不认可自己（咨询服务方法论）的客户合作，（未来在）实施项目时也容易产生矛盾，甚至是造成伤害（双方）团队整体积极性（的后果）。"为此，与其后续的折腾与冲突，MSC团队宁可花时间和力气在合作初期时，把所有的理念和价值观都进行充分的沟通与交流，如果真的不合适，那么MSC团队也宁可选择放弃合作，或介绍给其他咨询顾问公司接手，以确保每一个接手项目都能体现MSC的理念，发挥企业在咨询服务后所能产生的社会价值。

帮助企业变得更可持续

组织定位明确后，MSC将所有业务模式逐步调整为三大板块：第一板块是最传统的企业社会责任与公益慈善服务,根据服务对象类型可细分为企业社会责任的战略搭建;企业社会责任项目开发、项目评估、项目优化、项目本土化;企业社会责任的中国战略等。第二板块是针对企业的发展战略与业务增长,主要解决企业发展过程中所遇到的商业问题和发展瓶颈,例如企业战略转型、企业战略赋能、企业可持续发展战略规划的制定等。第三板块是衍生性的企业社会责任职能化,其中包括管理与运营、品牌与营销、产品与开发等与企业社会责任的结合。

为了帮助团队尽快地适应这些内部业务模式的调整,谭亚幸重新安排了组织结构。核心部门咨询组转变成咨询事业部,下设了不同的咨询团队,由各个咨询师负责细分团队的管理工作。而原本的运营组和传播组则转变成支持事业部,整个支持事业部的工作为咨询事业部提供行政与业务上的各类支持,这不仅能提高业务、行政与传播信息的高效交流,还能逐步形成高效的知识共享与即时对接的团队工作氛围。

需要特别提到的是,MSC 没有销售部门。他们主要凭借自身品牌的影响力和行业内好口碑吸引客户,这在很大程度上也减轻了咨询事业部的绩效考核压力。而支持事业部的目标便是让客户在最短的时间内能够更精确地了解 MSC 的咨询理念、核心优势和业务范围。也因为这样的组织内部设置,MSC 成功减少了大量前期和客户沟通的成本,同时能吸引到更多认同 MSC 理念与风格的有效客户前来讨论合作事宜。

接着,谭亚幸开始着手改善团队的人力资源管理。他非常重视培养团队成员的个人品牌。"我们会去写员工的故事,希望大家能够知道我们是哪些人,这样做的一个好处是每当我跟客户谈完一个单子,客户想知道项目经理是谁,我就将员工的故事发给他,他就能够很快地了解这个人,知道他的背景是什么,他为什么擅长做这件事情。当你真的知道对方是一个什么样的人,你就会对他产生更多的信任。"谭亚幸说。而这样的做法,也让团队的每一个人都可以被市场"看见",使整个团队在一起时是 MSC,分开时每一个人又都能独当一面地代表 MSC。

当前 MSC 新增了一个部门——创新事业部,这个部门主要负责"孵化"和支持承载企业的新功能与新业务的相关工作。这也是 MSC 希望持续赋能

下一站，社会企业？
——创造共享价值的实践者

于团队每一个优秀个人的独特方式。当团队成员有任何新的职业方向，都有机会得到 MSC 的资源帮助。这种方式与内部创业最大的不同在于，具备内部创业机制的机构多为大型企业，而 MSC 是个小组织，这说明 MSC 对于自身的创新与尝试也走在了时代的前沿。当然，与大型企业的内部创业机制有所不同，MSC 的内部创业内容主要还是来自 MSC 原本核心业务的延伸，除了内容能够与原本业务连接，甚至还能反过来强化 MSC 业务板块的不足或强化 MSC 服务末端的产出效果。由此可见，MSC 希望通过内部孵化的支持机制留住优秀人才，同时给予有想法且有能力的团队成员进一步开创出属于自己感兴趣事业的机会。

"乡兴社"便是在这种机制中产生的内部孵化主体。它由 MSC 原合伙人创办。这位合伙人对乡村振兴十分感兴趣，并认为这份事业必须长期深耕于田野才能做出成绩，因此，最初他想辞职 MSC 转身投向公益慈善组织发展。在与谭亚幸进行交流后，谭亚幸不仅对他的想法表示认同，也向他提出了一个更好的建议方案——在 MSC 的基础上，另外单独成立一家社会组织，MSC 可以为这家社会组织提供所需的资源。这样一来，两位创始合伙人不仅仍然能够继续一起工作，同时也能共同创建共益与共赢的局面。

另一个分支机构——"影响力阿卡德米"则是 MSC 团队中一位来自英国牛津大学实习生的想法。这位实习生发现国内互联网上关于可持续发展或企业社会责任的相关信息与知识分享大多处于滞后状态，于是就萌生了建立一个线上相关知识分享的平台，向大众传递最新"可持续发展""社会影响力""共享价值"等方面的知识、技能、议题、观点、项目、案例和行业洞察等，希望借此能逐步提升国内企业与大众对于企业社会责任与可持续发展的相关认知水平，进而达到助力我国企业升级、产业转型和社会影响力提升的作用。

另外还有两个分支机构分别是"企业社会价值研究院"，它是国内第一家针对企业社会价值方向进行研究的创新型机构，目前已与复旦大学、宁波大学供应链学院、隆基新能源等不同垂直赛道的机构进行研究合作，希望能够在多领域中挖掘出社会价值商业化的最佳模式。

此外，独立于 MSC 运作的"公益金融联盟"是国内首个以慈善信托为载体，由长三角数十家投资机构联合 MSC 共同发起的平台。"公益金融联盟"致力于推动公益金融在中国的落地，目前由谭亚幸担任秘书长一职。

从以上几个分支机构和内部孵化组织的开展来看，MSC 非常重视发挥团队每一位成员的能动性，尊重所有成员对于职业发展目标的追求，并给予鼓励和支持，希望通过这种组织发展理念，为咨询服务对象提供更优质的服务，同时从组织内部的创新创业到开展跨界合作的实践中，证明自身的理念与价值。

建立一个更可持续的世界

2019 年初，MSC 团队成员一起去沙巴旅行，回来后的分享会上，有位新入职的员工说，他原本不确定自己从知名会计师事务所辞职并且加入 MSC 的决定是否正确，但在看到 MSC 团队所有成员的分享都与自身的工作相关后，他表示非常庆幸自己的这个选择，也因此能够更踏实地融入 MSC 团队。

图 15-5　MSC 咨询团队部分成员

下一站，社会企业？
——创造共享价值的实践者

通常在每一个项目结束后，谭亚幸和团队所有成员都会通过"复盘"的方式进行反思。有时候，一个较大项目的"复盘"工作甚至会占据一整个工作日。这看似无效且浪费时间的"复盘"能帮助团队总结经验与教训，避免再次犯错。只要"复盘"工作成效显著，将会大大降低未来工作的成本。

多年来，MSC一直在探索如何让可持续发展战略咨询进入国内咨询界的主流市场。"如果想顺应主流市场的需求，（很多时候）就需要使用被多数群体接受的概念和话术。"对此，谭亚幸曾尝试过用不同的关键词介绍MSC的业务，例如企业社会责任、企业社会价值、战略管理、商业增长，等等。但谭亚幸也发现，不同的企业家和企业方对这些不同词汇的反应各不相同。有的人会认为企业只生产商业价值，社会价值与他们无关；有的企业方会认可社会责任咨询和可持续发展之间的关系；有的企业则更倾向于以战略咨询的方式寻求可持续发展路径。这些经历也说明，目前我国在可持续发展领域，无论在理论层面还是实践经验上都还未能形成一个完整的生态。

不过随着可持续发展战略理念在这几年的快速传播，越来越多的企业对组织的可持续发展愈加重视。当不同行业的"领头羊"企业纷纷制定自身的可持续发展战略后，其他的企业也会开始紧跟步伐，关注自身的可持续发展状况。而MSC已经敏感地察觉到了这个市场的向好趋势，希望借此潮流能够把他们所构建的可持续发展理念推广给更多的国内企业。

谭亚幸分享了他曾得到过的一个非常戏剧化的合作项目。几年前，他为一家知名外企设计过"下沉市场"的运作方案，也因此，他发现这家外企竟然没有做过任何有关可持续发展战略的规划。于是谭亚幸自荐为他们的管理层做了一场分享会，非常巧合的是隔天这家外企的国外总公司就下发董事会的决策命令，要求中国分公司必须制定可持续发展战略。

目前，有越来越多的公司开始拓展可持续发展咨询业务，其中还包括许多国际知名的咨询机构和四大会计师事务所，甚至连广告与公关公司也想加入可持续发展咨询的市场。对于MSC而言，这股可持续发展的潮流带来了许多竞争压力，但这同时带来机遇，甚至也帮助了MSC团队更清晰地看到了自己的优势。大型咨询公司喜欢追求效率，偏向为甲方提供标准化的服务产品，因此，精品化的团队服务能满足客户定制化的需求，花更多时间进行田野调查，或是提出更有效的解决方案等都不是标准化服务所能做到的。在谭亚幸眼中，广告和公关公司的加入表达了不同产业链对于可持续发展理念的认同。广告与公关公司擅长创意营销与活动策划，但普遍不擅长调研、数据分析和战略制定，因此，广告和公关公司的加入其实能为MSC提供战略合作伙伴。

过去三年里，MSC所承接的每一个项目都是独特且兼顾社会与商业价值的。"我们为一家互联网金融公司做了企业战略规划，让特殊人群都能享受到互联网所带来的便捷金融服务，同时增加了这家公司的用户基数；为一家智能物联网领域的芯片公司做市场调研，一起用科技解决防盗、安全等最基本的难题，也因此开拓了新的业务市场；为一家澳大利亚服装品牌企业做管理咨询，为在中国的工厂建立员工关怀架构与社区（服务）支持项目，因此大大降低了该企业员工34%的流失率；为一家跨国酒店做成本控制咨询，通过低碳的产品改造与入住体验的产品升级，提高了入住率，同时收获了（服务）口碑与降低了总体运营成本。"谭亚幸分享道。

接下来MSC希望面向中国更多企业与行业，将自身总结的一套可持续发展方法论分享给更多认同可持续发展理念的人与团队。与此同时，MSC还希望能邀请更多具有社会创新理念的人才一同来创建美好和谐共益的社会生态，成为可持续发展的实践探索者。基于此，MSC在2019年底发起了"城市合伙人"招募计划，希望能吸引全国各地不同专业领域、有着不同职业背景的申请者一同加入这个计划。

"城市合伙人"招募计划以跨界合作的共益思维为基础，通过多元互动的过程，希望能迸发出更多社会创变的灵感，由此产生出更多社会创变的项目或活动，进而创造更丰富的社会与商业相互结合的案例。这个计划体现了MSC正积极与其他理念相符的城市合伙人共同探寻更多不同以往的可持续发展思路。也许正是这样的创新创变的探索精神，使得MSC逐步突破了大众对于咨询行业的刻板印象，也获得了许多客户的信任与推荐。

下一站，社会企业？
——创造共享价值的实践者

与社会企业家的七问七答

作者：对你而言，社会企业是什么？
谭亚幸：我觉得是帮助一部分人去跨越鸿沟的组织。

作者：对你而言，社会企业家精神是什么？
谭亚幸：它是更可持续的、更单纯独立的企业家精神。

作者：你对想投身社会企业的创业者的建议是什么？
谭亚幸：我不希望只给泛泛而谈的建议。我的第一反应是社会创业者越多越好。不用在意太多，先加入这支队伍吧。

作者：创业以来，对自己而言最大的挑战是什么？
谭亚幸：最大的挑战是要在众多的不得不做的 priority 中作出决策。我的方法是都做，加班做，然后把自己榨干。对团队而言，最大的挑战还是我说的跨越鸿沟这个事。

作者：你想对自己的团队说的一句话是什么？
谭亚幸：能和你们一起探索与努力，真的很开心。

作者：你想对合作伙伴或服务对象说的一句话是什么？
谭亚幸：慢就是快。想对潜在的服务对象说，我们真的很不错，可以试试我们。

作者：你对中国的可持续发展的未来的思考和期许是什么？
谭亚幸：我发现五年前在进入这个行业的时候，我是最年轻的创业者，现在五年过去了我依然还是这个行业最年轻的人。这并不是一件好事，希望能有更多的年轻人加入这个行业。

MSC 共享价值分析表

解决问题		糟糕的企业社会责任	贫乏的企业社会责任认知	乡村发展问题
创造共享价值	识别需求	企业可以在承担社会责任的同时增加利益甚至解决商业问题	企业社会责任行业从业者和社会大众对企业社会责任的误解、偏见及知识缺乏	1. 乡村振兴等国家发展战略的提出 2. 企业对标扶贫对象政策
	手段	1. 以创造共享价值和可持续发展的理念，为企业提供定制化的战略咨询、管理咨询、品牌咨询服务 2. 通过招募城市合伙人，搭建企业社会责任创新互助平台	1. 倡导正确的企业社会责任认知 2. 建立线上教育平台，制作 CSR 相关教程及培训服务 3. 开展企业社会价值相关研究	1. 成立民非组织"乡兴社"，为乡村制定发展规划，与政府及企业合作 2. 借助互联网打造乡村特色品牌，提高农产品销售量 3. 开设乡村人才培育课程 4. 开发乡村研学、游学产品
利益相关者		企业社会责任部门经理、企业家、企业董事会、企业社会责任受益者、执行企业社会责任的中介组织或个人	企业社会责任职业经理人、企业家、对企业社会责任感兴趣的社会大众	村民、政府、企业（企业家）
产出	社会价值	1. 企业履行社会责任的过程中创造更多的社会福利，减少对环境的负担，促进产业链可持续发展 2. 提高企业社会责任的地位和接受度	1. 帮助更多人正确地认识企业社会责任，培养更多有正确的企业社会责任价值观的人 2. 帮助企业社会责任从业者更好地设计和执行企业社会责任项目	1. 保护和传承乡村文化，改善留守儿童问题 2. 培育乡村建设人才
	经济价值	1. 优化企业的运作模式 2. 降低成本、增加收益 3. 开拓市场 4. 提升相关利益者的认同感	增加企业社会责任项目的经济效益	1. 增加村民收入 2. 促进地方产业升级 3. 增加就业
竞争力		1. 将企业社会责任的工作扩展到市场、战略、品牌形象、人事管理等方面 2. 创新的企业社会责任方法	实践和知识相结合的企业社会责任人才培养方案	联动乡村和城市，整合政策、产业、研究、金融等领域的资源

案例分析与总结

本书所收录的 15 个社会企业案例都各具特色，面对信息及言语障碍、有效垃圾分类回收处理、活力社区建设、乡村可持续发展、传统地方文化遗产流失、青年素质与职业培养不足等各类社会问题，这些社会创新创业家通过自身的努力，为我们提供了不同于以往的应对方案。

为了帮助读者能够在现有的案例基础上，更深刻地认识每个社会企业的共享价值，我们在每个案例的结尾，为读者提供了针对该案例的共享价值分析表，希望通过识别需求、创造共享价值手段、产出共享价值、获取竞争力等维度的分析，能为读者解构出每个社会企业所创造的共享价值奥秘。

这些共享价值分析表是根据新共享价值分析模型而来的。构建新共享价值分析模型的主要目的是帮助人们能够更清晰、系统地分析与了解每一个社会企业案例。新共享价值分析模型也能用于评估社会企业的发展现状，甚至通过多案例分析，归纳总结出社会企业实践共享价值的规律与共性。因此，在本书最后部分，我们将通过这 15 个案例的共享价值分析结果，进行横向比较与归纳总结。

一、识别需求分析

如果创造共享价值是人类进一步实现共赢的目标，那么它应该聚焦于那些尚未被有效满足的社会需求上。"共享价值"与以往企业社会责任的最大区别就在于如何看待经济上的成功（利润获得）。对于"共享价值"而言，在获得经济成功的过程中，要同时满足社会和社区的需求。

15个案例中，我们发现社会企业识别需求的逻辑主要有三种：填补空白、扩大功能、增加选择。"填补空白"指社会企业找到了未被市场、政府甚至是其他社会组织（公益慈善组织）关注或解决的社会需求，并由此开拓出一个新的市场。"扩大功能"则指该需求已被市场或政府纳入服务范围，但长期处于覆盖力度不足（因为资源有限）的情况，而社会企业便能以此为切入口，为相应的社会议题提供更完善且有效益的新服务方案。"增加选择"指的是为已获得市场或政府较多关注和供给的社会需求提供更专业、精细化的服务选择，比如提供能满足特定细分群体的高专业化服务等。下面我们将基于本书案例进行三种识别需求的分析。

（一）填补空白

"填补空白"中所谓的"空白"是指以种群为分析单位的需求远大于市场供给的缺位状态。这里的"种群"指的是同种类型的人群或组织所构成的群体。许多群体会以一个共同概念来界定集合体，例如视力障碍人群、社会组织群体等。而以"填补空白"的方式探讨社会企业的社会作用能帮助人们很快认识到特殊群体需求与市场潜力。此外，要特别注意的是，受到各种群人数、需求性、急迫性、购买意愿、经济实力、社会地位等因素的影响，即便是同一种群，对同样质量的服务或产品反应也会有所不同。"倾音""灵析""联谛""滋农游学""益加益学院"都致力于以"填补空白"的方式识别出某些种群的需求与问题。

"倾音"的识别需求来自言语障碍患者，目前中国言语障碍患者的总人数已经达到了一个亿，而言语矫正师数量却非常少，全国总共才一万多名，由此可见这一市场还有极大的开拓空间。我们发现，社会边缘群体的需求常常不被商业企业关注，而社会企业更愿意填补这类市场的"空白"，为这些群体提供可负担的优质服务。

"水酷生态村"是全国第一个水基金（慈善信托）下设的社会企业，旨

下一站，社会企业？
—— 创造共享价值的实践者

在探索如何发展农村小水源地的地方性生态经济。他们将自然教育、生态保护和商业活动等有机地结合起来，赋能青山村村民，让他们参与到乡村集体事务、保护生态环境等行动中，同时还为当地村民带来更多且稳定的经济收益。简言之，"水酷生态村"填补了乡村自然教育、生态公益团建市场的空白，突破了乡村只能依靠破坏生态环境才能发展经济、过上好日子的困境。

"灵析"是一家信息科技企业，它发现市场上为一般商业组织提供信息技术产品及服务的企业非常多，可是在公益慈善组织领域却十分稀缺。"灵析"是因为站在了公益慈善和电子信息技术岔路口上才逐渐发现我国社会组织对信息技术运用的需求缺口。他们分析造成这种状况的主要原因是市场上缺乏公益慈善组织可负担的信息技术服务和产品，另一方面也是由于两个领域的专业背景差异巨大，能够提供专业信息技术服务的机构普遍缺乏对社会组织基本运作的认知。所以为针对社会组织提供可负担并更贴切实际操作的信息化解决方案便是"灵析"识别出来的市场空白。

"益加益学院"和"灵析"具有许多相似之处，他们针对的服务群体都是社会组织。社会组织在市场中属于购买能力较弱的群体，绝大多数的社会组织很难有机会购买优质的服务和产品来进行机构管理和团队建设，而这种普遍现状直接影响到从业人员的专业水平，甚至直接阻碍社会组织的自身发展。因此，"益加益学院"认为为社会组织提供优质专业人才培训和管理咨询服务，可以有效缓解社会组织软实力发展难的这一大问题。为此，"益加益学院"招募了许多拥有丰富商业管理咨询和培训经验的伙伴，致力于将商业企业管理等最新的知识引入社会组织领域，填补社会组织人才培训与管理咨询市场的空白。

"联谛"的创始团队人员起初在信息无障碍研究会工作，主要做帮助视障群体使用电子设备的工作。但在这一细分领域长期工作后，"联谛"发现这类群体并不像一般人想象中的"糟糕"，因为大多数视力障碍者都能负担得起各类电子通信产品消费，而主要的困难是许多视力障碍者无法流畅地操作各种互联网软件。由此，"联谛"看见了空缺的市场机会，再加上该领域的服务创新技术难度并不算太高，只需要在相关软件设置上注意并添加信息无障碍功能，便能有效解决这一社会问题。于是"联谛"组建了国内第一支针对解决信息无障碍的工程师团队，填补了信息无障碍产业的市场空缺。

（二）扩大功能

"扩大功能"中的"功能"一词具有丰富的内涵，从需求的角度来理解它的含义会更为确切。需求是一个连续体，同一种需求会随着情景、时间和对象的不同而产生变化，多元化群体的需求对产品或服务内容的要求相对复杂。以"扩大功能"的方式来识别需求的案例分别为"奥北环保""蓝续""滋农游学""大鱼营造"和"MSC"。

以"奥北环保"所关注的有效垃圾分类回收需求为例，以往的垃圾分类回收处理相关责任义务关系多处于不明确状态，也因此造成垃圾分类回收处理成效不彰、利益相关方参与意愿低落、社会大众不理解等现象。因此，如果要更高效地提升人们参与垃圾分类回收的意愿，获得更多利益相关方的支持和参与，必须要对传统的垃圾分类回收体系进行变革，而这一变革的重点就在"扩大功能"。"奥北环保"运用互联网技术构建出无人值守的智能化垃圾分类投放回收系统，启动"垃圾兑换现金制度"，有效解决了垃圾分类回收过程的利益相关方冲突问题，由此扩大了垃圾分类回收环保服务的实际范围，推动了居民积极参与，提高了回收垃圾效率，极大地降低了分类回收过程中的社会资本消耗。

"蓝续"的起步从发现白族传统技艺流失的问题扩大到地方经济发展困境。创始人以周村扎染为切入点探索如何满足保护当地传统技艺、传播白族文化以及发展地方经济需求。与众多非传统古法的蓝染工坊不同，"蓝续"的蓝染工坊运营方式，是建立在强调大理周城白族传统技艺与文化传承的体验感上，希望人们从古法扎染过程中慢慢体会白族传统技艺中的"时间""精神"与"味道"的文化美，进而了解与体会白族扎染手艺与大理周城发展的历史轨迹，由此扩大周城居民与旅客对当地文化认同感的需求。"蓝续"也因此吸引了许多地方文化资产、手艺人、新旧村民对当地文化保护与传承的重视，有效地带动了所有利益相关方重视这座历史古城的建设与可持续生态发展。

"滋农游学"的出现与"扩大功能"息息相关。随着政府推行农村集体

下一站，社会企业？
——创造共享价值的实践者

产权制度改革，使得新成立的股份经济联合社承担起了发展农村集体经济的角色。集体产权制度改革催生了一个新的市场需求——让乡村集体资产增值保值，于是"滋农游学"便开辟了运营乡村集体资产的新业务。相比于同类型企业的统一标准化操作，"滋农游学"更强调挖掘每个乡村自身的环境特色与地方风俗民情的价值，在推动乡村生态资源产业化的过程中，同时解决乡村老龄化、产业空心化等农村常见的社会问题，从而扩大了"滋农游学"的社会效益。

"大鱼营造"也有着类似的情况。随着都市现代化发展的持续推进，社区建筑翻新、空间改善的需求越来越受到人们的重视。不同于"面子工程"的纯硬件（外观）改造，"大鱼营造"运用社区营造理念和参与式设计的方法，不仅为当地居民带来了居住环境的有效改善，同时还提高了居民参与社区事务的积极性，最终达到了社区的可持续发展。

"MSC"也是在应对持续扩大的企业社会责任发展需求中诞生的。自从企业社会责任被引入中国后，催生了许多企业社会责任咨询机构。但是，许多企业社会责任咨询服务却流于形式或处于价值感低落的状态，甚至沦落为只是"花钱买公共关系"。而"MSC"却认为企业社会责任不仅能帮助企业从战略层面实现可持续发展目标，还能发挥不同以往的社会价值。因此，"MSC"将可持续发展作为方法论与传统的组织战略咨询相结合，帮助企业实现商业发展瓶颈突破，转变企业社会责任的传统局限，从而创造出更多且有效的社会价值。

（三）增加选择

通常而言，越是广泛存在的基础性需求，其市场发展会越全面，人们的选择也会越多元，例如餐饮、服装、电子快消品等市场。面对这种情况，社会企业往往需要采用"增加选择"来为特殊群体找出未被满足的细分需求。随环境变化而衍生的新需求被称为"应然性需求"的市场。"应然性需求"是指基于社会道德规范、环境保护意识等社会规范要求构建而成的社会性需求。

"klee klee"为消费者提供了更完整的环保服装选择。当前服装市场竞争激烈且多处于供大于求的状态，但服装产业却存在诸多社会性问题亟待解决，例如生产过程中制造的环境污染、资源浪费、职工权益被剥夺等，而这些过度生产和过度消费追求却被人们长期忽视。"klee klee"设计生产的环保服装为责任意识觉醒的消费者提供了新的选择，它希望通过更明确的品牌价值与产品定位，唤醒并教育人们服装产业必须重视社会责任。

和"klee klee"做法相类似的案例还有"好瓶"。"好瓶"通过把废弃塑料瓶再生材料做成包袋、衣服等方式，向广大的消费者提供可持续服饰消费的另一种选择。

面对"困境学生"，普通学校的解决方案通常以惩罚性措施或直接通知家长把学生带回家的方式为主，而有关教育培训机构甚至还会出现错误性的管教手段，长久下来，这对于学生及家长都是一种伤害。而"一出学社"则是选择使用创新性教育方法和工具，从帮助"困境学生"培养学习兴趣开始，循序渐进地治愈学生心中的学习障碍，并通过与更多学校老师及家长分享这种新教育理念，惠及更多"困境学生"。

同样在教育领域，市场上教育培训服务机构琳琅满目。然而，"赋启青年"却发现许多学生经常处于兴趣、专业与就业方向三者相互不匹配的困境中。对此，"赋启青年"为已步入社会的青年人提供了一个参与公益慈善服务的渠道，让这些青年人有机会通过分享自身经历，帮助在校学生开阔视野，提升综合素养，强化自我认识，了解社会行业动向以及确定人生发展方向。

养老产业在经历了数十年的发展后所形成的状态是，国家的基础养老服务提供方多来自政府购买服务，市场化的养老服务在利润控制与目标群体经济条件的双重限制下，目前还很难做到全面铺开。"坤元社工"基于增加或提供更好的选择，识别出不同城市的养老服务需求，并前往养老专业服务供应缺失的地方进行发展，也因此推动了湖南省三四线城市基层社区养老服务从无到有的发展进程。

我们可以从供给和需求的关系将以上提出的三种识别需求与适用情境进行区分："填补空白"适用于供给远小于需求情况的社会服务；"扩大功能"适用于较低层次需求已获得一定水平的满足，但较高层次需求发展却仍未获

下一站，社会企业？
——创造共享价值的实践者

得满足的情况；"增加选择"适用于总体供给充足，市场竞争较大，但对于需求与供给的理解却较为刻板或局限的情况。所以，社会企业在识别需求时不仅要确认服务对象需求的真实性，政府、市场与社会的环境情况，还要具备足够的专业服务内容与条件，这样才能提供"让人心动"和"眼前一亮"的问题解决方案。

二、创造共享价值的手段分析

知名学者 Porter 将创造共享价值的方法总结为"重构产品与市场""通过企业价值链重新界定企业的生产性""形成地区产业集群"。其中"重构产品与市场"是指通过产品市场的重新组合，向社会边缘（弱势）群体提供其原本因经济问题无法购买的产品及服务，或是向社会大众提供可创造社会效益的产品及服务。"价值链重新界定"是指尝试在价值链上处理社会问题，改变已有的交易习惯、生产习惯，从而节约运输成本与能源消耗，创造企业和社会同时得益的格局。"形成地区产业集群"则指在所在地区建立产业集群，产业集聚既可以提高生产效率，也能促进地区的可持续发展。

本书中的社会企业创造共享价值的手段与 Porter 提出的三个方法既有重叠又有不同。Porter 所提出的重构产品与市场这两种方式也在本书的许多案例中被频繁使用，主要表现在增加产品和市场的正向外部性，扩大参与者或非参与者等受益群体的关联，形成社会价值溢出效应。但目前国内社会企业很难采取后两种手段，即通过"企业价值链重新界定企业的生产性"与"形成地区产业集群"来实现自身的发展。这是社会企业与传统商业企业之间的本质区别，是一种以社会使命为核心所导致的发展路径差异。因此，我们仅保留了 Porter 的"重构产品与市场"作为分析本次案例研究的创造共享价值指标，并从 15 个案例中分析与归纳总结出其他两项创造共享价值指标："与参与者合供""增强产业链社会性"。

"与参与者合供"指的是使被服务者、消费者成为价值链中合作供给产品或服务的参与者，形成更多利益相关方共同参与创造社会价值的格局。Porter 的"企业价值链"是指企业从产品设计、生产、运输、销售等一系列活动环节。他认为企业的价值链与许多社会问题密切相关，如环境影响、能源使用等，这些问题会给企业价值链带来经济成本，因此，企业可以利用改善价值链的一些环节来提高产业链的总体共享价值系数，从而提高企业的生产力，节约生产成本，降低能源消耗，增加共享价值。然而这种方式并非是本书中的 15 家社会企业创造共享价值的手段或选择。

由于绝大多数的社会企业组织规模仍较小，价值链中的部分环节经常需要获得服务者、消费者的参与，也就是以合作供给的方式进行。"合作供给"（Coproduction）最早是 20 世纪 70 代由埃莉诺·奥斯特罗姆团队提出，用于描述"产品的生产或服务投入来自不同组织主体，包括政府机构等常规生产者和顾客等"。换言之，实行合作供给的社会企业，其产品或服务的终端用户都能有机会直接参与产品或服务的设计、生产、运输、供给、监督、评估等一系列的运营活动。在本书中，为方便读者理解，我们将这种手段简称为"与参与者合供"。

Porter 所提出的"形成地区产业集群"是指集中在特定地理位置的某一特定领域的相关企业、组织和机构，也包括当地的基础设施条件等。产业集群的出现能够提高企业的生产力和竞争优势，例如自贸区、工业园、科技园区等。当企业所在地点建立和发展产业集群时，会扩大企业发展和企业所在地区发展之间的联系，由此，企业的发展也会带动当地的其他利益相关方的经济与社会发展，如就业岗位增加、企业的多样性增加、对辅助服务的需求增加等。本书中的社会企业并不是以发展企业自身利益和建立产业链为目标的在地化利益集群，而是将自身的理念、方法和工具分享给产业链中的其他参与者，为增强所有产业链成员的社会性共识，创造出更多同时兼顾社会与经济价值的共享价值。因此，"增强产业链的社会性"是指通过变革传统的产业链理念与关系，创造出更多的社会共享价值。

以下将结合案例内容，从我们所更新过的三种创造共享价值手段进行多案例分析。

（一）重构产品与市场

无论是提供相应的服务或是产品，15 个社会企业都在为满足社会需要

下一站，社会企业？
—— 创造共享价值的实践者

而努力。"好瓶"采用塑料瓶再生材料制成商品；"一出学社"建立全日制的教育基地，用创新的教育环境和方式为"困境学生"打造友善成长社区；"赋启青年"持续举办青年素质教育培养和就业培训课程；"奥北环保"研发智能垃圾处理系统，为提升居民有效参与垃圾分类回收处理服务；"坤元社工"努力开拓并满足非一线城市的社区养老需求；"水酷生态村"为城市居民提供乡村在地化的自然教育、公益团建服务；"蓝续"把拥有悠久历史且环保的白族扎染手工艺带回到市场；"滋农游学"为乡村提供有别于传统乡村振兴的另一种共享价值的服务；"大鱼营造"为社区居民带来了更友善的社区公共空间与生活方式；"益加益学院"为许多社会组织和社会企业提供优质的战略规划和管理咨询服务；"MSC"为企业提供有别于过往的可持续发展战略、管理和品牌咨询服务。

但与传统的公益慈善组织不同，为低收入人群及弱势消费者提供适当的产品或服务时，社会企业仍然能获得营收。例如，"倾音"通过为言语障碍患者提供康复治疗服务，为原本空白的行业注入活力，也为"倾音"带来稳定的收入；"联谛"通过向互联网企业提供信息无障碍解决方案，从而使视听障碍群体享受到现代科技给生活带来的便利，为互联网企业带来了更多用户，也为"联谛"带来了服务收益；"灵析"为社会组织提供可负担的信息技术产品和服务，除了能助力社会组织提高工作效率，也构建了"灵析"自身的可持续发展模式。

对企业来说，创造这种共享价值的第一步，是创造出针对社会某一需求或改善某一社会问题的创新产品或服务。这种社会创造过程与方法并非固定不变的，而是随着科技进步、社会演变、经济发展、社会议题的转变以及环境变迁而不断变化着。此外，在持续探索社会需求与找出解决社会问题的过程中，社会企业会创造出有别于传统的产品或服务，发现新产品（服务）的定位与契机，同时还能看见人们过往常常忽视的潜力市场。例如，"klee klee"与传统服装企业不同，它强调减少制衣过程和制衣原材料对环境的负担，坚持可持续时尚的生产理念，采用环保棉花、麻、羊毛等低环境负担的天然材料制衣。为了减少水资源的浪费，"klee klee"的牛仔服只经过一道染色工序，留住牛仔蓝最初的颜色。此外，"klee klee"还通过助力独龙族织女的"naze naze"品牌项目,有效促进少数民族手工艺与文化的传承,还将国际服装设计理念与传统文化的可持续时尚做了有机结合,进而助推了可持续生产、生活与消费理念的传播。

(二)与参与者合供

"合供"是指出于提高公共服务效率和质量的目的,服务使用者(可以是除了政府以外的任何个体或组织)自愿与服务常规生产者(公共部门以及委托代理者)共同参与公共服务的设计、生产、运输、供给、管理、监督或评估等环节的活动。虽然商业管理中同样也存在着"合供"现象,例如企业在推出新产品前常常会进行用户调查,了解用户偏好,再根据用户需求设计新产品,也因此,商业界的"合供"关系较为简单,主要出现在价值链的前期环节。

而在社会企业案例中,我们发现合供出现在价值链的各个环节,包括产品设计、生产、运输、销售、评估等。例如,"奥北环保"与用户(居民与其他参与者)合供垃圾分类回收活动,用户是被服务的对象,同时他们也是"奥北环保"价值链中运输环节的参与者。具体而言,用户参与垃圾分类的源头处理环节对于提高垃圾资源再生效率非常关键,进而有效减少生态环境的负担。"灵析"会定期举办工作坊,邀请产品使用者分享产品使用心得与相关业务的专业知识,与此同时,"灵析"也与其他利益相关方合供促进组织与产品服务的下一步发展。在"MSC"案例中,他们推出了城市合伙人计划,通过招募不同城市的合作者搭建起企业社会责任的共享创新互助平台,共同探讨可持续战略咨询中更广泛的应用场景和作用,这种服务合供的方式已经涵盖了整个价值链。同样的情况也发生在"联谛"。"联谛"与购买服务企业、视障人群、政府与其他相关社会组织合供,努力实现信息无障碍的友善生活、学习与工作环境。

此外,社会企业的合供参与主体也十分多元。"一出学社"的服务直接购买者是"困境学生"的家长,而服务接受者是"困境学生",但"一出学社"不是教育服务的唯一供给者。"一出学社"会通过分享会和读书会等形式,把创新教育理念逐步传递给需要的家长,让家长合供到困境学生教育的

下一站，社会企业？
—— 创造共享价值的实践者

过程中；家长在孩子教育过程中总是扮演着关键角色，通过传授正确的教育理念和方式，家长能够协同"一出学社"为"困境学生"创造更友善的成长环境。"赋启青年"所服务的大学生既是就业培训服务的接受者，也是流动青少年职业、心理及素质教育服务的提供者。"坤元社工"则会聘用就业市场剩余者，例如中老年且文化教育程度低的妇女，把她们培养成专业的社会工作者，为老年人提供护理与看护服务。"倾音"则将志愿者培训成专业的言语康复师，并与他们携手共同为言语障碍患者提供更完善的言语康复服务。"益加益学院"建立了一套公益讲师培训机制，帮助新手讲师逐步提升培训专业能力；在初级培训阶段，新手讲师将为社区、社会组织提供公益培训服务，等到讲师可以为企业提供管理咨询培训服务时，他们会将服务收入按比例回捐给"益加益学院"，继续支持学院公益项目的运行。"蓝续"将合供运用到少数民族文化传承和保护上，他们通过雇用传统手工艺人创作扎染手工艺品、雇用当地社区青年人通过扎染体验工坊的方式将白族文化传播出去，逐步打造云南周城扎染的城市品牌，提高周城的知名度与影响力，从而促进当地其他手艺的传承与整体旅游经济的发展。"水酷生态村"动员青山村村民和基层政府参与保护龙坞水库水源地的行动，共同改善水源质量、发展生态经济、开展自然教育课程。"水酷生态村"的团队成员也参与到青山村的发展规划中，为村集体决策提供专业意见。"大鱼营造"则通过参与式设计与社区居民合供出不同的社区发展项目与活动。此外，"大鱼营造"还在疫情期间，与其他志愿者合供了防疫工具包，举办了多场公益性的与防疫相关的知识传播活动。

（三）增强产业链社会性

传统商业企业的发展脱离不了良好的产业链互动关系的建立，无论从纵向还是横向的产业链关系都与该商业企业的运营发展息息相关，因此，如果该企业的业务能够建立起区域性产业集群的互动关系，就能够实现降低共同成本、提升彼此企业竞争力的价值。然而，与传统商业企业的集群产业链关系不同，社会企业的共享价值创造是建立在增强产业链的所有利益相关方的社会性基础之上的。

通过案例分析发现，许多社会企业与相关产业链的互动关系并不局限于降低成本或提高利润，而是希望通过增强产业链中的所有利益相关方合供，共同创造出更多的社会价值，从而达到有效缓解社会问题、补充社会需求的目标。由此可见，社会企业不仅重视产业集群的利益关系，也强调产业链所有利益相关方的社会性提升。

社会企业能以赋能各类弱势利益相关方的方式进行"增强产业链的社会性"。例如，"klee klee"愿意投入成本培训独龙族织女的织布技能，提升她们的时尚审美感和团队管理能力，设计师也尽可能选择以不浪费独龙毯的裁剪方式制作产品，力求同时兼顾手工业的经济效益、社会效益以及生态效益。在采购环节，"klee klee"采用公平贸易方式，用与当地市场相同甚至略高的价格固定向独龙毯织女购买独龙毯，使当地织女无须背井离乡去打工也能提高经济收入。由此可见，"klee klee"从保护独龙族等少数民族地区的文化出发，以赋能当地织女为切入点，提高当地织女的经济收入，从而提升当地妇女的家庭地位。"klee klee"希望未来当地织女能够逐步成长为足以独立向其他客户销售自身手工艺和设计品的自主团队。由此可见，"klee klee"通过赋能的方式，改变了某一弱势群体在产品供应上所需面对的种种挑战与困难，所增强的社会性价值也同时共享给了消费者、织女家人、政府等其他利益相关方。

社会企业还有开拓边缘化市场的独特能力，为有需求的消费者，提供能改善生活的服务或产品，进而使整体社会都受益。例如，"倾音"是较早进入言语康复行业的社会企业，目前它已为行业培育了1000多位言语康复治疗师，帮助了600多位言语障碍患者，其中还为部分经济困难的家庭提供免费的治疗服务。"坤元社工"专注于开拓三四线城市的社区养老市场，注册省级社会组织后，它开始投入养老领域的社会组织培育工作，为基层养老事业发展培养更多专业的一线人才，也因此而影响了当地政府的社区养老服务政策，增加了养老行业的就业岗位，提升了养老服务的总体水平。"滋农游学"为乡村提供更符合当地文化与需求的公共服务，通过引城市资源到乡村、赋能乡村居民、培养乡村建设人才、提高当地村民参与乡村建设积极性等方式，打造出具备当地特色的乡村振兴生态。"联谛"则是信息无障碍市

下一站，社会企业？
——创造共享价值的实践者

场的开拓者，携手腾讯、阿里巴巴、百度、微软（中国）创立了"信息无障碍产品联盟"，为互联网企业提供产品信息无障碍化技术咨询服务，从而帮助视听障碍人群能够更好地享受互联网科技所带来的生活便利。此外，"联谛"还积极参与相关政策制定，希望以这种身体力行的积极态度，有效促进中国信息无障碍发展进程。

社会企业还可以通过理念传播、技术授权等方式增强产业链的社会性。例如，"好瓶"通过科普再生材料、传播可持续消费理念及可持续生活方式帮助更多消费者了解再生材料，选用再生材料制品，促进再生材料行业的可持续发展。"奥北环保"开放了"零元加盟"渠道，与同行或想进入垃圾分类处理行业的企业共享技术，目的在于用更高效的垃圾处理系统替代传统的垃圾处理体系，从而实现行业整体的变革。"MSC"则将创造共享价值和可持续发展的理念引入传统企业社会责任咨询领域，深入探索企业社会责任的各种途径，并且通过招募城市合伙人的方式直接把这一理念和方法进行有机结合并加以拓展。与此同时，"MSC"还孵化了线上教育平台，以制作企业社会责任创新课程、传播创新性企业社会责任知识，提升相关从业者的认知，推动企业社会责任创新创变发展的潮流。

最后，增强产业链的社会性还能吸引更多的其他利益相关方的关注、支持甚至是加入，由此进一步扩大了社会企业的共享价值队伍，产生更大的社会影响力。例如，"蓝续"将扎染产品生产外包给周城的其他扎染工坊，并邀请其他工坊主担任扎染比赛的评委，共同促进周城扎染传统手工艺与文化的可持续发展，也因此带动了其他扎染工坊的发展。"赋启青年"业务的有效开展同样成功地引起人们关注，类似的竞争对手虽然也因此而产生，但"赋启青年"也更多地获得了其他利益相关方的支持与购买服务。"赋启青年"的人才培养服务对象也因此从大学生与高中生逐步扩大范围到职校与专科生。"滋农游学"的共享价值运营模式获得了其他乡村发展团队或乡村振兴牵头者的关注，纷纷邀请"滋农游学"参与他们的项目，希望借助其成功模式来有效落实当地发展计划。在"联谛"与"灵析"的持续努力与推动下，越来越多人开始意识到，满足弱势群体使用信息科技需求是能够改善其弱势困境的一种立竿见影的方式，也因此，这些业务也逐步地获得其他软件开发企业、互联网企业的重视。

三、共享价值产出分析

共享价值的产出指的是共享价值实施后的成果。有关共享价值的成果，许多学者有不同的认知，有的认为是企业的竞争力，有的认为是对社会和经济状态的影响力，有的认为是经济价值、社会价值、环境价值或金融价值等。然而，却少有学者针对不同的共享价值成果进行探讨与说明。Dembek等学者（2016）提出了新的理解方式——从"需求"的视角出发分析共享价值的结果。Dembek等学者认为在众多需求中，组织创造共享价值应该聚焦于人类尚未被满足的基本需求。从共享价值的主要分类来看，共享价值必然包括社会价值和经济价值。此外，我们也从相关文献分析中发现，共享价值不是分享企业已创造出来的价值，而是整体资源再分配的一种有效手段，其目的在于通过再分配扩大经济与社会的总体价值。因此，共享价值产出虽然在现有的文献中表述多元，但归纳分析后，我们发现基本上都脱离不了社会价值与经济价值这两种产出结果，因此，本书的案例分析将从"需求"的视角出发，分别就社会与经济共享价值成果进行梳理。

（一）社会价值

1. 赋能弱势群体

弱势群体是指在社会中处于不利地位的群体，这类群体在社会生活领域所占有的社会资源甚少，社会地位较低，实现权力能力弱（张晓玲，2014）。在中国，弱势群体包含低收入群体、身体或智力残障群体、失业人员等。由于弱势群体缺乏内生性的改变生活困难境遇的能力，因此，他们需要依赖外界支持来保障他们的基本权益，而保障他们权益的外界力量构建则需要政府和社会各界一起行动才能逐步完善。

本书中的一些社会企业通过知识教育、技能培训等方式赋予弱势群体改善生活质量、参与市场竞争的能力。例如，"klee klee"通过公平贸易的方式增加独龙族妇女的收入。"klee klee"每年还会邀请一批业务能力较好的织女

下一站，社会企业？
—— 创造共享价值的实践者

来上海参加进阶培训，培养她们的自主设计、营销及业务管理能力等。"倾音"则通过培育更多的专业言语康复师来帮助更多言语障碍患者，满足社会弱势群体的基本健康服务需求，同时为低收入的言语障碍患者提供免费服务。"赋启青年"为流动青少年提供免费的职业、心理及素质教育，助力他们更好地融入社会并找到适合自己的职业发展方向。"坤元社工"聘用了受教育程度较低的中老年妇女、低收入人群，并为他们提供技能培训、职业生涯规划服务等，通过提升他们的专业能力，增强他们的就业竞争力，从而在反转他们的困境的同时还能创造更多的社会价值，获得更好的经济收入。"滋农游学"和"水酷生态村"都进行扎根乡村服务工作，"滋农游学"成功地将民宿运营经验免费分享并示范给当地村民，"水酷生态村"培养了村民保护水源地的重要责任意识，并向村民免费分享了许多成功生态经济的经验。

2. 提升大众认知

我们可以从两个角度理解什么是"提升大众认知"。其一，纠正社会大众原本的错误认知；其二，向社会大众灌输参与公共生活、社会事务的正确理念，提升社会大众参与公共议题的能力。

"klee klee"和"好瓶"是以服饰和媒体作为中介向大众倡导可持续生活、向消费者分享环保时尚概念、向生产者传播可持续生产理念。"一出学社"相信每个困境学生都有无限潜力，向大众传播创新教育理念和方式，纠正老师及家长的错误教育方式和理念，将自己研发的课程与教育工具分享给学校老师使用。"赋启青年"通过体验式教育提升青年人的综合素质，增强他们的社会责任感，希望青年人通过解决社会问题的过程获得自身能力与经历的提升，同时通过公益慈善的社会实践培养青年人懂得如何有效整合资源、贡献社会。"奥北环保"通过积极传播垃圾分类回收知识，结合自身设计的高效便捷垃圾分类回收体系，提高大众参与垃圾分类回收的积极性，通过分享技术平台搭建，改变同行对于垃圾分类回收的传统认知，推动垃圾分类回收水平的进步。"蓝续"的示范作用，是向其他扎染工坊展示坚持古法扎染技艺和植物染布能创造出更多的经济与社会效益。"水酷生态村"先利用经济激励来改变青山村村民保护水源地环保意识，再通过长期和村民的交流与对话，逐步树立起村民保护乡村自然环境的共识。"大鱼营造"立足于社区，通过参与式设计提高居民对社区事务参与的积极性，通过项目推动社区总体营造的进程，逐步解决社区内部的矛盾，提升社区居民参与社区治理的意识。"MSC"建立线上企业社会责任可持续发展教育平台，分享设计和执行企业社会责任的创新方法和途径，从而培育更多具备正确企业社会责任观的从业者和企业家。

3. 增加社会资本

帕特南（2000）认为，"社会资本是社会个体之间的相互联系，是社会网络以及由此产生的互利互惠和相互信赖的规范"。丰富的社会资本有助于协调人们的行动、解决集体问题、提高物质资本和人力资本的投资收益、推动区域经济发展、培育健全人格等。由此可见，社会资本是社会健康运行的关键要素之一。

"蓝续""水酷生态村""滋农游学""大鱼营造"这四家嵌入在当地社区的社会企业都必须建立在良好的地方性社会资本基础上。换句话说，若失去了当地社会资本的支持，这四家社会企业的发展或项目活动的开展将会受到严重的阻碍。"蓝续"的"社区学堂"公益项目定期为当地家庭提供亲子育教娱乐的活动，让社区里的家庭有机会参与到保护和传播白族传统文化的行动中，从而促进社区邻里关系建设，加强社区融合。"水酷生态村"引导新老村民交流互动、成立兴趣小组和举办集体文艺活动，由此新老村民能建立起相互信任的关系，使得村民逐步参与到解决青山村生态与经济发展的行动中。"滋农游学"在乡村建设过程中，也与村民建立了良好的信任关系，从而更高效地推进相关工作。"大鱼营造"每走进一个社区便通过活动的方式邀请当地居民加入该社区建设的微信群，通过这样的交流平台，更好地举办各类社区活动、处理社区公共事务、改善当地邻里关系、促进社区融合、增强居民参与社区治理的能动性。

4. 减少环境负担

近年来，许多国际优质企业开始推动环境、社会、公司治理（ESG）指标体系，因此以价值导向为主的企业管理理念也逐步获得资本市场的重视。其中，环境是该指标体系中的首位。传统商业企业环境减负的工作状态通常是被动式的，其环保行动常与政策要求、成本考量以及企业名誉等因素相关

下一站，社会企业？
——创造共享价值的实践者

联，而社会企业的环保行动却是主动且直接的，从社会企业的组织使命到日常工作内容，人们都能在社会企业身上看见许多减少环境负担的行为。

"klee klee"坚持使用对环境低消耗的服装原料和环保工艺，并努力实践服装生产过程中的各种环保方案，减少服装生产过程中的环境污染和资源浪费，同时积极倡导和传播可持续生产与消费理念，鼓励消费者和生产者共同加入保护环境的实践行动。"好瓶"通过设计与贩售塑料瓶再生材料制品让社会大众了解如何能够身体力行地节约能源消耗并向大众宣传降低碳排放的生活方式，由此来推广可持续理念、传播可持续生活观，从而有效吸引更多人关注塑料污染的问题。"奥北环保"致力于解决垃圾分类回收的有效性问题，为提高人们参与垃圾分类回收的意愿、强化垃圾资源回收效率，在设计垃圾回收系统时，引入分时租赁模式来提高垃圾回收袋的环保使用效率。"水酷生态村"是善水基金（慈善信托）下设的社会企业，成立初衷便是发展青山村的生态经济，所有的相关商业活动和社会效益也紧紧围绕着青山村的自然生态保护展开。"MSC"为企业定制的可持续发展战略中，环境永远是重要的考量点，由此而产生的企业发展计划都会充分考量降低环境污染与减少环境负担。

（二）经济价值

1. 增强财务可持续性

与依赖政府购买服务和慈善捐赠的传统公益慈善组织相比，社会企业的经济价值是区别于传统公益慈善的重要关键。为了组织的可持续发展，社会企业必须建立起能经受市场检验的商业运营模式，增强财务可持续性，这样才能持续地创造出更多社会价值。

首先，有些社会企业通过差异化服务与产品定位来获得精准市场的竞争优势。例如，"MSC"咨询服务的竞争优势，主要体现在能有效且创新地解决企业需求（问题）的同时创造出更大的社会价值。"MSC"还能在促使企业履行社会责任、执行可持续战略的同时，产生经济价值增量，发现新的商机。与一般商业培训机构相比，"益加益学院"不仅能兼顾商业培训市场的要求，还长期为公益慈善组织提供商业管理的相关培训，而这些前沿与优质的商业管理培训内容是传统公益慈善培训机构所无法提供的。

其次,社会企业的经济价值也会随着其自身业务的发展,在共享价值理念的驱动下,产生服务目标群体的逐步扩大作用,进而增长财务可持续收益。例如,"奥北环保"的服务目标人群从社区居民扩展到小区保洁员、收荒者、物业、地产商和环保类企业,而服务地点也从一般居民区扩展到学校、企业、商场等。"倾音"的服务目标群体也从最早的聋哑孩童,进一步拓展到各种类型的言语障碍,比如发音校正、不良口语表达习惯等。"赋启青年"的服务目标群体也从最早的大学生群体,拓展到了高中生、专科生等。

最后,当共享价值的受益群体受社会企业既有业务的影响而更加多元时,社会企业自身的财务发展与业务范围也会获得拓展机会,因此,社会企业的财务可持续性与持续扩大的社会网络相关。面对诸多挑战与困难的"水酷生态村"吸引了许多学者、专家与志愿者前来参访,由此发现,"水酷生态村"具备开办自然教育和自然研学业务条件,这些新的业务不仅能吸引城市居民利用节假日前来青山村认识自然、关注生态教育,也因此能获得不同于环保农特产品销售的经济收入。"益加益学院"的业务范围也获得了社会网络扩大的帮助,从最早的赋能与培育公益慈善专业人才,逐步扩展到了公益讲师培训、社会企业孵化、商业企业履行社会责任咨询和民宿运营辅导等业务。"蓝续"则从白族扎染文化体验工作坊,逐步扩展到整个周城的可持续文化发展建设,其中包含传统手工艺传承、文化夏令营举办、周城文化博物馆筹备、文旅民宿运营等方面。

2. 增加参与者收益

社会企业的共享价值创造不仅可以增强社会企业自身的财务可持续性,还可以增加其他利益相关方的经济收益。例如,"klee klee"利用线下门店的空间介绍其他同样秉持可持续发展理念的企业、展示该企业品牌故事并协助贩售该企业的产品,希望通过这种共同倡议可持续生活理念的展览营销方式,将更多同理念的品牌推荐给"klee klee"的客户。此外,"klee klee"的赋能独龙族织女的项目也为少数民族脱贫带来了直接且可持续性的帮助。凡是参与"奥北环保"垃圾分类回收行动的人,都会获得相应的可回收垃圾兑

下一站，社会企业？
——创造共享价值的实践者

换现金的回报。此外，"奥北环保"系统在提高参与者积极性的同时，也提升了垃圾回收处理者的工作效率，简化了工作程序并降低了总体成本。使用"灵析"的产品后，捐款信息的反馈更加快速且直观，由此提高了筹款效率，提升了捐款者好感，增加了捐赠金额，降低了捐赠管理成本。在"联谛"的倡导与帮助下，许多互联网企业开始着手为残障用户及老年人群体提供信息无障碍的服务环境，而这些新增用户量是能够为互联网企业带来流量价值的。"蓝续"不仅增加了老手工艺人的经济收入，还为周边其他扎染工坊带来业务订单，与此同时，"蓝续"所推动的周城文化传承建设计划也为所有周城的新旧居民带来了可持续经济发展的机会。"水酷生态村"通过提高青山村的知名度为村民带来了更多的旅游休闲和教育娱乐业务的收入，很大程度缓解了农特产品的周期性经济收入困难，增强了参与"水酷生态村"所有村民经济收入的稳定性。类似的情况也同样发生在参与"滋农游学"项目的村民身上。

3. 降低成本

降低成本包括降低购买者的消费支出成本、降低社会企业的内部成本以及降低政府社会治理的成本。社会企业本身就是为了有效缓解社会问题和满足社会特殊需求而出现的社会创新创业主体，也因此，弱势群体消费者和政府社会治理成本的降低是社会企业社会价值溢出效应的结果。

与传统公益慈善组织不同，社会企业不依赖政府购买服务和传统慈善捐赠的资金，也能持续为社会问题解决与社会需求服务出力。与传统商业企业不同，社会企业不仅需要严格管控自身总体运营成本，还需要替各类受服务群体及利益相关方考虑，由此才能产生更可持续的共享价值运营模式。

首先，社会企业在多数情况下会尽可能地降低弱势群体的消费成本，减轻该群体的家庭经济压力。例如，"倾音"为弱势群体的言语障碍患者提供低利润的言语康复服务，并与基金会合作，为部分家庭经济特别困难的言语障碍患者提供无偿服务。"赋启青年"为外来职校生提供素质培养与职业规划的公益培训服务。"灵析"为社会组织提供可分期、可组合的低利润信息管理系统服务，并根据该社会组织财政预算与业务实际需求推荐选购最急需的系统功能，同时采用产品模块化弹性设计，为社会组织的信息管理系统未来升级与新功能变更提供更经济且高效的服务,以降低社会组织在信息技术管理投入方面的成本压力。"益加益学院"为社会组织提供远低于市场价格的商业管理培训服务。"滋农游学"为想参与农村可持续发展建设的村民提供公益培训和咨询服务。"水酷生态村"同样为村民免费提供生态农业生产与种植的咨询服务。

其次,社会企业通过共享价值理念的运作模式也能为自己节省部分运营成本。例如"klee klee"品牌在未投入大量商业广告宣传的前提下,已经获得了许多消费者的认同,逐步形成了忠实粉丝群,而"klee klee"并不因此而止步,还愿意分享自身的品牌价值,向粉丝群推荐其他拥有相同经营理念企业的产品。获得许多优秀大学生支持的"赋启青年"有效地降低了志愿者培训、招募与沟通的人力资源成本。"益加益学院"的运营模式成功吸引了许多具备专业能力与实务经验的志愿者支持,由此降低了公益慈善组织培训服务的部分人力资源成本。获益于高校社团与相关专业大学生志愿者的支持,"倾音"也在人才队伍培养与人力资源开发上节省了许多成本。

最后,社会企业也能助力政府降低社会治理的成本,有效缓解社会问题和为社会短缺需求提供针对性服务或产品。例如"大鱼营造"在社区治理成效上的作用不仅是完成社区闲置空间更新工作,还持续地举办相关社区活动,促进社区居民交流互动,减少居民间的利益冲突,提升居民共同解决社区困境的意识,由此降低社区与街道的社区治理总体成本。"水酷生态村"发起自然好邻居计划,定期为村民提供民宿业务相关的培训服务,帮助村民们逐步了解个人与公共利益间的紧密关系,懂得妥善处理彼此间的利益冲突,学会通过参与公共事务的方式来建立起共同的美丽家园,由此提高了"水酷生态村"的社会治理成效,降低了后续发展的沟通与成本。"奥北环保"的垃圾分类回收系统不仅能有效调动更多利益相关方的主动参与和支持,也为地方基层政府提供了快速的解决方案,降低了垃圾治理总体成本。

4. 优化供应链结构

供应链结构是指供应链的组成要素和各要素之间的关系。从纵向看是从零件或原材料生产(前端),到制成最终产品(中端),再到把产品销售给用户(末端)的一系列环节,环节之间具有先后顺序,一环扣一环。从横向

下一站，社会企业？
——创造共享价值的实践者

看是每一环节的不同活动模式，体现了组织与其他利益相关方之间的功能互补。从整体来看，每个行业的供应链发展程度不同，所有单一个体（组织）的相互链接结构的完善程度也会有所不同。新兴产业容易形成单一的供应链模式，使整个供应链结构缺乏多样性与弹性，一旦某一供应链环节出现了大问题，势必造成整个供应链的停滞，若不及时找到解决或替代方案，将会造成损失。

因此，构建有效的产品服务供应链是社会企业可持续发展的关键。例如，"klee klee"就是从无到有地构建起可持续服装生产的供应链，它从寻找环保制衣原材料开始，尝试以公平贸易理念采购制衣材料，持续研发环保制衣工艺，努力追求环境友善的生产过程，设计出既不浪费原材料，又提高产品实用性的商品。

同样地，"好瓶"也从寻找环保可再生面料开始，用塑料瓶可再生材料设计出实用的潮流单品，考量运输环节与产品包装的环保性，在销售环节同样也倡导可持续时尚理念，向消费者普及塑料再生面料的相关知识，逐步构建属于自己的塑料再生面料服饰供应链结构的中端及末端部分。

"奥北环保"的出现主要是想解决垃圾分类回收供应链前端效能不佳与前中端间的管理问题，由此所设计的垃圾分类回收机制不仅彻底解决了前端参与积极性不足的问题，也能更好地管理供应链前中端的过程与关系，最终统一贩卖给大型资源再生机构（末端）。与此同时，"奥北环保"也通过"零元加盟"的推广方案打开横向供应链发展渠道，将设备与流程分享并销售给其他垃圾回收企业（合作伙伴），使更多企业有机会使用这样高效的垃圾回收分类运营模式。

"蓝续"和"倾音"所踏入的领域在当时都处于行业空白状态，因此构建全新供应链的过程是比较吃力的。"蓝续"从学习民族传统手工扎染技艺与日本染布科学技术开始，开辟种植染布所需的板蓝根农场，寻找老手艺人"打靛蓝"，培养团队成员各项专业知识和技能，独立设计具有白族文化特色的产品，最后，通过线下门店及网络销售平台进行商品贩卖，逐步完成自身的供应链前、中、后端的纵向构建。在横向供应链方面，"蓝续"不仅帮助周围的扎染工坊发展，也以建设家乡、传承传统文化、发展文化旅游经济为目标，带动新老村民们一同为周城发展而努力。

"倾音"也是从无到有地构建起自己的言语康复服务纵向供应链，从跨专业知识学习开始，到课程设计、专业康复训练人才培养，利用线上平台、线下门店双渠道的经营方式为更多需要言语障碍康复与培训的患者提供服务。"倾音"在前端供应链的部分与其他社会企业有所不同，需要与医院对接，根据医院所提供的言语障碍诊断证明，"倾音"能够更有效地为言语障碍患者提供针对性的康复训练方案。目前"倾音"仍然专注于持续优化自身纵向供应链结构，还未尝试横向供应链发展。

四、竞争力分析

Awale 和 Rowlinson（2014）从创造共享价值的角度出发将企业的竞争力分为两个维度：商业成功、促进未来的增长与发展。与一般商业企业相比，社会企业的特别之处在于它不仅仅是采用了商业手段来实现组织的可持续发展，而是社会企业也能以践行共享价值理念的方式把社会问题转化为市场机会，进而获得商业竞争力。由此可见，商业企业的竞争力只单纯强调经济和业务的增长，而社会企业的竞争力在强调解决社会问题或提供社会短缺服务的同时实现可持续性发展。通过15个案例分析，我们发现社会企业的竞争力常常体现在化冲突为和谐、发现创新机会、联动资源等三个方面。

（一）化冲突为和谐

社会企业通过创造共享价值化解与利益相关者的矛盾与冲突，建立起稳固的业务或互动关系纽带，进而扩大市场、增加业务量。"奥北环保"起初只重视终端用户（以社区居民、学生为主）的参与成效与服务体验，忽视了其他参与垃圾分类回收利益群体（物业、居委、环卫公司、环卫工、收荒匠、废品收购商等）的需求，这样一来就容易与这些利益群体产生矛盾或是利益冲突，后来"奥北环保"改变了机制设定，将垃圾兑换现金制度替代了原有的积分制，使得垃圾分类回收的所有利益相关者都能从机制中获利，有效地将更多的利益相关方转变为合作伙伴。这件事情也启发了"奥北环保"，

下一站，社会企业？
——创造共享价值的实践者

想要更有效地推广"奥北环保"的垃圾分类回收机制，帮助国家更快地实现全国垃圾分类回收成效，只有采取协同共益的发展路径才能更快速地发挥社会影响力。于是"奥北环保"决定向同行业的垃圾分类回收商免费分享和售卖技术设备与服务，从而有效地促进了整个行业变革。此外，从利益相关方角度分析，对于公众而言，参与垃圾分类回收不仅更加简便而且还能从中获利；对于垃圾分类回收行业的其他利益相关方而言，"奥北环保"帮助他们减轻了工作压力，改善了工作环境，提高了工作效率，增强了管理能效。对于政府相关单位而言，"奥北环保"可以提供更准确的垃圾分类数据，提前实现家庭与单位垃圾数字化管理的目标，提高人们的垃圾分类回收认知与实践水平，帮助政府更快速地完善垃圾治理工作体系建设。而"奥北环保"也由此扩大用户群体、整合相关资源、增强组织可持续发展与有效扩大解决垃圾分类回收难的社会问题。

进入社区中的社会企业则需要处理城市或农村社区的内部冲突问题。城市社区的冲突主要有公共与私人空间的博弈、商户与居民之间的冲突、外地人与本地人之间的矛盾以及居民与租客之间的争执。农村社区的问题主来自经济发展与生态保护的冲突、个人利益与共同利益的冲突、外来者与村民间的利益冲突、地方守旧习俗与科学化管理之间的理念冲突等。"大鱼营造"运用参与式设计方法来应对城市社区内的冲突，首先聆听当地居民、商户等各类利益相关方的需求，通过组织社区居民互动交流，进而逐步化解社区内不同群体之间的冲突，再以社区微更新项目为抓手，逐步将所有利益相关方的互动关系凝聚成一个社区共益群体。"蓝续"所关注的是周城白族文化的保护和传承，面对其他扎染工坊的质疑与商业恶性竞争的挑战，"蓝续"并不责怪乡民，而是将一部分业务外包给其他扎染工坊，用行动代替争论，由此逐步改变了村民们的观念，建立起合作共赢的可持续发展关系。"水酷生态村"则通过经济激励及耐心教育等方式，逐渐化解了青山村村民的经济发展与生态保护之间的冲突，在村民心中逐步树立起爱家乡、守环境的环境保护意识，让村民们开始自觉地为保护当地水源生态环境而努力。"滋农游学"采取以身作则的方式带动当地村民主动学习与动手实践，通过无偿的分享与指导逐步建立起村民的信任，化解了外来资本与当地村民之间的矛盾，由此为后续的共同发展奠定了良好基础。

（二）发现创新机会

社会企业创新的动机受解决社会问题的使命驱动，为了解决社会问题而不断地追求社会创新，或是为了提供社会需求供应短缺而产生的社会创新，都会不断地为社会企业创造竞争力和扩大其社会共享价值。有些社会创新机会的发现始于"面"上的社会问题或需求，然后逐步发展到对社会问题或需求"点"上的解决。相对地，有些社会创新从"点"出发，随后逐步扩展到"面"上的解决与应对。因此，分析社会企业的社会创新过程能够启发人们发现未来的创新机会。

首先是社会创新发现从"面"到"点"的社会企业。"益加益学院"发现公益慈善组织的管理理念和运作机制普遍较为滞后，同时还面对没有足够资源来学习更高效的管理知识、实践更科学的管理机制的困境。为了解决这"面"上的问题，并且提供相应的服务需求，"益加益学院"由此诞生。为了解决专业咨询培训服务供给的人力资源问题，"益加益学院"构建出一个培养专业志愿者服务的可持续管理模式。"水酷生态村"的发起是为了保护水源地的生态环境，而实际操作却需要落"点"在环保教育和生态种植的创新理念。"灵析"是为提供公益慈善组织内部信息化管理平台需求而成立的社会企业，而实际操作"点"更多体现在内部信息化管理平台模块化设置、捐赠信息实时更新功能等较小的应用程序的开发。

其次是社会创新发现从"点"到"面"的社会企业。"MSC"最早是为了解决企业社会责任项目低效而成立的，随着与企业可持续发展战略相结合，"MSC"的咨询服务便从传统企业社会责任项目，扩展到可持续发展战略层面的项目创新与问题解决。"蓝续"最早是为了保存周城白族扎染技艺而成立的，通过结合线上线下扎染手工商品销售与技艺体验工坊的方式运营，但"蓝续"后续发现，想要有效传承整个周城传统文化的工作，需要当地所有村民与传统手工艺传承者的共同参与和支持。"奥北环保"的创新垃圾分类回收处理机制，本来只是为了提升居民参与垃圾分类回收的积极性与持续性，结果实现了垃圾分类回收的教育作用，解决了地方垃圾分类回收利

下一站，社会企业？
——创造共享价值的实践者

益相关方的冲突问题。为更进一步助力国家垃圾分类回收的总体进程、推广有效处理机制、持续强化企业自身的社会与经济效益，"奥北环保"又开启了免费分享自行研发成功的技术给全国其他城市的垃圾分类回收执行者，一同为创造更大的共享价值而努力。"倾音"起步于助力言语障碍患者的大学生公益活动，随后走进了跨专业的言语障碍康复培训领域，经过不断的挑战与摸索，成为国内言语障碍康复培训的开拓者，后续业务拓展还进一步涉及其他与言语障碍相关的培训课程。"联谛"起源于解决视障人群的信息障碍难题，随后发展成推动信息无障碍环境建设的主要倡议者之一。

（三）联动资源

在案例分析中我们发现，社会企业的创新方案成功与否常取决于社会企业自身的专业水平、联动各方资源的能力、持续探索解决问题的有效方案和毅力、决心等因素。因此，当社会企业在面对其他单一部门无法解决的社会问题时，不能仅靠自身现有的资源与力量，需要懂得如何有效联动各类资源，携手攻坚克难，而创造共享价值是联动各方资源的重要推手。与传统商业企业的合作协议关系不同，社会企业联动资源与创造共享价值的关系并不一定是建立在直接的利益关系上，而是发生在许许多多的相互影响、共同进步的关系中。

首先，有部分社会企业采取联动社会网络资源的方式开展工作，这类社会企业往往拥有丰富的社群资源。社群资源的重点便是人，因此，有效提高社群能力与扩大社群范围将直接影响社会企业业务运作的可持续发展。

"倾音"联动不同地区的高校成立了倾音社团，将播音专业的学生培养成言语康复志愿者，扩大了言语康复师队伍建设的范围。"坤元社工"在不同的城市设有99名具备相关专业能力或医疗资源的核心志愿者，这样一来，"坤元社工"团队能在确保服务质量的同时，高效地解决所服务老人的各类需求。

"大鱼营造"通过建立跨专业的社区营造团队，联动社区外部相关专业人员和社区内部居民们一同参与规划方案，虽然凝聚社群共识的过程艰辛，但联动的过程中创造了更多社会创新的可能性，增加了所有利益相关方的沟通交流机会，强化了社群成员间的沟通与信任，从而更容易获得各方都满意的解决方案。

"赋启青年"通过运营、培养、赋能与管理大学生志愿者社群的方式，成功获得许多优秀大学生的支持，大学生们不仅锻炼了自我综合能力，丰富了社会实践经验，了解了项目及活动管理流程，同时还为社会提供了许多力所能及的公益慈善服务。由此可见，"赋启青年"通过大学生社群运营的创新，构建出以大学生志愿者社群为核心的人力资源共享价值运行机制。类似的资源联动也发生在"益加益学院"的社群运营上，但主要的区别在于"益加益学院"的社群主要锁定在专业职业经理人群，所能提供的咨询培训志愿服务的专业要求也更高。

"灵析"通过使用者反馈会，邀请新老软件和新开发功能使用者到现场分享用后心得和优化建议，反馈会同时也邀请其他非使用者的公益慈善伙伴参会，希望通过这样的交流会，帮助更多潜在使用者了解信息管理平台的价值以及信息管理平台与自身组织发展的关系。

其次，有些社会企业能以联动跨部门资源的方式来推进业务。这类社会企业之所以能够联动跨部门资源的原因在于，找出重要且紧急但却容易被大家忽视或放弃的"事"，借助把"事"做好的意愿与用心，把相关部门与其他利益相关方联动起来，共同为助力把这"事"办好。

"奥北环保"想有效解决垃圾分类回收难的问题，通过创新垃圾分类回收机制的研发，不仅联动了小区里的新老居民、拾荒者、保洁员、当地商铺、学校师生、写字楼里的白领与工厂内的职员，还联动了社区外部的其他垃圾分类回收企业、地产公司、各级学校、各类工厂、科技园区以及政府相关单位。

"klee klee"的可持续生活与时尚的推广，不仅成功地实现了品牌形象定位，获得众多粉丝的支持，也联动了高校、公益慈善组织、少数民族村、各类秉持同样理念的企业。

同样重视生态环境保护与可持续生活的"水酷生态村"，除了调动了当地村民、村委与农村合作社的积极参与，还联动了许多外部资源，比如公益慈善组织、金融机构、企业团队、外地旅客、高校和政府调研考察学习

下一站，社会企业？
——创造共享价值的实践者

团等。

与"水酷生态村"相比，"滋农游学"想要做的"事"更强调推动地方特色经济的可持续发展。所涉及的地方特色包含且不限于自然资源、生态环境、农特产品、民族文化、历史遗迹等，因此，"滋农游学"能联动的资源更多元丰富。

而"蓝续"想做的"事"从最初的白族扎染技艺传承，逐步扩展为云南周城的文化经济建设，由此所联动到的资源，也从老手艺人、扎染工坊、体验旅客、高校实习生、产品购买者、各类公益慈善组织和伙伴，进一步扩展到周城的所有新老居民、商铺、企业、相关政府部门与单位、学校和媒体等。

从农村回到城市，"大鱼营造"想通过社区总体营造的方式，助力城市社区利益相关方逐步形成共同参与社区事物的生态，由此联动的利益相关方包含政府相关单位、居委、居民、物业、社会组织、商铺、企业、学校、医院等。

为言语障碍患者提供有效的康复培训服务是"倾音"想做的"事"，这种坚持和努力为"倾音"有效地联动了高校社团、医院专家、专业学者、创业导师、投资机构以及各类社会组织为其助力。

经分析读者们不难发现，社会企业之所以能够联动许多内外部资源，是因为他们所努力实践的"事"都能帮助资源提供者获得经济、社会的共享价值回报，而这些"事"绝非只是为了追求组织自身发展利益而来的，而是围绕有效地解决社会问题或满足社会特殊需求而产生的。也因此，社会企业和社会组织（公益慈善组织）一样能够吸引许多优质资源的支持与助力；社会企业也能像传统商业企业一样，通过实实在在的业务，获得利益相关方的商业合作机会。

五、结论

在 Porter 的社会创新概念基础上，结合 Awale 与 Rowlinson 的企业共享价值提升竞争力模型，通过 15 个国内社会企业案例分析，我们验证出全新社会企业创造共享价值的理论分析模型的有效性,并解构出我国社会企业在创造共享价值过程中"识别需求""寻找手段""确定利益相关者""产出社会价值和经济价值"以及"具备(提升)竞争力"五大要素的发展现状。

在"识别需求"过程中,社会企业需要思考为什么选择某个社会问题或需求,所以在一般情况下,目前社会企业多采取单一识别需求逻辑的方式来找到某个社会问题(需求)并作为组织的使命及发展目标。有些社会企业选择了"填补空白"的方式来确立组织发展目标,有些社会企业则选择了"增加选择"的方式来明确组织的发展方向。此外,本研究还发现社会企业创始团队的人生经历、核心优势、人脉渠道以及既有资源等因素都是影响社会企业"识别需求"的最终选择,而选择何种"识别需求"的方式则主要受到社会问题(需求)本身与政策、环境、市场与机会等因素的影响。

在"寻找手段"部分,社会企业团队多会思考如何定位核心优势与整合相关社会资源来应对某一社会问题或需求来创造共赢的局面。相比一般商业企业的以利润最大化,社会企业更强调共享价值的最大化,也因此社会企业才能有效地嵌入社会问题或需求中。此外,由于绝大多数的社会问题或需求的解决无法单凭一己之力完成,因此,社会企业需要寻找更多理念相同的合作伙伴。而创造共享价值是社会企业寻找合适伙伴、建立长期关系的关键,这不仅能帮助社会企业自身发展,也能促进各类利益相关者的发展。例如,社会企业会把委托方、受服务者从供需关系转变为社会价值共同创造伙伴,这样一来,社会企业不仅可以合供出优质的社会服务,产生更广泛的社会影响力,还能提升社会企业的可持续发展。"与参与者合供"是本书案例中绝大多数社会企业已采用的方式,还有部分社会企业使用的是"增强产业的社会性"来创造共享价值。

"确定利益相关者"的分析维度其实能贯穿社会企业发展的整个过程,能够帮助人们厘清与确认有哪些利益相关方在社会企业发展过程中共享了创造价值。随着社会企业相关业务的逐步开展,受服务群体将逐步增加,情况也会越发多元,社会企业所创造的社会价值共享者也会随之增加或产生变化。许多利益相关方是随着社会企业相关业务的开展而逐渐形成的,往往是社会企业通过理念传播、问题分析、知识分享、意义阐释、持续交流与保持

下一站，社会企业？
——创造共享价值的实践者

沟通等方式逐步改变利益相关者对于某一社会问题或社会需求的态度，进而吸引其他利益相关者的关注，最终能成功地引导更多利益相关者参与到解决社会实际问题或需求的行动中。

社会企业产出的共享价值包括社会价值和经济价值，而这些价值能惠及不同的社会网络"圈层"。个体层面包括受服务（帮助）者及购买者、被雇用者、志愿者、理念接受者与行动推广者等。组织层面包括服务购买组织、支持组织、捐赠组织、执行组织、宣传组织等。社区（社会）层面是指由直接受影响群体和间接受影响群体（个体与组织）共同组成的社会网络和社会价值供应链。

我们通过案例研究发现，社会企业所创造的社会价值包含"赋能弱势群体""提升大众认知""增加社会资本""减少环境负担"等。同时我们也发现，许多社会企业不仅能创造以结果导向为主的社会价值，也创造了许多过程导向中的社会价值，例如整合零散资源、组织人群参与社会问题的解决等。

首先，赋能弱势群体需要根据弱势群体的特点选择合适的赋能方式，弱势群体可作为被雇用者、受助者、服务购买者、合作社成员等。社会企业可以通过培训（养），提高他们职业发展的自主性和独立性，帮助他们实现从被雇用者转变成创业者。此外，社会企业也不剥夺弱势群体的剩余劳动价值，并且强调利益分配的务实性，甚至愿意将更多的利润比例让利给弱势群体或把利润再投入赋能更多弱势群体的社会资本上。"klee klee""坤元社工"两个组织都雇用了弱势人群，而且为他们提供学习机会。"赋启青年"则免费为流动青少年提供素质教育服务，在这里弱势群体是免费服务的接受者。"倾音"则为言语障碍患者提供可负担的言语康复服务，也为部分经济困难人群提供全免服务。"水酷生态村""滋农游学"以及"MSC"的"乡兴社"则是通过成立合作社的方式赋能弱势群体，通过产品销售所得的利润分成获得收入，相比较直接雇用的模式，弱势群体能够享有更高的自主权和独立性。

其次，社会企业提供的产品、服务、活动是经过实践检验并获得各种利益相关方认同的有效解决方案，或是能够提升社会大众认知的切实可行路径。根据不同人群的特征，社会企业对大众的教育起到纠偏原有认知、普及相关专业知识、将知识与个人生活意义相互结合等作用，同时还能促进大众形成关注某一社会需求或问题的动力，进而产生参与开展相关工作的意愿。如"klee klee"和"好瓶"提升大众的环保消费认知，促使一部分人有意识地购买环境污染少的商品，这是一种针对消费者的环保社会性教育而不是单纯的商业营销。"klee klee"和"好瓶"都期待消费者在他们的持续影响下能够更快地接受并践行可持续生活方式，实践更具环保价值感的消费行动。

再次，增加社会资本是社区（会）型社会企业所产出的独特共享价值。"蓝续""水酷生态村""滋农游学"和"大鱼营造"的服务对象都位于某一地理区域范围，共享紧密的地方性社会网络互助关系，需要社会企业长期在地化经营，通过强调社区内的持续倡议、交流与共建，才能逐步增加当地社区（会）的社会资本。这也意味着该模式的"复制"需要建立在"接地气"的基础上，这也为社区型的社会企业发展带来更高的要求与挑战，因为创造出社会资本高的共享价值需要较高的"耐心资本"，共享价值的效益也需要较长时期地扎根实践才能产出成效。由此可见，这类型的社会企业必须能够嵌入并扎根到当地的社区网络中，成为社区成员和各利益相关方的重要纽带。当社区的自组织能力增强到不再依赖社会企业中介力量时，便是社会企业启动"退出机制"或是"扩大共享价值边界"的最佳时机。

最后，我们在研究中也发现，社会企业减少环境负担的方式有四种：第一种是降低社会企业自身生产环节对环境造成的负担，坚持可持续生产原则，如"klee klee"；第二种是融入再生经济的队伍，发挥再生资源的价值，减少新资源的开发，如"好瓶"；第三种是解决已有的环境问题，如垃圾问题、水源地污染问题，如"奥北环保""水酷生态村"；第四种是构建可持续经济运作机制，帮助其他组织减少生产过程中对环境的负担，如"MSC"。

经济价值则包括"增强财务可持续性""增加参与者的直接收益""降低成本""优化供应链结构"。而这四种途径能提升组织的财务可持续性，可以增加参与者的短期和长期直接收益；可以降低购买者的消费成本、社会企业的内部成本以及政府社会治理成本，还可以优化供应链结构，填补社会特殊需求留有空白的部分，或是解决前端、中端或末端服务供应链断裂的社会

下一站，社会企业？
——创造共享价值的实践者

问题。

通过创造共享价值来解决社会问题，社会企业能够增强独特的市场竞争力，化解不同利益相关者之间的冲突，将竞争者转化成合作者或参与者。社会企业还能从解决社会问题的过程中发现创新契机，联动社会网络资源，协同不同部门来更好地满足社会需求和撬动社会问题的变革。需要再次强调的是，商业企业的竞争力来自关注自身的经济发展，而社会企业的竞争力更强调解决社会问题或满足社会弱势群体的需求。正是由于这一根本性的差异，社会企业对利益相关者的包容度更高，更愿意改变自己的生产运作方式来更有效地解决与其他利益相关方的冲突，接纳更多有意愿共同协作的利益相关者，哪怕对方无法为社会企业带来直接经济效益。

六、思考和展望

（一）思考

我们所构建的社会企业创造共享价值理论模型（见下图），能够有效地分析社会企业发展现状，从"识别需求"开始到"寻找手段"，接着"产出共享价值"，到最后"获得竞争力"。在分析15个社会企业案例的基础上，我们还进一步归纳出了我国社会企业发展的几个特点，希望这些细分维度能

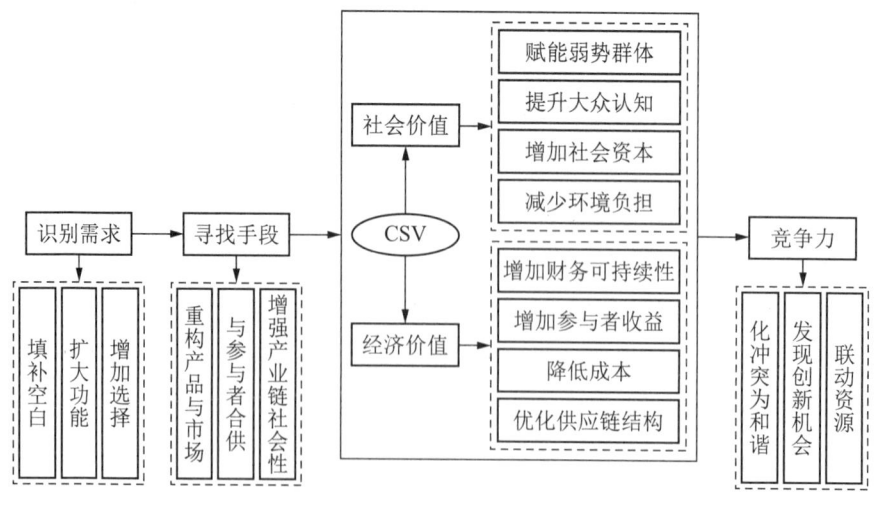

社会企业创造共享价值理论模型

够帮助读者更有效地鉴别不同社会企业、分析社会企业的定位、评估社会企业的发展现状，甚至是找出改善某一社会企业运营困境的关键。

在"寻找手段"的部分，我们根据 Porter 创造共享价值的三种手段对 15 个社会企业案例进行分析，最后发现重新定义产品和市场是目前多数社会企业所采用的手段，而通过企业价值链重新界定企业的生产性、形成地区产业集群这两种手段较难被采用，取而代之的是与参与者合供及增强产业链社会性两种方式。因为不同于一般商业企业，社会企业不只是追求提高生产力，更注重社会问题的解决，而社会问题的复杂性要求更多利益相关方的参与。我们在这 15 个社会企业案例中提炼出与参与者合供这一手段，是重新定义了满足社会需求的一种生产力。针对第三种手段形成地区产业集群，Porter 等学者之所以强调企业的竞争力与它周围社区的紧密联系，是因为他们关注到全球化背景下生产活动被分散到了人工、原材料成本低廉的国家，导致企业与所在社区的脱嵌，而忽视了产业链所涉及的社区对企业自身发展和创新的深远影响。

然而，15 个中国社会企业案例所面对的情况都和 Porter 等学者所指出的不同。首先，社会企业是自愿嵌入社会并积极解决社会问题（满足社会特殊需求）的组织，它们面对的社区是复杂且责任更沉重的社会系统，而不是简单的地理概念。社会企业发展的切入点，往往是资源匮乏，甚至还未形成经济结构雏形的产业"缺口"或"缝隙"，因此，不存在"牺牲所在地区资源赚取企业利润"的说法。从另外一个角度来看，有些社会企业所经营的产业属于新兴产业，而社会企业发展也并不局限于改善社区的经济状况，而是创造社会与经济的共享价值成果。综上所述，我们认为社会企业创造的共享价值受益范围是跟随该组织的社会目标而产生的，不限于某一社区，而是面向整个共益价值产业链。

本研究提出的这一理论模型对于社会企业发展而言具有很强的实践意义。我们发现利益相关者在创造共享价值过程中发挥着极为重要的作用，确定利益相关者不仅有助于社会企业及时地发现新社会需求、新合作伙伴和新发展契机，还有助于探索新实现共享价值的方案。此外，在寻找新利益相关者的过程中，社会企业还必须维护好已有的利益相关者，不能顾此失彼。社会企业还需注意调整与利益相关者的相互依赖程度，单一或过于强势的利益相关者也许会削弱社会企业的自主性，自主性一旦被削弱，社会企业便容易出现使命漂移的现象或风险。此外，社会企业发展过程中也需要做好相应的风险管控，这样才能有效地应对环境变化所带来的冲击。

（二）展望

本研究所提出的社会企业创造共享价值理论模型和分析指标还需要更多社会企业案例的验证，才能更进一步完善。当然，理论模型的验证并不限于中国的社会企业，也能作为其他国家研究社会企业的分析工具或参考。

我们认为，无论是一般商业企业、社会企业，还是社会组织、公益慈善组织，社会创新创业无论在全球哪个国家或地区发展，无论社会创新创业发展过程要面对多少社会需求或社会问题，无论社会企业是否在该地区有直接对应的法人名称或民间资格认证机制，社会企业的出现本身就是人们在社会创新创业道路上的一种不同于以往的实践，而这种实践的目的就是创新、转变、补充、改善、缓和与解决人们当下所面临的社会困境并确保该团队的可持续发展。也因为社会创新创业的"难"，所以社会企业家需要承受比从事传统商业或纯公益慈善组织更大的发展压力，在获得社会认同与创造出亮眼成绩之前，社会企业家必须在"更强孤独感"的状态下砥砺前行，不断地通过创新，探索出能够构建出可持续发展的共享价值运营模式。最后，希望社会企业创造共享价值理论模型能为选择社会企业发展道路上的伙伴们以及他们的所有利益相关方带来帮助，本书所收录的 15 个社会企业案例和所进行的分析也能为读者带来一些启发与参考。而身为长期助力、辅导、陪伴、赋能、研究、咨询与评估社会企业发展的学者，我们也将继续努力为探究出具备中国特色的社会企业事业发展路径而努力。

参考文献

[1] Aakhus, M., & Bzdak, M. Revisiting the role of "shared value" in the business-society relationship [J]. Business & Professional Ethics Journal, 2012, 31 (2): 231-246.

[2] Austin, J., Stevenson, H., & Wei-Skillern, J. Social and commercial entrepreneurship: same, different, or both? [J]. Entrepreneurship Theory and Practice, 2006, 30 (1): 1-22.

[3] Awale, R,. & Rowlinson, S. A conceptual framework for achieving firm competitiveness in construction: A "creating shared value" (CSV) concept [C] // 30th Annual ARCOM Conference. 2014.

[4] Beschorner, T. Creating shared value: the one-trick pony approach [J]. Business Ethics Journal Review, 2013, 17 (1): 106-112.

[5] Beschorner, T., & Hajduk, T. Creating shared value: A fundamental critique [M]. Springer International Publishing, 2017.

[6] Casadesus-Masanell, R., & Ricart, J. E. From strategy to business models and onto tactics [J]. Long Range Planning, 2010, 43 (2-3): 195-215.

[7] Crane, A., Palazzo, G., Spence, L. J., et al. Contesting the value of the shared value concept [J]. Social Science Electronic Publishing, 2013.

[8] Dees, J. G. Enterprising nonprofits: What do you do when traditional

sources of funding fall short [J]. Harvard Business Review, 1998, 76 (1): 58.

[9] Dembek, K., Singh, P., & Bhakoo, V. Literature review of shared value: A theoretical concept or a management buzzword? [J]. Journal of Business Ethics, 2016, 137 (2): 231-267.

[10] Driver, M. An interview with Michael Porter: Social entrepreneurship and the transformation of capitalism [J]. Academy of Management Learning & Education, 2012.

[11] Dubois, C. L. Z., & Dubois, D. A. Expanding the vision of industrial organizational psychology contributions to environmental sustainability [J]. Industrial and Organizational Psychology, 2012, 5 (4): 480-483.

[12] Fearne, A., Garcia Martinez, M., & Dent, B. Dimensions of sustainable value chains: Implications for value chain analysis [J]. Supply Chain Management: An International Journal, 2012, 17 (6): 575-581.

[13] Friedman, M. The social responsibility of business is to increase its profits [J], The New York Times Magazine, 1970, September13th: 173-178.

[14] Gregory, J. G., & Anderson, B. B. Framing a theory of social entrepreneurship: building on two schools of practice and thought [C], ARNOVA occasional paper series, 1: 3, 2006: 39-66.

[15] Heng, K. Harmonious society and Chinese CSR: Is there really a link? [J]. Journal of Business Ethics, 2009, 89 (1): 1-22.

[16] Jr. D., Scholz, M., & Smith, N. C. Beyond the "Win-Win": Creating shared value requires ethical frameworks [J]. California management review, 2017, 59 (2): 142-167.

[17] Leandro, L., & Neffa, E. Is the integration of Shared Value Creation (SVC) with strategy management of productive organizations an innovative approach to environmental challenges faced by companies today? [J]. International Journal of Business Management & Economic Research, 2012, 3 (2): 484-489.

[18] Lee, S. M., Olson, D. L., & Trimi, S. Co-innovation: Convergenomics, collaboration, and co-creation for organizational values [J]. Management Decision, 2012, 50 (5): 817-831.

[19] Michelini, L., & Fiorentino, D.. New business models for creating shared value [J]. Social Responsibility Journal, 2012, 8 (4): 561-577.

[20] Pavlovich, K., & Corner, P. D. Conscious enterprise emergence: Shared value creation through expanded conscious awareness [J]. Journal of Business Ethics, 2013, 121 (3): 341-351.

[21] Porter, M. E. Competitive advantage: Creating and sustaining superior performance [M]. Free Press: New York.1985.

[22] Porter, M. E., & Kramer, M. R. Strategy and society: The link between competitive advantage and corporate social responsibility [J]. Harvard Business Review.2006, 84, 78-92.

[23] Porter, M. E., & Kramer, M. R. Creating shared value [J]. Harvard Business Review. 2011, 89, 62-77.

[24] Porter, M. E., & Kramer, M. R. A response to Andrew Crane et al.'s article by Michael E. Porter and Mark R. Kramer [J]. California Management Review, 2014, 56 (2): 149-151.

[25] Santos, F. M. A positive theory of social entrepreneurship [J]. Journal of Business Ethics, 2012, 111 (3): 335-351.

[26] Shrivastava, P., & Kennelly, J. J. Sustainability and Place-Based Enterprise [J]. Organization & Environment, 2013, 26 (1): 83-101.

[27] Verboven, H. Communicating CSR and business identity in the chemical industry through mission slogans [J]. Business Communication Quarterly, 2011, 74 (4): 415-431.

[28] Yin, R. K. Case study research and applications: Design and methods [M]. Sage publications, 2017.

[29] Young, D. R., & Lecy, J. D. Defining the universe of social enterprise: Competing metaphors [J]. Voluntas International Journal of Voluntary &

Nonprofit Organizations, 2018, 25（5）: 1307-1332.

[30] 苗青.社会企业：链接商业与公益［M］.浙江大学出版社，2014.

[31] 金锦萍.社会企业的兴起及其法律规制［J］.经济社会体制比较，2009（04）：128—134.

[32] 刘志阳，王陆峰.中国社会企业的生成逻辑［J］.学术月刊，2019，51（10）：82—91.

[33] 潘小娟.社会企业初探［J］.中国行政管理，2011（07）：20—23.

[34] 沙勇.社会企业发展演化及中国的策略选择［J］.南京社会科学，2011（07）：49—54.

[35] 时立荣.非营利组织运行机制的转变与社会性企业的公益效率［J］.北京科技大学学报（社会科学版），2003（04）：1—7.

[36] 时立荣.转型与整合：社会企业的性质、构成与发展［J］.人文杂志，2007（04）：181—187.

[37] 时立荣，王安岩.中国社会企业研究述评［J］.社会科学战线，2019（12）：272—280.

[38] 李健.社会企业政策：国际经验与中国选择［M］.社会科学文献出版社，2018.

[39] 卢永彬，刘亚娟，张丽莎.下一站，社企？公益与商业的30次相遇［M］.上海交大出版社，2018.

[40] 田蓉.超越与共享：社会企业研究新进展及未来展望［J］.南京社会科学，2016（12）：53—58.

[41] 王名，朱晓红.社会企业论纲［J］.中国非营利评论，2010，6（02）：1—31.

[42] 王世强.社会企业在全球兴起的理论解释及比较分析［J］.南京航空航天大学学报（社会科学版），2012，14（03）：66—71.

[43] 雅克·迪夫尼，丁开杰，徐天祥.从第三部门到社会企业：概念与方法［J］.经济社会体制比较，2009（04）：112—120.

[44] 俞可平.发展社会企业，推进社会建设［J］.经济社会体制比较（增刊2），2002（11）.

[45] 余晓敏，丁开杰.社会企业发展路径：国际比较及中国经验[J].中国行政管理，2011（08）：61—65.

[46] 赵萌，郭欣楠.中国社会企业的界定框架——从二元分析视角到元素组合视角[J].研究与发展管理，2018，30（02）：136—147.

[47] 朱健刚.社会企业在当代中国的阶段定位与价值取向[J].社会科学辑刊，2018（02）：69—77.

[48] 沃尔夫冈·比勒费尔德，郭超.公益创业：一种以事实为基础创造社会价值的研究方法[M].徐家良，谢启秦，卢永彬译.上海财经大学出版社，2017.

后　记

看完本书后，读者对于以社会企业为发展方向的组织应该有了更多的了解，明白社会企业型组织为何比传统的营利组织或非营利组织发展还难。其难是难在如何兼顾商业可持续性的同时还要应对社会问题的不断演变，难在如何在获得普通消费者认可（购买服务/产品）的同时满足某一社会群体的困境需求，难在如何实现业务逻辑闭环工程的同时确保能持续以社会创新手段深入解决某一社会问题。当社会企业型组织能够有效把控这些挑战时，就能收获来自政府、市场、困难群体和社会大众的点赞和支持。相反，该社会企业型组织也容易落入"两边都不是"的尴尬陷阱，被营利型组织嘲笑说"这样下去是挣不了钱的"，被非营利组织排斥说"这样的服务不纯粹"。因此，真正能落地运营且同时产生双重价值的社会企业型组织都值得人们关注与尊敬。当然打铁还需自身硬，社会企业型组织也需要持续坚持初心，努力不懈地强化自身实力，这样才能在把组织做强的同时有效地缓解某一社会问题。

通过共享价值理论的视角，在西方相关文献基础上，结合中国15个实践案例的深入分析与验证，我们研究发现，这15个社会企业型组织能够通过识别需求、寻找手段等方式，有效地同时创造出社会与经济共享价值，与传统营利和非营利组织的竞争力不同。中国社会企业型组织的竞争力主要体现在化冲突为和谐、发现创新机会和联动资源等方面，由此我们构建出了全新的"社会企业创造共享价值理论模型",希望通过这个理论模型的后续应用,助力更多社会企业型组织发展,帮助更多社会企业家更好地掌握社会创新创业的关键要素。

本书自2020年年中开始至2022年初,参考上一本《下一站,社企?》项目的运作模式,经历了筹备、征集、筛选、专访、补充专访、写作、分析到出版等工作步骤,相较上一本书的常态化工作背景,撰写本书的过程需要应对与克服许多不同于以往的挑战与困难,一路走来也获得了许多伙伴的支持与帮助,因此,借助这本"第二集"著作的出版,除了兑现自己曾经许下的承诺(持续辅导、陪伴、研究和助力中国社会企业发展),还希望借此感谢15家接受我们专访调研的社会企业,资助本书出版的微笑明天慈善基金会,助力本书顺利出版的陈如江、郑胜分、吴佳霖、唐海燕、陆扬、徐露、周怡卿等人,以及与我共同合作完成这本书的魏培晔。

第二本书的落地,也预示着第三本书的征程即将启动。虽然当前我国社会企业型组织的发展仍然面临着众多挑战,但社会企业型组织的兴起本身便是在众多困境中萌生的,因此,面对越是困难的社会议题与环境,社会企业型组织的创新创业发展就更能凸显其价值。中国社会企业型组织的未来发展,除了需要更多的实干家的持续努力创新创业,学者的持续跟进探索与归纳总结,同时还需要人们的关注、学习、分享与支持,这样才能逐步走出属于中国特色社会主义发展道路的社会企业型组织发展模式。

下一站,社会企业的共享价值发展道路已然启程,加油!

卢永彬

2022年3月20日于上海交通大学徐汇校区

图书在版编目(CIP)数据

下一站，社会企业？：创造共享价值的实践者 / 卢永彬，魏培晔著 .— 上海：上海社会科学院出版社，2022
 ISBN 978 - 7 - 5520 - 3950 - 4

Ⅰ.①下… Ⅱ.①卢…②魏… Ⅲ.①企业发展—研究—中国 Ⅳ.①F279.23

中国版本图书馆 CIP 数据核字(2022)第 161700 号

下一站，社会企业？
——创造共享价值的实践者

著　　者：	卢永彬　魏培晔
出 品 人：	佘　凌
责任编辑：	陈如江
封面设计：	黄婧昉
出版发行：	上海社会科学院出版社
	上海顺昌路 622 号　邮编 200025
	电话总机 021 - 63315947　销售热线 021 - 53063735
	http://www.sassp.cn　E-mail：sassp@sassp.cn
照　　排：	南京理工出版信息技术有限公司
印　　刷：	上海天地海设计印刷有限公司
开　　本：	710 毫米×1010 毫米　1/16
印　　张：	20.25
插　　页：	1
字　　数：	319 千
版　　次：	2022 年 9 月第 1 版　2022 年 9 月第 1 次印刷

ISBN 978 - 7 - 5520 - 3950 - 4/F・714　　　　　　　　定价：88.00 元

版权所有　翻印必究